成果转化

Worldskills in Guangzhou:
Transformation of
Achievements

广州市职业技术教育研究院 组织编写
（世界技能大赛中国（广州）研究中心）

《世赛广州：成果转化》编委会

张利芳　罗　伟　李　伟　蔡北勤

盘笑莲　董其才　陈海洋　梁嘉朗

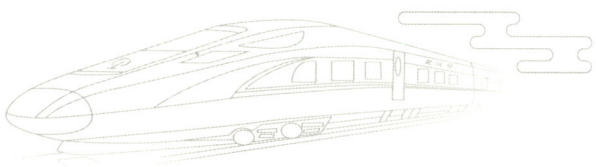

·广州·

图书在版编目（CIP）数据

世赛广州：成果转化 / 广州市职业技术教育研究院（世界技能大赛中国（广州）研究中心）组织编写 . —广州：广东科技出版社，2024.1
ISBN 978-7-5359-8154-7

Ⅰ . ①世 … Ⅱ . ①广 … Ⅲ . ①职业技能 – 竞赛 – 成果转化 – 世界　Ⅳ . ① C975

中国国家版本馆 CIP 数据核字（2023）第 169913 号

世赛广州：成果转化
SHISAI GUANGZHOU：CHENGGUO ZHUANHUA

出 版 人：	严奉强
责任编辑：	刘碧坚
装帧设计：	王　勇
责任校对：	李云柯　杨　乐
责任印制：	彭海波
出版发行：	广东科技出版社
	（广州市环市东路水荫路 11 号　邮政编码：510075）
销售热线：	020-37607413
	https://www.gdstp.com.cn
	E-mail: gdkjbw@nfcb.com.cn
经　　销：	广东新华发行集团股份有限公司
印　　刷：	广州市彩源印刷有限公司
	（广州市黄埔区百合三路 8 号）
规　　格：	787 mm×1 092 mm　1/16　印张 18　字数 360 千
版　　次：	2024 年 1 月第 1 版
	2024 年 1 月第 1 次印刷
定　　价：	78.00 元

如发现因印装质量问题影响阅读，请与广东科技出版社印制室联系调换（电话：020-37607272）。

目 录
CONTENTS

推动世赛成果转化　积极贡献广州智慧　　　　　　　　　　　　　　1

广州参加世界技能大赛综合报告　　　　　　　　　　　　　　　　　5
 导读：勇闯技能高峰　屡创闪亮佳绩　　　　　　　　　　　　　　6
  第45届世界技能大赛及2022年世界技能大赛特别赛广州获奖情况　9
 广州参赛综述　　　　　　　　　　　　　　　　　　　　　　　　10
  第45届世赛广州市参赛工作报告　　　　　　　　　　　　　　　10
  创造历史　荣获世赛"国家最佳奖"
   ——广州市工贸技师学院世赛特别赛参赛综述　　　　　　　15
  世赛推动　助力学校高水平建设
   ——广州市城市建设职业学校竞赛参赛综述　　　　　　　　18
 历届世赛获奖选手职业成长　　　　　　　　　　　　　　　　　　22
  用七年时间攀上技能高峰的追梦人
   ——记2022年世赛特别赛金牌获得者杨书明　　　　　　　　22
  "00后"勇敢"破圈"青春告白祖国
   ——记第45届世赛金牌获得者胡耿军　　　　　　　　　　　25
  在世赛舞台华丽转身的"时尚大师"
   ——记第45届世赛金牌获得者温彩云　　　　　　　　　　　27
 广州世赛集训基地建设　　　　　　　　　　　　　　　　　　　　31
  技能竞赛基地建设的实践研究　　　　　　　　　　　　　　　　31
  基于世赛标准的竞赛集训场地建设研究　　　　　　　　　　　　37

世界技能大赛课题研究成果 43

导读：深耕世赛课题 凝聚发展合力 44

中心组织世赛课题研究综述 47
原型制作技能人才培养的研究与实践 47
世界技能大赛选手心理选拔研究
——以广州市技师学院为例 55

院校相关世赛课题研究综述 60
基于世赛标准的汽车专业群建设研究 60
基于国家认可实验室质量体系的检测人才培养实践研究 65

世界技能大赛引领专业建设 71

导读：世赛理念引领 促专业新发展 72

世赛相关项目重点特色专业建设 75
世赛引领下的服装设计与工程专业建设 75
世赛效应下的建筑施工专业建设 80

世赛相关项目专业带头人培养 85
世赛引领云计算技术应用专业建设 85
世赛货运代理赛项标准下航空物流专业建设 90

世界技能大赛促进课程教学 97

导读：转化世赛标准 建高质量课程 98

世赛相关项目精品课程建设 101
世赛引领的"系列服装设计"精品课程建设 101
基于世赛成果转化的"MG动画制作"精品课程建设 107

世赛相关项目课程负责人培养 112
"服装设计手绘"课程建设 112

世界技能大赛提升师生发展   117

导读：探索标准应用　促进师生成长   118

世赛相关项目教师教学能力竞赛获奖作品   121
　四轴无人机上盖壳体的正反面CNC加工   121

世赛相关项目师生创新创业竞赛获奖作品   135
　大型中央空调通风管道清洁智能机器人   135
　古树说——情感治愈类自然体验产品   145

世界技能大赛研究机制建设   159

导读：厚植深耕沃土　协同创新机制   160

世赛研究竞赛体系建设   162
　科学谋划　推进竞赛工作高质量发展
　　——2022年广州市职业技能竞赛工作报告   162
　世赛对技工院校内涵发展的促进研究
　　——以广州市技师学院为例   168
　世界技能大赛获奖经验分析与思考
　　——以广州市机电技师学院为例   175

世赛研究竞赛组织管理   179
　探究企业依托世赛平台促进技能人才培养的经验
　　——以广东唯康教育科技股份有限公司为例   179
　四个"四"，全力支持交通行业职业教育赛教一体
　　——以郑州捷安高科股份有限公司为例   185

世界技能大赛学术研究探索   189

导读：聚焦世赛研究　助力人才培养   190

学术研究   193
　技能中国的潮流和趋势
　　——世界技能大赛对我国技能人才培养的启示   193

总结参赛经验，促进技能人才培养

　　——广州参加世界技能大赛的现状分析和对策建议　　199

技工院校世赛资源转化的"岗课赛证"综合育人研究　　208

基于世界技能大赛项目开发培训课程的探索和研究

　　——以CAD机械设计项目为例　　216

世界技能大赛标准转化与应用分析　　223

世界技能大赛备赛选手英语能力提升及思考　　228

奥地利双元制学徒参加世界技能大赛的探析及启示

　　——基于百隆公司学徒培养与参加世赛分析　　235

平面设计技术项目世赛标准转化教学的实践　　246

基于世界技能大赛健康和社会照护项目的人才培养路径探究　　258

从世赛视角探索技能人才培养新机制　　264

基于CDIO工程教育的电子技术应用专业人才培养模式实践研究　　267

世界技能大赛研究展望　　279

拥抱变革创未来　　280

推动世赛成果转化 积极贡献广州智慧[1]

张利芳 蔡北勤[2]

2020年，中华人民共和国人力资源和社会保障部（以下简称"人社部"）发文同意设立世界技能大赛中国（上海）研究中心、世界技能大赛中国（广州）研究中心和世界技能大赛中国（重庆）研修中心。同时，为统一规范管理，将2012年依托天津职业技术师范大学设立的世界技能大赛中国研究中心更名为"世界技能大赛中国（天津）研究中心"。世界技能大赛中国（广州）研究中心（以下简称"中心"）负责开展世赛标准转化为国家技能人才培养标准、世赛标准推广应用、世赛成果转化案例以及世赛选拔集训、激励表彰等方面研究，推动技工院校教师能力提升和相应专业与课程建设。成立世界技能大赛中国研究（研修）中心是人社部落实党中央人才强国战略、创新驱动发展战略的重要举措，为全国技工教育发展提供了巨大机遇和广阔空间。

一、坚定信心、厚植优势，世赛引领技工教育新发展

我国自2011年参加世界技能大赛（以下简称"世赛"）以来，累计获得57金32银24铜63优胜共176枚奖牌，并在第44届、第45届世赛和2022年世赛特别赛中3次荣登金牌榜、奖牌榜榜首。2019年9月，习近平总书记对我国技能选手在第45届世界技能大赛上取得佳绩做出重要指示时强调，要大力发展技工教育，大规模开展职业技能培训，加快培养大批高素质劳动者和技术技能人才。习近平总书记的重要指示精神为我国的世赛成果转化工作指明了方向。广州市委、市政府高度重视世界技能大赛中国（广州）研究中心建设，2020年8月由广州市人力资源和社会保障局（以下简称"市人社局"）印发《世界技能大赛中国（广州）研究中心建设方案》，对中心的建设进行了明确规划，设置了管理委员会等机构，在

---

[1] 本文发表于《中国培训》2022年第5期，编入时对原文做了调整。

[2] 张利芳，女，广州市职业技术教育研究院（世界技能大赛中国（广州）研究中心）院长，世界技能大赛中国（广州）研究中心学术指导委员会专家，正高级讲师；蔡北勤，男，广州市职业技术教育研究院（世界技能大赛中国（广州）研究中心）世赛研究部副部长，高级讲师。

人员编制、场地等方面给予了大力支持。中心以建设"全球视野、中国特色、广州窗口"一流智库为目标，以服务全国技工教育改革、服务产业转型升级为主线，根植我国参加世赛的丰硕成果，发挥粤港澳大湾区世赛高地优势，开展前瞻性、针对性、综合性决策咨询和技术应用研究，以世界前沿的技能职业标准转化引领我国高水平技术技能人才队伍建设，引领现代技工教育新发展。

二、集聚资源、增值赋能，推动世赛成果转化新格局

中心成立以来，围绕定位和使命谋篇布局、主动作为，完成了系列世赛研究重大工作任务，取得了良好发展成效。

（一）勇于探索，构建世赛研究学术共同体

高素质的专家团队和良好的交流平台是中心开展世赛研究工作的重要保障。中心着力推进世赛研究学术共同体建设，初步形成了融合多方资源的世赛成果转化研究体系。

中心遴选聘任30名国内知名学者和技术专家成立学术指导委员会，对中心发展方略和重大项目（课题）提供咨询、指导和评估；发挥学术智库作用，为政府决策提供智力支持。

中心依托粤港澳大湾区的产业优势，与西北工业大学深圳研究院、广东唯康教育科技股份有限公司、世界技能组织全球行业合作伙伴等成立了世赛成果转化研究协作组和协同创新组，对技工院校世赛课题研究、师资培训、世赛项目标准转化等工作提供专业指导。

中心着力加强世赛研究主基地建设，包括专家工作室、世赛技术推广工作站、世赛文化与校企合作展厅、职业技能体验馆、学术报告厅、国际交流室、世赛文献馆等。世赛研究主基地是中心开展世赛标准和技术研究、国内外学术交流、世赛标准推广应用的主阵地。

中心指导广州市属技工院校依托世赛项目集训基地开展世赛项目研究分基地建设，围绕学校优势世赛项目开展世赛项目选手选拔集训、世赛项目转化技工院校专业课程实践等研究，与世赛研究主基地形成优势互补、协同研究、一主多分的多元世赛研究平台。

（二）勇于担当，主动承研世赛重大课题

中心主动承研并高质量完成了人社部职业能力司委托课题"世赛成果转化研究""世赛与中国技能发展研究""世界技能大赛参赛选手职业发展情况调查研究"；完成了人社部国际合作司委托的《数字技能与高技能人才培养》《世赛标准转化及人才培养》等议题文件的研制，为世赛成果转化推广做出了积极贡献。如"世赛成果转化研究"课题，系统梳理了学术界世赛研究现状，调研分析了我国世赛成果转化现状及我国参加世赛以来所取得的各项成果，探索形成了世赛成果转化的策略和技术路径，将世界技能大赛标准与技能人才培养标准进行了有效衔接，研究成果《以世界技能大赛为引领实现"九个促进"》被学习强国登载；"世界技能大赛参赛选手职业发展情况调查研究"课题，研究显示世赛促进了选手综合能力

提升和初期的职业生涯发展，但针对世赛选手的增值赋能转化平台和激励保障制度措施仍有待完善，并相应提出了促进世赛参赛选手职业发展的建议。

（三）勇于开拓，积极开展重大世赛交流活动

中心始终关注世界前沿科学技术，及时掌握世界技能发展趋势，以开阔的视野引领世赛研究学术方向，逢单月刊发《世赛研究资讯》。2021年，中心与天津、上海、重庆世赛研究（研修）中心签署联盟协议，共聚研究智慧，共享研究成果。中心落实"技能中国行动"，邀请世界技能组织全球行业合作伙伴的世赛专家为粤港澳大湾区多地市技工院校师生开展世赛项目技术标准推广培训。广东省第二届职业技能大赛（广东省职业技能大赛也称"省赛"）期间，中心举办"世赛与技能中国：2021广州高峰论坛"，邀请世界技能组织标准和评测顾问珍妮·夏克顿女士等专家开展"世界技能职业标准的性质与方向"等主题演讲，围绕"现代产业发展与技能中国广东行动""世界技能大赛与高技能人才培养"等议题开展研讨，获得全国230余名参会代表的高度评价，扩大了中心的影响力。

三、踔厉奋发、勇毅前行，走好世赛成果转化新征程

"十四五"时期是我国开启全面建设社会主义现代化国家新征程、向第二个百年奋斗目标进军的关键时期。《"技能中国行动"实施方案》《技工教育"十四五"规划》《广东省推动技工教育高质量发展若干政策措施》等重磅文件的印发为中心的发展提供了难得的历史机遇。未来，中心将积极应对挑战，强力实施"四大行动"，推进世赛成果转化应用，着力推进服务产业发展的高素质技能人才队伍建设。

（一）对标国际，开展课题研究行动

加强与国内外世赛研究机构的交流合作，以对标世赛标准、提升竞技水平、转化世赛资源为抓手，发挥粤港澳大湾区世赛人才高地优势，开展技能减贫、技能推广、世赛标准转化等类别课题研究，探索企业承担课题研究的机制，构建校、企、研多元主体的"赛研展演"世赛研究管理体系，吸引更多资源参与世赛重大项目研究。

（二）高端引领，开展产业服务行动

联合世界技能组织全球行业合作伙伴及行业企业专家，积极开展世界技术标准研究，转化世赛项目先进理念和技术标准，参与指导相关专业的国家技能人才培养标准研制。依托广州技工院校的优势世赛项目，结合粤港澳大湾区产业发展需求，开展世赛标准转化的专业课程开发和教学实践。

（三）协同创新，开展技术推广行动

搭建世赛标准技术推广应用的校企研交流合作平台，邀请世赛领域专家和高技能人才为

粤港澳大湾区技工院校师生、企业员工开展世赛项目技术标准应用推广培训，推动世赛标准技术在企业工作中的应用，引领技工院校战略性新兴产业相关专业群建设。

（四）辐射推广，开展咨询服务行动

中心将以服务全国技工教育改革、服务区域产业转型升级为主线，不断总结世赛研究成果经验，探索构建世赛研究广州模式，打造粤港澳大湾区世赛技术应用研究和综合性决策咨询高地，为福建、海南、广西等兄弟省级行政区的世赛工作和高技能人才培育提供技术咨询和智力支持，促进世赛成果应用推广，扩大中心的辐射效应。

广州参加世界技能大赛综合报告

导 读

勇闯技能高峰　屡创闪亮佳绩

梁嘉朗[1]

2011年，我国开启了征战世赛的征程，首战即获1银5优胜奖，其中2个优胜奖来自广州参赛选手。随后，我国6次派出代表团参赛，广州选手的参赛项目越来越多，获奖数稳步提升，获奖质量越来越高，成为我国征战世赛的重要力量。参赛选手摘金夺银，是广州技工教育蓬勃发展的结果，也是技工院校办学实力的见证。

拼搏，迸发技能报国的火花

回顾第45届世赛和2022年世赛特别赛，广州参赛选手一路披荆斩棘，克服重重困难，为国家交出了一张亮眼的世赛成绩单。其中，第45届世赛，广州共有12名选手代表国家参加11个项目比赛，取得了4金7优胜奖的优异成绩，实现广州参赛史上金牌数和奖牌数双突破；2022年世赛特别赛，广州选派3名选手参加3个项目，获得1金1铜1优胜奖的好成绩。

广州参赛选手获得的优异成绩，离不开国家、省、市各级部门对技工教育的高度重视与支持，也离不开广州"坚持产业第一、制造业立市"战略的赋能与增效，更离不开各技工院校领导、专家、教练团队和选手所形成的强大合力。这5金1铜8优胜奖的优异成绩，是广州职业教育综合实力的见证，更是各方智慧汇集和努力拼搏的结晶。

---

[1] 梁嘉朗，女，广州市交通技师学院教师，讲师。

跨越，成就卓越不凡的自己

有这么一群不服输的技能"小白"，他们进入技工院校学习后，通过学校的宣传和学长们分享的技能成才之路，不仅认识了世赛，还编织起技能报国的梦想。初入校门，他们便结合自己的兴趣，迅速找到了自己的目标，从而鼓足干劲、勇闯世界技能之巅，并不断努力奋斗最终实现自我超越。

从小喜欢拆装的胡耿军，入校不久便留意到世赛移动机器人这个项目。他经常泡在训练场，勤补知识、反复练习到深夜，即使进入国家集训队，他也没有一天松懈，反复专注于技术点的钻研及硬件的优化，最终在第45届世赛上，为中国摘得移动机器人项目首金。从赛场上下来的胡耿军有了新的目标，2020年，他被保送到天津职业技术师范大学；2022年，他如愿走入军营，变身成为一名英姿飒爽的中国人民解放军战士。

磨炼，铸造无坚不摧的力量

勇闯技能之巅的道路并非一帆风顺，激烈的竞争、技术的攻关、体能的极限、心理的承受力，重重压力时刻考验着这些20岁左右的年轻选手。在一次次选拔、一次次比赛中，选手们尝到了失败的滋味。杨书明，在一次又一次的磨炼中，更加坚定自己的意志，同时也更加激发出动力和潜能。7年的厚积薄发，7年的奋斗努力，7年的勇毅坚守，终于，属于杨书明的梦想之花在2022年世赛特别赛的舞台上绽放，成为2022年世赛特别赛移动应用开发项目金牌获得者。他身披五星红旗，如愿地站在世界技能之巅，他用实力证明了自己，也展示了我国移动应用开发项目的高超水平。

初心，化作英才辈出的源泉

技能国手们在世赛的赛场上展现出从容自信、沉着冷静的魅力，加上自身高超、娴熟的技能光芒，深受用人单位的喜爱。不少广州参赛选手还没有毕业，就收到了来自本行业世界知名企业的邀请，但很多选手毅然选择了留校任教。他们心里揣着一个以技能报国的梦：用自己的一身本领教授学生、培养选手。从舞台上那颗闪闪发光的星星变成了台下功不可没的教练。在不同的位置上，他们依然发光发热，贡献所学，这就是他们的初心——在世赛上为国争光！

匠心，打造精益求精的阵地

广州参加世赛取得傲人成绩的背后，是政府、学校、企业等同心协力，全力以赴的托举。广州市职业能力建设指导中心作为广州市参加第45届世赛的技术保障部门，以技术指导支持、主动服务保障为定位，积极谋划、精心组织，圆满组织完成第45届世赛市、省、国三级的选拔赛和国家集训队选拔、征战喀山等备赛参赛工作并取得优异成绩。

广州的世赛中国集训基地是承担大赛人才培养、梯队建设、选手选拔、集训的重要平台，也是开展世赛资源应用和成果转化的重要载体。集训基地的所在院校高度重视基地的建设，科学借鉴世赛标准，调动相关企业资源，通过组织世赛专家、教练，引入高校教授、科研单位及龙头企业专家等，成立专门研究团队，对世赛技术、规则进行反复研讨。各技工院校还积极搭建世赛国际交流平台，开展国际研讨会，及时了解、掌握技术的发展趋势。通过与企业深度合作，引进先进设备，引入技术培训，开展技能交流，促使基地的软件和硬件达到世界先进水平。

各技工院校以世赛标准为引领，以建设技能竞赛基地为契机，积极开展世赛成果转化，进一步推动专业建设，为广州技工教育高质量发展助力。

随着粤港澳大湾区世界级"人才湾区"的打造以及"广东技工"工程的深入实施，未来，广州的技能青年将拥有更大更广阔的发展平台，相信越来越多的广州技能学子将走出国门，在世赛的舞台上绽放光彩！

第 45 届世界技能大赛及 2022 年世界技能大赛特别赛广州获奖情况

序号	姓名	届数	获奖情况	项目	单位名称
1	陈子烽	第 45 届	金牌	砌筑	广州市建筑工程职业学校
2	陈君辉	第 45 届	金牌	混凝土建筑	广州城建技工学校
3	李俊鸿	第 45 届	金牌	混凝土建筑	广州城建技工学校
4	胡耿军	第 45 届	金牌	移动机器人	广州市机电技师学院
5	温彩云	第 45 届	金牌	时装技术	广州市白云工商技师学院
6	莫镇安	第 45 届	优胜奖	重型车辆维修	广州市交通技师学院
7	潘永坚	第 45 届	优胜奖	木工	广州市轻工技师学院
8	翟梓曦	第 45 届	优胜奖	精细木工	广州市轻工技师学院
9	杨梓浩	第 45 届	优胜奖	制冷与空调	广州市工贸技师学院
10	林楚镇	第 45 届	优胜奖	CAD 机械设计	广州市工贸技师学院
11	文俊凯	第 45 届	优胜奖	原型制作	广州市技师学院
12	梁皓琨	第 45 届	优胜奖	网络系统管理	广州市工贸技师学院
13	杨书明	特别赛	金牌	移动应用开发	广州市工贸技师学院
14	郑旭升	特别赛	铜牌	CAD 机械设计	广州市工贸技师学院
15	黄金强	特别赛	优胜奖	网络系统管理	广州市工贸技师学院

广州参赛综述

第 45 届世赛广州市参赛工作报告

尹 伊 周 群[①]

第 45 届世赛于 2019 年 8 月 22—27 日在俄罗斯喀山举行。中国队派出 63 名选手参加 56 个项目的比赛,夺得 16 金 14 银 5 铜 17 优胜奖,位列金牌榜、奖牌榜、团体总分第一!广州共有 12 名选手代表国家参加 11 个项目比赛,取得了 4 金 7 优胜奖的优异成绩,实现广州参赛史上金牌数和奖牌数双突破,金牌数占全国的 25%,奖牌数占全国的 21%,为中国蝉联金牌榜、奖牌榜、团体总分世界第一做出了重大贡献。

一、广州市备战参赛历程

广州市备战第 45 届世赛工作历时近 2 年,作为广州市参加第 45 届世赛的技术保障部门,广州市职业能力建设指导中心(以下简称"市职建中心")以技术指导支持、主动服务保障为定位,以对接世赛、争创佳绩为目标,以公平、公正、公开选拔广州优秀选手为宗旨,积极谋划、精心组织,圆满完成第 45 届世赛市、省、国家三级的选拔赛和国家集训队选拔、征战喀山等备赛参赛工作并取得优异成绩。

(一)市选拔赛情况

广州市于 2018 年 1 月正式启动第 45 届世赛备赛参赛工作,经过 2 个多月紧张有序的筹备,3 月 7 日拉开市选拔赛的序幕,3 月底前完成市选拔赛。

期间,市职建中心按全面对接世赛的工作理念开展市选拔赛各项筹备工作,制订了广州 13 个赛区 48 个项目的实施方案,开展了 11 个赛区 40 个项目的技术研讨会,出台了 48 个项目技术文件,开展了 25 个项目赛前选拔设备培训工作,组织开展了 9 个赛区 25 个项目的选拔赛工作。

---

① 尹伊,男,广州市职业能力建设指导中心主任;周群,女,广州市职业能力建设指导中心开发部部长。

第 45 届世赛广州市选拔赛由 15 个单位承办,开展市级选拔赛以及选手推荐项目各 25 个,全面覆盖世赛项目六大类。来自技工院校、中(高)职院校、企业及社会个人共 296 名选手参与了 25 个项目的角逐,最终 70 名优秀选手脱颖而出进入备战省赛阶段。此外,有 25 个项目 74 名选手直接进入集训环节备战省选拔赛。共计 144 名广州选手取得参加广东省选拔赛资格。

(二)省选拔赛情况

第 45 届世赛广东省选拔赛于 2018 年 4 月进行,共开展 52 个项目的省选拔赛,分别由广州(29 个项目)、深圳(5 个项目)、中山(3 个项目)、东莞(2 个项目)、云浮(1 个项目)5 个城市和 5 所省属技师学院(12 个项目)承办。

在广东省选拔赛阶段,广州市 13 家单位承担了 29 个项目的省选拔赛工作,广州市共 144 位选手参加了 50 个项目的广东省选拔赛角逐,共 30 个项目 107 名选手脱颖而出进入广东省集训队,最终共 35 个项目 67 名广州选手代表广东省或行业出征全国选拔赛。

(三)全国选拔赛情况

第 45 届世赛全国选拔赛于 2018 年 6 月中下旬在上海和广东举行,其中上海赛区承办 34 个项目,于 6 月 13—15 日在上海国家会展中心举行;广东赛区承办 18 个项目,于 6 月 25—27 日在广州琶洲广交会展馆举行。

在上海赛区,广州市派出 41 名选手参与 24 个项目角逐,共 19 个项目 30 名广州选手进入国家集训队;在广东赛区,广州市派出 26 名选手参与 11 个项目比赛,共 10 个项目 24 名广州选手进入国家集训队。2 个赛区共 29 个项目 54 名广州选手通过全国选拔赛进入国家集训队,另有 3 名选手以上届世赛备选选手身份直接获得进入国家集训队资格,广州市合计 29 个项目 57 名选手进入国家集训队。

(四)国家集训队阶段考核情况

根据人社部办公厅印发的《第 45 届世赛参赛集训工作指导意见》,国家集训队阶段考核分两个阶段进行。第一阶段集训工作于 2018 年 9 月启动,至 12 月底完成考核;第二阶段的集训工作于 2019 年 1 月启动,至 3 月完成考核。

在国家集训队第一阶段的考核中,广州市共有 19 个项目 33 名选手顺利晋级第二阶段集训。国家集训队第二阶段考核于 2019 年 3—4 月在上海、浙江、广东、北京 4 个赛区开展。经过集训队两个阶段的考核,广州市有 12 名选手取得 11 个项目代表国家出征俄罗斯喀山的资格。广州市有 11 个项目 11 名选手成为国家队备选选手,入选国家集训队的项目数、入选人数、备选选手数和国手数均超越上届。

（五）第 45 届世赛情况

第 45 届世赛于 2019 年 8 月 22—27 日在俄罗斯喀山举行，广州市共有 12 名选手代表国家参加了移动机器人、时装技术、砌筑、混凝土建筑、原型制作、CAD 机械设计、制冷与空调、网络系统管理、精细木工、木工、重型车辆维修共 11 个项目的比赛，夺得 4 金 7 优胜奖的历史性佳绩，参赛人数和获奖数量位居全国前列，为本届中国荣膺大赛金牌榜和奖牌榜双第一做出了突出贡献，完成了向中华人民共和国成立 70 周年献礼的光荣任务，为祖国赢得了荣誉，为广州增添了光彩。

二、主要做法和体会

广州市参加第 45 届世赛取得的优异成绩，得益于国家、省、市各级部门对技能人才队伍建设的高度重视，得益于广州高水平的战略定位和产业转型升级打下的坚实经济基础，凝聚了各方智慧结晶和努力汗水，体现了广州市技能人才队伍和职业教育的整体水平和实力。

（一）高度重视，强化竞赛团队，建立强有力的组织保障

省、市领导高度重视，对广州市世赛备战参赛工作做出重要指示批示，并亲力部署第 45 届世赛备赛工作。市人社局、市职建中心将做好第 45 届世赛备战参赛工作作为落实各级领导指示批示精神的具体行动，并列为单位重点工作来抓。一是成立第 45 届世赛广州参赛集训工作组委会。组委会由市人社局主要领导担任组长，分管局领导任副组长，有关处室领导、市职建中心、各集训基地、选手所在学校或单位主管竞赛工作的领导为领导小组成员，下设工作组。各工作组负责组织开展相关竞赛工作，确保各项工作有序高效开展。二是制订《广州市参加第 45 届世界技能大赛工作总体方案》，明确各组织机构、工作小组及相关人员的职责和任务，重点推进工作，并部署各阶段时间安排、人员分工等具体工作要求。为全面备战第 45 届世赛各项工作做好工作过程的监督管理和制度保障。三是汇聚竞赛力量，组建专业团队，强化竞赛团队，建立以市人社局统筹协调，以市职建中心为技术管理，以各基地为项目落脚点的竞赛工作格局，形成具备行政、专家、教练、选手、后勤的团队作战机制，为备战参赛工作提供强有力的组织保障。

（二）对标世赛，全面指导支持，高质量做好备战参赛工作

一是积极引进世赛先进理念和技术标准科学施训，联合企业组建 CIS（竞赛信息系统）技术支持团队，组织召开竞赛研讨会、各阶段培训会议，推广使用 CMP（竞赛管理平台）世赛管理系统信息化平台，对选手进行全面的技术分析，为广州选手后续集训提供有效、针对性强的数据支撑。二是主动加强与广东省人力资源和社会保障厅（以下简

称"省人社厅")的沟通对接，研究明确广州市备战总体工作思路计划，及时制订广州市选拔、集训和参赛工作方案，规范科学指导承办单位安全有序开展竞赛工作。指导项目专家组参照往届同类竞赛的考核内容，深入剖析竞赛模块、竞赛要点难点、设备设施和评判方式，结合集训选手的技术短板，制订有针对性的集训计划并积极组织实施。三是充分调研，科学研判赛事赛况。为精准掌握广州选手的集训、备赛情况，全面了解各项目竞争对手、竞赛形势和各单位承办国赛的准备情况，市职建中心领导带队，深入各技术保障单位开展集训指导，研究政策要求、分析技术要领，并对参赛项目作整体评估与预判。四是组织开展省赛项目教练座谈会和裁判工作动员会，对赛场有可能出现的各种情况逐一分析，制订应对办法，做到胸有成竹。选派专业水平高、熟悉竞赛规则的专家教练参与大赛执裁工作，维护竞赛规则的公平性，保障广州市高质量做好备战参赛工作。

（三）聚焦技术，科学规范引领，全流程做好竞赛服务工作

一是规范技术文件。结合世赛技术规则，以上届世赛技术文件为蓝本，提炼编制各项目技术文件模板，制订各赛区各环节通用模板，统一规则、统一表格、统一证件，指导各赛区规范运作，实行赛事流程和关键环节的规范化。二是注重业务培训，聘请国内外专家开展竞赛专题培训。自2018年1月启动第45届世赛参赛备赛工作以来，先后对裁判、命题专家、赛事组织人员、赛事跟进人员开展世赛规则、评分系统、世赛理念、赛场管理、赛事仲裁等赛务相关专题培训达45场次，充分的培训工作保证了第45届世赛工作的有序、有力开展。三是构建多方联系工作机制，设立项目联络员，建立参赛工作群，畅通沟通渠道。分项目全程跟进集训和竞赛，赛前主动收集广州参赛中存在的技术问题，赛中紧盯各项目竞赛现场，保障选手取得应有的比赛成绩。通过各关键环节严格把控和全流程服务，为广州市选手脱颖而出保驾护航。

（四）放眼世界，加大国内外交流，提升国际赛事实战经验

市职建中心积极响应人社部关于积极采取"请进来、走出去"的号召，开展一系列国际交流活动。一是积极参加人社部组织的各项国际赛事，参加2019澳大利亚全球技能挑战赛精细木工、木工及制冷与空调项目，获得了1金2银的好成绩；参加"一带一路"国际技能大赛时装技术、精细木工、砌筑项目，全部斩获金牌。二是根据项目特点有计划地开展国际交流活动和邀请赛，组织开展原型制作、制冷与空调、CAD机械设计、网络系统管理、网站设计与开发项目广州邀请赛，吸引了来自巴西、印度、哥伦比亚、日本、马来西亚、俄罗斯等10多个国家和地区参与。三是加强与中国香港及澳门特别行政区的世赛项目的联合集训、交流学习，促进了专家、选手的切磋和粤港澳大湾区的技能人才培养合作。通过采取"请进来、走出去""异地走训"和赛前实地热身等方式多次组织参与国际和区域的世赛技术交流活动，精准把握世赛发展趋势及最新标准要求，实现强项互相促

进、弱项针对突破，进一步开阔选手和专家的国际视野，为实际参赛积累宝贵经验。

三、下一步工作思路

虽然广州在第 45 届世赛中取得了较好的成绩，但广州选手代表国家参赛的项目类别仍有待提高，专家等技术保障团队与世界先进水平相比也存在一定差距，竞赛体系建设相对滞后，这些都需要在今后工作中加以完善。下一步，广州市将加快竞赛体系的建设，建立健全市职业技能竞赛管理体系，促进竞赛科学、规范、有序、健康发展。同时，为各竞赛承办单位和集训基地顺利推进相关选拔、集训、参赛及交流工作提供有力的政策保障。

创造历史　荣获世赛"国家最佳奖"
——广州市工贸技师学院世赛特别赛参赛综述

方常亮　李红强 [①]

2022年12月26日，人社部召开2022年世赛特别赛参赛总结视频会议，会上宣读了《人力资源社会保障部关于表扬2022年世界技能大赛特别赛获奖选手和为参赛工作作出突出贡献的单位及个人的决定》。根据世界技能组织统一要求，经世赛中国组委会研究，决定授予移动应用开发项目金牌选手、广州市工贸技师学院（以下简称"学院"）教师杨书明"国家最佳奖"。

▲ 杨书明夺得2022年世赛特别赛移动应用开发项目金牌

世赛是最高层级的世界性职业技能赛事，被誉为"世界技能奥林匹克"，其竞技水平代表了职业技能发展的世界先进水平。"国家最佳奖"由参赛国家（地区）在本国（本地区）参赛选手中推选一位选手授予，一般推选该国家（地区）的最高分选手。2022年，世界技能组织在15个国家分散举办2022年世赛特别赛，比赛共设62个项目。中国代表团参加了34个项目角逐，获得21枚金牌、3枚银牌、4枚铜牌和5个优胜奖，金牌榜、团体总分再次位居世界第一。学院培养的技能青年杨书明、郑旭升和黄金强在移动应用开发、CAD机械设计和网络系统管理3个项目上获得1金1铜1优胜奖。其中，杨书明以总成绩820分获得移动应用开发项目金牌，在我国34个参赛项目中分数最高，被人社部授予"国家最佳奖"，成为广州参加世赛以来首位获得"国家最佳奖"的选手。

[①] 方常亮，男，广州市工贸技师学院办公室副主任；李红强，男，广州市工贸技师学院院长，高级讲师。

成绩的取得离不开科学的备赛参赛，学院在备赛参赛过程中主要的经验做法如下：

一、提高认识、凝心聚力

参加人社部 2022 年世赛特别赛集训冲刺视频动员会后，学院第一时间面向校内竞赛团队传达会议精神，充分认识本次特别赛的特别形式、特别意义、特别机会，明确参赛目标任务，迅速进入倒计时模式和集训冲刺状态，学院领导班子多次研究备赛策略，全力协调、抓实抓好校内备赛工作。

二、科学备赛、提升水平

一是加强对世赛特别赛比赛规则的研究，按照世赛技术文件要求，结合项目自身技术技能特点，以"巩固基础、补齐短板"为导向，以天为单位分阶段制订针对性集训计划。二是明确专家组组长为项目总负责人，配备国家级技能大师、全国技术能手、往届世赛获奖选手等技术骨干，全力打造符合世赛要求的高水平辅导团队，同时发挥国际专家和企业高级技术人才资源优势，线上线下多途径、多形式对选手予以指导，力保训练质量。三是建设世赛特别赛项目训练体系，与多家优质企业共建移动应用开发、CAD 机械设计等项目企业实训基地，充分利用学院国际联合训练基地资源，实施"3 基地 +2 能力 +1 档案"训练模式，对选手进行技能冲刺训练、专业理论知识辅导以及心理体能训练，并根据选手的训练测评表现和技术特点，在不同阶段分别进行针对性提升强化。四是适时组织选手前往其他集训基地和标杆企业进行异地适应性训练，积极与韩国等国家开展线上模拟交流赛，助力选手熟悉规则、扫清技术障碍、解决技术难点。

三、强化保障、全力拼搏

学院借鉴往届世赛经验，在上级部门的支持下，组建了韩国团和法国团 2 个技术后勤保障团组，选派督导协调、专家教练翻译、技术后勤保障等精干力量共 8 人赴韩国、法国赛场一线，为学院参赛选手开展技术辅导和后勤保障服务。一是组织核心技术力量在赛场观察我国选手表现情况，调动整合前方和后方技术资源进行专业战术分析，利用休息时间，指导选手按照实际情况调整战术。二是实行一日一报一分析制度，及时对每日比赛情况进行分析，同步关注选手的心理状态，及时进行谈心谈话、心理疏解，帮助选手调适心情、保持高涨的情绪，确保选手以最优策略和最好状态应对比赛。三是针对性制订出访团组境外工作方案和工作指引，从赛场到酒店，全程严格落实防护措施。四是采取个性化点菜模式，为选手精心挑选新鲜食材，提供安全美味、营养均衡的"家乡味道"，并妥善选择用餐地点，实行一对一、点对点送餐，竭尽所能保障选手比赛期间用餐安全。在科学的保障下，学院实现了世赛金牌零的突破。

在总结经验的同时，学院也看到了成绩背后的态势变化与存在的不足，例如，网络系统管理项目比赛技术方向和比赛内容频繁变更、CAD机械设计项目下届将作为试点项目之一取消翻译，我们该如何应对？教练对新技术发展方向理解和技能掌握不足，我们该如何提升？选手赛场上出现不应有的失误，我们该如何避免？这些都需要我们进行深入分析，制订科学有效的措施，系统性地加以解决，为参加第47届世赛取得更加优异成绩奠定基础。

新时代，新征程，新发展。学院将坚持以习近平新时代中国特色社会主义思想为指引，深入贯彻落实党的二十大精神，紧紧围绕《南沙方案》和《关于加强新时代高技能人才队伍建设的意见》，在人社部、省人社厅、市人社局的正确领导下，从战略全局谋划人才培养工作，用一流标准提升人才培养水平，以产教融合强化人才培养成效，努力当好广州技工教育高质量发展的排头兵，更好地培养高素质技能人才，为广州实现"四个出新出彩"做出更大的贡献！

世赛推动　助力学校高水平建设
——广州市城市建设职业学校竞赛参赛综述

叶小波　余智德[①]

职业技能竞赛是加强技能人才培养、促进优秀技能人才选拔、培育大国工匠的重要途径之一，是技能人才评价的一种重要形式。一直以来，广州市城市建设职业学校（以下简称"学校"）始终坚持"以赛促教""以赛促学"的竞赛宗旨，以建设与世赛项目接轨的世赛中国集训基地为基础，以梁智滨劳模创新工作室为依托，在世赛、全国职业技能竞赛和广东省职业技能竞赛舞台上，摘取了诸多荣誉，并培养了大批高技能的能工巧匠，为学校高水平建设提供了重要支撑，为大湾区基础建设输送了大批技能人才。

一、奋力走在前，争当排头兵

（一）举世瞩目，蝉联世赛金牌

2011年，学校学生林晓滨初出茅庐，征战世赛舞台，并连续2届作为砌筑项目备选选手，认真观摩比赛，吸取世赛经验。由于年龄限制，林晓滨不能继续参赛，于是他潜下心来，走上了教练的工作岗位，将世赛规则、竞技技巧等转化为日常训练要点。由于出色表现，林晓滨成为第44届、第45届世赛砌筑项目国家教练团队的一员。正是有了林教练的多年征战经验和悉心指导，在第44届、第45届世赛砌筑项目的比赛中，本校学生梁智滨、陈子烽分别勇夺该项目金牌，为国家蝉联该项目金牌。在2022年世赛特别赛上，本校毕业生伍远州（现任中建五局高级技工学校教师），代表中国参加砌筑项目的比赛，荣获金牌，实现该项目三连冠。学校选手在瓷砖贴面和抹灰与隔墙系统项目上也颇有建树。覃谋富为第44届、第45届瓷砖贴面项目世赛备选选手，吴显涛为第45届抹灰与隔墙系统项目世赛备选选手。在2022年世赛特别赛的国家队选拔赛中，陈佳弟、李启勇和劳荣钧3人进入了国家集训队。

▲ 梁智滨获第44届世赛砌筑项目冠军

[①] 叶小波，男，广州市城市建设职业学校实训与信息管理科副科长，高级讲师；余智德，男，广州市城市建设职业学校副校长。

▲ 陈子烽获第 45 届世赛砌筑项目冠军

▲ 伍远州获 2022 年世赛特别赛砌筑项目金牌

（二）光辉闪耀，国赛获奖无数

2020 年 12 月，中华人民共和国第一届职业技能大赛（中华人民共和国职业技能大赛简称"全国技能大赛"或"国赛"）在广州琶洲拉开帷幕，学校派出 4 名选手参加砌筑、瓷砖贴面、抹灰与隔墙系统、砌筑（国赛精选）4 个项目，获得 1 银 1 铜 2 优胜奖的好成绩，其中砌筑、瓷砖贴面、抹灰与隔墙系统 3 个世赛项目的选手均进入国家集训队。

（三）成绩斐然，省赛硕果累累

2021 年 8 月，学校选手蓝秀文参加广东省乡村振兴职业技能大赛砌筑项目的比赛，获得省赛金牌，同年 10 月，参加首届全国乡村振兴职业技能大赛国赛砌筑项目的比赛，获得国赛铜牌。同年 12 月,广东省第二届职业技能竞赛(广州赛区)在广州琶洲举行,本校选手马政文、许广涛参加瓷砖贴面、抹灰与隔墙系统 2 个项目的角逐,并最终获得 2 个赛项的金牌。

(四)满载而归,参赛收获颇丰

学校的世赛抹灰与隔墙系统项目教练吴显涛在 2022(俄罗斯)金砖+欧亚技能远程国际赛之数字与传统技能混合挑战赛中获得抹灰与隔墙系统赛项金牌,林凯琪选手获得油漆与装饰赛项铜牌。世赛瓷砖贴面项目教练李启勇在第六届德高好师傅国际贴砖争霸赛中取得第一名,获"广东省五一劳动奖章"。本校学生参加"2022'一带一路'暨金砖国家技能发展与技术创新大赛"获得一等奖。

二、成果善转化,做好主力军

(一)贡献突出,申报国家荣誉

学校坚持以习近平新时代中国特色社会主义思想为指导,全面贯彻党的二十大精神,落实习近平总书记关于技能人才工作系列重要指示和中央人才工作会议精神,对标世赛,以传承技艺、弘扬工匠精神为己任,注重世赛成果转化,服务行业企业和乡村振兴工作。2020 年以来,学校累计培养了陈佳弟、劳荣钧、梁锦涛等 9 名"全国技术能手",为国家技能人才培育做出了突出贡献。

(二)保障办赛,圆满完成任务

学校是中华人民共和国第一届职业技能大赛(4 个项目)、广东省第二届职业技能大赛(2 个项目)的实施保障单位。依托梁智滨劳模创新工作室,学校精心策划,精细安排,圆满地完成了工作任务,彰显了冠军学校的实力,受到了大赛组委会、执委会的高度评价。

(三)担当使命,承担帮扶责任

世赛冠军团队,坚持使命担当,勇于承担社会责任,注重世赛成果转化,在各级各类竞赛活动和技能帮扶活动中发挥了重要作用。

(1)陈子烽主动报名参加广东省"国家援藏援疆万名教师支教计划",远赴新疆喀什疏附县中等职业技术学校支教,为学校打造世界技能冠军工作室和技能训练基地,深化人才培养模式改革、推进校企合作、加快"双师型"教师队伍建设,为该校技能人才培育工作做出了卓越贡献。

(2)林晓滨、吴显涛和庞文娟老师受邀到西藏波密县担任建筑产业工人技能提升活动教练,为农牧民建筑工人传授建筑技能。

（3）梁智滨、吴显涛分别担任第 46 届世赛砌筑、抹灰与隔墙系统项目中国集训队 10 晋 5 选拔赛裁判员。

（4）林晓滨、覃谋富分别担任广州市第六届建筑工匠技能擂台赛砌筑工、镶贴工的裁判组组长；林晓滨担任广东省第二届职业技能大赛（乡村振兴）砌筑项目裁判长；覃谋富、吴显涛分别担任广东省第二届职业技能大赛（广州赛区）瓷砖贴面、抹灰与隔墙系统项目的裁判；林晓滨担任 2021 年广东省住房城乡建设行业职业技能竞赛砌筑工项目副裁判长。

（5）梁智滨、陈子烽、梁锦涛等曾到多个工地现场，参与清水墙吧台、背景展示墙、花式墙等建设，参与阳西县修缮博物馆工程、广东兰石商会办公室改造工程。积极参与儒溪村乡村振兴建设项目，致力于打造"樵山水绕儒风雅，溪塘映翠乐安居"的新时代西樵山麓乡村振兴典范。

使命担当、敢作敢为。学校是第 45 届、第 46 届世赛砌筑项目中国集训基地，梁智滨劳模创新工作室也是广州市总工会挂牌成立的，依托基地和工作室优势，学校建立了一支专业技能水平领先、思想政治站位高的专家教练团队，并形成了一套先进的技能人才培育机制，为学校高水平建设提供了强有力的保障。

历届世赛获奖选手职业成长

用七年时间攀上技能高峰的追梦人
——记 2022 年世赛特别赛金牌获得者杨书明

方常亮　萧素琴　刘　优[①]

杨书明，广州市工贸技师学院青年教师，曾获得"全国技术能手""全国青年岗位能手""广东省五一劳动奖章""广东省技术能手""广东青年五四奖章"等荣誉称号。2022年，在世赛特别赛韩国赛区摘下新增赛项移动应用开发项目金牌，成为该项目世界首个金牌获得者，并被世赛中国组委会授予"国家最佳奖"。

世赛梦·起源

杨书明的世赛梦，梦起广州市工贸技师学院（以下简称"学院"）。2015年6月，15岁的杨书明由于中考失利，选择就读广州市工贸技师学院，成为2015级网站开发与维护高级5年（1）班的一名新生。

2015年开学第一课上的世赛获奖选手分享，在他的心中悄悄种下了技能成才、技能报国的种子。基础的薄弱、成绩的不理想并没有使他气馁，他虚心向老师和同学请教，投入比别人多几倍的时间去学习。他学习充满热情和韧劲，让班主任对他寄予厚望，推荐他加入了学院世赛网站设计与开发项目精英班。进入精英班后的杨书明从临摹他人的小部件设计开始，在教练指导下一点点积累，设计的作品也从最初的"惨不忍睹"到后来的备受大众好评。他深知，只有比别人投入多百倍、千倍的时间到学习和训练中，才有可能过五关斩六将，站在世界最高技能领奖台上为国争光。于是他不知疲倦，每周6天、每天12小时都沉浸在技能学习中，且乐此不疲。

---

① 方常亮，男，广州市工贸技师学院办公室副主任；萧素琴，女，广州市工贸技师学院办公室主任，助理讲师；刘优，女，广州市工贸技师学院训练中心主任，讲师。

世赛梦·践行

2016年，杨书明迎来了人生中第一次参加技能竞赛的机会。他代表广州市参加了第44届世赛网站设计与开发项目广东省选拔赛。由于技能掌握不纯熟、竞赛经验不足，仅获第十名而被淘汰。他不服输，暗下决心，"下一次比赛一定要突出重围，争取进入国家队"。随后两年，他潜心打磨技能，积极备战第45届世赛，除了周末主动留校集训，就连阖家团聚的春节他也只匆匆回家四天便迫不及待返校继续训练。这一次，备赛四年的他获得了全国选拔赛第一名的好成绩，但在国家集训队考核中他最终止步于中国备选选手，又一次与世赛舞台擦肩而过。

但是杨书明的韧性让他越挫越勇，依然为心中的世赛梦而奋斗。他的教练们也想方设法为他规划未来。得知第45届世赛举办的同时，还将举办2019俄罗斯喀山未来技能大赛，我国也将参加移动应用开发等赛项，杨书明和项目团队做出了一个惊人的决定——跨项目争取参加2019俄罗斯喀山未来技能大赛移动应用开发项目比赛！在他的教练、国家级技能大师陈立准的鼓励和帮助下，他求学若渴，像海绵一样，在网站设计与开发项目的基础上不断学习吸收移动应用开发技术和知识。三个月的疯狂学习，他获得了代表国家参赛的机会，即使比赛遇到身体的不适及难度超出预料的赛题，他依旧凭借多年备赛网站设计与开发项目扎实的技能功底，最终夺得移动应用开发赛项银牌，站上了国际技能竞赛的领奖台。

世赛梦·圆梦

杨书明有喜悦，也有遗憾。因为他踏上的，还不是被誉为"技能奥林匹克"的世赛的最高领奖台。2020年，面对就业和逐梦世赛的选择，杨书明毫不犹豫地选择了留校备战第46届世赛。在得知移动应用开发项目成为第46届世赛的新项目时，杨书明更是选择了转战新项目。杨书明深知，由于年龄的限制，这届比赛就是他实现世赛梦的最后一次机会。备赛过程中，他总是废寝忘食，原本就偏瘦的身材看起来更加瘦弱。杨书明不断巩固和提升自己的专业技能，在第46届世赛广州市和广东省选拔赛中稳稳地夺下了两个第一名，并在中华人民共和国第一届职业技能大赛中夺得冠军，顺利进入国家集训队。在随后的集训选拔赛中他也稳居鳌头，只需再坚持几个月，他便能站上世赛的舞台。

2022年5月31日，正当杨书明铆足劲头准备最后选拔冲刺、感觉世赛梦越来越近之时，却传来了第46届世赛取消的消息。这一消息如同晴天霹雳，让杨书明十分失落懊恼，心里充满遗憾和不甘。但他慢慢接受了现实，准备从备赛选手转为教练，继续深入钻研技术，将未能圆的梦想寄托在下一届选手身上。然而，山重水复疑无路，柳暗花明又一村！6月30日，世界技能组织官方公布将举行2022年世赛特别赛，按照国家的参赛安排，作为项目首次阶段性考核最终成绩第一名的他成为移动应用开发项目国手，将代表中国参加10月在韩国举办的2022年世赛特别赛。

10月13日，2022年世赛特别赛移动应用开发项目比赛正式打响！中国选手广州市工贸技师学院杨书明、中国指导专家天翼数字生活科技有限公司蔡立勋、中国翻译中建五局高级技工学校李素芳组成该项目中国参赛团队。本次比赛无论是比赛时长、技能深度还是技能广度，完成起来都要比国内的比赛难度更大，不过得益于教练团队有针对性的训练，以及自身多年来的刻苦磨炼，杨书明非常快速地掌握了竞赛策略和节奏，整体表现符合他和专家教练团队的预期。四天的比赛，在与德国、韩国、日本等国家和地区的10名选手的比拼中，杨书明技能操作快、开发的应用功能完整、用户体验好，最终以优异成绩获得了移动应用开发项目的金牌，成为该新增项目首个金牌获得者，充分展示了中国技能青年风采，展现了广州市高技能人才队伍建设和技工教育高质量发展的成果！

▲ 杨书明圆梦世赛

世赛梦·延续

世赛特别赛结束后，杨书明选择继续留校任教。随着从选手到教练的身份转变，杨书明不仅积极总结自身经验，提出了移动应用开发项目训练体系建设思路，聚焦"技术技能训练＋综合素质训练"，更在软件开发行业中勤学苦练、深入钻研。杨书明结合本项目技术技能基本要求，对照世赛技术文件的WSOS标准［2015年，在巴西圣保罗举办的第43届世界技能大赛首次建立了世界技能标准规范（WorldSkills Standards Specification，英文缩写WSSS），2020年修改为世界技能职业标准（WorldSkills Occupational Standards，英文缩写WSOS）］，对选手应掌握的技术技能点进行梳理，并按照不同的训练阶段，划分训练重点，开发相对应的训练资源，如每日小测、阶段性测试题、配套预习复习资料等。在训练体系建设中，杨书明提出综合素质训练应结合选手特点，开发相应的训练课程，按阶段性技术训练成效，动态调整综合素质训练工作。

星光不负赶路人，七年磨剑、技能报国。杨书明的世赛梦圆满收官，但他作为教师、教练的职业生涯新征程才刚刚开始。在未来，杨书明不仅会以自身世赛逐梦故事激励广大学子，还会以精湛的技术全力以赴为国家培养更多技能人才，使更多的学子们能走上技能成才、技能报国之路。

"00后"勇敢"破圈"青春告白祖国

——记第45届世赛金牌获得者胡耿军

刘泱 邓纯艳[①]

胡耿军,第45届世赛移动机器人项目金牌得主,广州市机电技师学院智能控制系16级自动化中级班机电一体化(自动化方向)专业毕业生。2020年,被保送到天津职业技术师范大学自动化与电气工程学院就读。2022年3月光荣入伍,是中国人民解放军现役军人。

2019年8月22—27日,在俄罗斯喀山举行的第45届世赛上,胡耿军与搭档郑棋元代表中国队出战移动机器人项目,拿下中国在移动机器人项目上的首金。胡耿军曾在2019年9月14日央视新闻联播上表示"不断提升自己的技能水平,报效祖国"!

胡耿军先后荣获"全国技术能手""全国青年岗位能手""全国优秀共青团员"称号,获"广东省五四青年奖章""广州榜样2019年度十大榜样个人""2018—2019学年中等职业教育国家奖学金",获第七届中国国际"互联网+"大学生创新创业大赛(天津赛区)金奖。

胡耿军来自广东一个普通家庭,父亲常年在外打工,家中只有他和母亲留守。从小,缺少玩具的胡耿军就对家里的电器充满了好奇,经常趁母亲不在家时把电视机、音响等电器一一拆卸。家里的电器被他拆了又装,年少的胡耿军非常享受这个探索的过程和复原后的喜悦。

由于从小接触电器以及对修复电器的强烈兴趣,在家人的鼓励下,2016年9月,胡耿军前往广州市机电技师学院就读机电一体化(自动化方向)专业。

2017年,胡耿军开始留意移动机器人项目。为了更好地了解这个项目,胡耿军经常勤补知识到深夜。功夫不负有心人,胡耿军过五关斩六将,一路闯关晋级,终于凭借自己的努力进入国家集训队。

胡耿军每天反复专注于技术点的钻研及硬件的优化,只为做到更好。

2019年,胡耿军和搭档凭借完美默契的配合,最

▲ 从技能"初哥"到世界冠军

---

① 刘泱,女,广州市机电技师学院教师,助理讲师;邓纯艳,女,广州市机电技师学院教师,助理讲师。

终以累计领先第二名近 10 min 的表现出色地完成了比赛,赢得了冠军。这场惊艳"表演",让中国在该项目上实现了零的突破,也让胡耿军这个"00 后"少年,站到了技能比拼的最高领奖台。

从华丽的舞台上下来,从紧张备赛、参赛的状态中回归正轨。一切又回归平寂,这次参加世赛改变了胡耿军的一些认知。不仅提升了他的专业技能,也让他意识到自己的不足。"我希望通过继续学习深造,提升自身技能。"从赛场上下来的胡耿军有了新的目标,"上大学,学习更多的知识,见识更广阔的天地"。2020 年,胡耿军被保送到天津职业技术师范大学自动化与电气工程学院就读。

胡耿军始终坚信一个人的志愿和选择应当符合国家的需要。因为他从小崇拜中国人民解放军,在 2022 年春季征兵中,胡耿军义无反顾地报了名。最终如愿走入军营,走入梦想之地。他的老师感慨:"在他的身上,你总能看到一股不服输的劲头,我觉得这种精神能够深深打动他身边的每一个人。"

胡耿军说:"成为一名军人,是梦想,更是理想。我要在军营里继续发扬工匠精神。以另一种方式报效祖国。"入伍一年多来,胡耿军以扎实的技术技能,服务于某部队兵专家工作室,从事军事装备的研发和改进工作。

在党的二十大报告中提到,"加快建设国家战略人才力量,努力培养造就更多大师、战略科学家、一流科技领军人才和创新团队、青年科技人才、卓越工程师、大国工匠、高技能人才"。

技能报国,青春许国。从世赛冠军到军营尖兵,胡耿军就是我们的青年技术人才"追风赶月莫停留,平芜尽处是春山"的代表。

胡耿军的人生态度就是"拒绝躺平""在别人休息时努力""坚持自律制胜"。这是胡耿军在世赛备战训练中的感悟,也是他接下来在军营中要走的路。

在世赛舞台华丽转身的"时尚大师"

——记第 45 届世赛金牌获得者温彩云

陈康俏[①]

2019 年，温彩云代表中国获得了第 45 届世赛时装技术项目的金牌，目前在广州市白云工商技师学院担任服装设计专业教师，同时也是学校世赛团队的一名教练。

梦起白云，世赛搭台

温彩云来自广东省湛江市一个农村的家庭，很小就喜欢给各种玩具设计衣服，梦想成为一名服装设计师。在姑姑的建议下，温彩云最后选择了广州市白云工商技师学院，成为服装设计与品牌策划专业的学生，开始系统学习有关服装设计的专业知识和技能，从此也便踏上了追逐梦想之路。

可是，追逐梦想的道路，并不是那么平坦、顺畅。跟很多人一样，温彩云经历了不少的艰辛和挫折，也品尝过失败的滋味。第一次参加第 44 届世赛选拔赛，最终以全国第九名的成绩进入了国家集训队，但止步于"十进五"选拔赛。有了这次的经历，温彩云找到了自己的差距和不足，有了更为清晰的努力方向，让梦想离现实又更近了一步。教师也鼓励她一定不要灰心，能够进入国家集训队接受国家顶级专家的指导，与国内众多高手对决，已经很不容易了，要从中吸取教训，努力在专业技能上得到更大的提升，好好准备下一届大赛。

学校安排她在中山的一家服装公司实习，负责公司晚礼服工艺设计。为能接触了解到更多东西，她经常主动申请加班，而且做完了本职工作后，还问主管设计师拿活干，一点都不觉得累。经历了近一年的学习和沉淀之后，由她设计的礼服正式在香港时装周订货会上发布，这意味着她正式成为一名服装设计师了。

实习将近满一年的时候，即离第 45 届世赛选拔赛只有几个月的时候，学校通知温彩云归队。可是当时她已经离开校园快一年了，身上的那股冲劲已经被社会消磨了许多，所以她也犹豫了，甚至想放弃。但学校的教练团队认为她通过一年的实习，专业技能水平有了不小的进步。参加世赛可以帮助她更好地了解自己的优势与不足，最大限度地提升自己的能力，将来可以成为一名优秀的服装设计师。在教练团队的鼓励和耐心指导下，经过激烈的思想斗争后，她决定在公司完成香港时装周的作品发布会后，回学校备战第 45 届世赛，再次开启征战世赛之旅。

---

① 陈康俏，男，广州市白云工商技师学院校办主任，一级实习指导老师。

不忘初心，逐梦前行

要想获得成功，必须学会取舍。2018年春节假期还没结束，温彩云就回到了学校，在指导老师的陪伴下，全身心投入第45届世赛广州市选拔赛的紧张备赛之中。从那以后，温彩云坚持每天从早到晚，在实训室里学习画图、打板、排版、剪裁、缝制服装等。2018年3月，她顺利获得了广州市选拔赛的第一名；4月，又在省选拔赛中取得了第一名；6月，成功拿下了全国选拔赛第一名，再次进入国家集训队。

参加世赛，胜似一场"生死之战"。想要战胜对手，必须比对手付出更多的努力。进入国家十强集训后，她充分吸取了上一届参赛的经验教训，并加大了自己的训练强度和难度。备赛的日子，对温彩云的身心是个极大的挑战，她每天在实训场里画图、打板、排版、剪裁、制作服装。日复一日，从早到晚，重复做着同样的事情，休息成了她最大的奢望。长期在高强度的训练下，她感到压力越来越大，心理状态也变得越来越差，心情有时会莫名地恐慌，几度想要放弃。学校教练团队及时耐心地给予疏导与鼓励，帮助她调整状态，调整训练方案，帮助她一直保持着激昂的斗志和满满的信心参赛。

"苦心人，天不负"。在"十进五"选拔赛上，她以总分第三的成绩，顺利进入了国家五强集训队；又在"五进一"的比赛中，以总分第一的成绩，顺利获得了代表国家征战世赛的资格。

决战世赛，梦圆喀山

在温彩云备战俄罗斯喀山世赛的日子里，还参加了两次国际邀请赛。在重庆举行的以"技能合作、共同发展"为主题的"一带一路"国际技能大赛时装技术项目国际邀请赛中，温彩云代表中国参赛并获得了金牌。此次比赛，是温彩云初次接触国际选手，为她后面的比赛积累了重要的经验。温彩云后来代表中国参加第45届世赛时装技术项目北京国际邀请赛，也获得了第一名。这次比赛是时装技术项目冲刺第45届世赛最后决赛前的一次重要练兵，不仅让她积累了更多国际大赛经验，同时也让她通过大赛查找自身不足，为8月的喀山总决赛做足准备。

8月19日，带着梦想、带着希望，温彩云正式踏上了世赛的征程。本次比赛于8月23—26日分4天进行，4个模块、18个小时。4天紧张又激烈的比赛，有强大的祖国做后盾，在国家专家、教练，以及学校保障团队的悉心关怀、帮助和指导下，温彩云顺利完成了全部的比赛。当主持人宣布第45届世赛时装技术项目的冠军来自中国的时候，那一刻，她如释重负，特别激动，她挥舞着五星红旗跑上领奖台，心中呐喊：我成功了，我为祖国拿到了金牌，我实现了世赛冠军梦！这是我有生以来获得的最高荣誉，是献给中华人民共和国成立70周年、母校建校30周年最好的礼物！

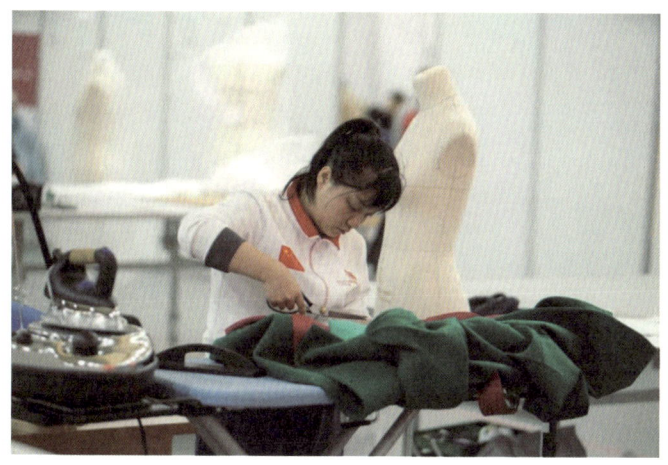

▲ 温彩云比赛照片

机会永远都是留给有准备的人。在这场世界级的较量中，没有人会同情谦让他人的弱小，只有强大自己，才能出类拔萃。

感恩于心，责任于行

温彩云的世赛之路，有挫折、失败和成功，有泪水，有欢笑。她忘不了，那一张张标满各种颜色的训练表，记录着她每天的训练任务，标注着她哪天哪个项目的训练进度、存在的问题和提升的计划；她忘不了，学校想尽一切办法，为她提供了最好的训练条件和环境，还有领导、教练、教师悉心的指导和帮助；她忘不了，世赛专家团队在赛前、赛中对她的指导，帮助她从容面对并战胜困难。

她很庆幸自己生长在这个强大而幸福的国家，感谢党和政府的栽培，提供了这么好的资源；她很庆幸自己来到了广州市白云工商技师学院读书，有这么好的世赛专家、教练和教师在前进的道路上为她排忧解难，保驾护航！她很庆幸自己当初在犹豫时选择了不放弃，坚持追逐梦想。这段历程，记录了她的成长，刻骨铭心。

薪火相传，砥砺前行

在第45届世赛结束后的一段时间里，国内多家知名企业向温彩云抛出了"橄榄枝"，其中不乏开出高薪等各种优待条件。但她婉拒了这些企业的邀约，而是选择回母校当一名服装设计专业教师和教练，帮助学校的选手更好地备战第46届世赛。在平时的集训中，她非常认真地指导学校的选手，从画图、打板、排版到剪裁、缝制等，都是按世赛的标准把自己的经验、技巧倾囊相授。

同时，广州市白云区政府大力推进"人才强区"战略，出台了产业领军人才"1+3"政策、支持港澳青年来云发展行动计划、"云聚英才"计划等一系列人才政策，为温彩云提供了高技能人才"四个一"专项服务（申报一个广州户口、申领一张"云聚英才卡"、申请一套人才公寓、政校合作共建一间人才创新工作室）。这更加鞭策她不断地提升自己，砥砺前行，致力于培养更多高水平的服装设计人才，为推动服装产业新的发展做出贡献！

匠心护航，大爱教育

成绩的取得离不开教练团队的辛勤付出。以江少容教练为例，她多次放弃了企业的高薪、放弃了成为知名企业合伙人的机会，甚至多次因为工作而缺席了陪护家人的重要时刻，但为了温彩云等选手和团队的梦想，在学校团队、学生需要她的时候，她从未缺席。在关乎学生前途的关键时刻，无论有再大的困难，她都不会因为自己的事情影响学生的未来。

其他教练也是如此，为了更好地训练选手，让选手身心更好地成长，教练们牺牲与家人相聚的时间，风雨兼程，默默付出。他们的工作守则是用育人成才的心态面对每一个集训选手。正是这份爱与坚守，成就了学院的竞赛团队。温彩云婉拒企业邀约，选择成为一名教师、成为一名学校世赛团队的教练，除了回馈母校以外，更多的是被当时教导她的团队教练用心去浇灌、用爱去教育的无私奉献精神所感动、所熏陶，所以她也想成为这样的一名教师，为技能传承尽一己之力。

广州世赛集训基地建设

技能竞赛基地建设的实践研究[①]

王学清　胡晓敏[②]

一、引言

技能竞赛是技能人才选拔的重要手段和途径，是检验职业教育质量的一个重要平台，对技能型人才培养起到引领和示范作用，更是促进技能人才队伍建设的重要抓手。本文从竞赛项目基地场地建设、管理机制建设、技术团队建设、世赛标准和规则研究、竞赛促进专业发展等多个方面入手研究，通过基地建设，探索世赛技能人才培养的路径，实现世赛技术标准向技能人才培养标准、参赛选手培养路径向技能人才培养路径的转化。

二、基地建设的设计思路

（一）建设的基本思路

技能竞赛基地的场地建设是基地建设的关键部分，承载世赛人才培养、梯队建设、选手选拔、集训等各项任务。为保证选手的培养与世赛要求接轨，基地场地建设应当遵循世赛的开放性、多功能复合、节能环保和可持续性等原则。在工位面积设置、功能区域划分、标示标线、设备采购等应与世赛完全对接，可直接用于组织国家、行业、省、市的选拔赛。

（二）建设要求分析

广州市技师学院以学院原型制作项目技能竞赛基地建设项目为例，按照世赛对场地、

[①] 本文发表于《教育现代化》2019年第6卷第98期。

[②] 王学清，女，广州市技师学院原教务处主任，高级讲师；胡晓敏，女，广州市技师学院教师。

设施设备等标准要求进行规划，结合政府财政专项的建设费用，满足我国世赛原型制作项目参赛选手的训练、选拔和高技能人才培养需求。

因此，学院技能竞赛基地场地建设的检验标准包括：能否满足世赛原型制作项目中国集训队选手集训使用及项目梯队选手培养；能否满足世赛原型制作项目国家、行业、省、市选拔赛使用及开展国际交流活动；能否满足原型制作、CAD机械设计专业建设、学生实训使用。

（三）基地功能分析

技能竞赛基地一是作为技能、技术展示交流的平台；二是作为职业教育教学效果的展示平台；三是作为职业院校与企业合作交流的平台；四是作为学生职业发展的平台。

三、基地建设的具体实施

（一）世赛竞赛规则、技术文件研究

对世赛规则的研究，更多的是对每个项目技术文件的研究，因为技术文件是组委会、专家和选手所有工作的依据，包含了该技能竞赛项目所需的各项标准，以及管理整个竞赛的测评原则、方法和流程。通过研究项目的技术文件，可以了解到当今世赛组织对各领域职业技能人才的要求。

为了紧跟世赛发展趋势，学院专门建立包括世赛专家、教练、翻译的世赛研究团队，及时收集世赛论坛消息并进行翻译整理。世赛研究团队利用选拔赛等契机，不定期召集国内外世赛专家，对世赛技术、规则方面的信息进行研讨，并及时将成果应用于集训。

（二）组建精英竞赛团队

学院积极引入北京师范大学、华南理工大学等高等院校和广汽研究院等龙头企业的专家教授，加强竞赛团队的建设。专家团队对学院竞赛项目的整体水平提升做出了突出贡献。

在教练团队的建设中，主教练的选择至关重要。主教练负责整个技能竞赛项目及竞赛基地的统筹、规划、实施，既要有专业技术能力，又要有管理能力。因此要选择专业技术好，责任心强，甘于奉献，踏实肯干，组织协调能力强，善于沟通且具有主观能动性的专业精英担任团队的主教练。

同时，以原型制作项目为例，教练团队要将电气学科、机械学科、英语学科、心理学科等学科内容传授给选手，让选手集多种技能于一身并展现出来。因此建设专兼结合、校内校外结合的教练团队也是技能竞赛基地建设的主要内容。学院在专职教练的基础上，整合学院相关专业资源和校外企业资源，建立了一支能够提供专业技能、专项技能、体能、心理等各项技能训练的教练团队。

（三）竞赛选手的选拔与培养

学校多采用推荐、社团活动等方式挖掘选手，再通过海选、一次性考核等方式进行筛选。特别是不断降低选拔选手的年龄和年级，注重考察选手的潜力，注重素质的多维度选拔方式已经成为广州技工院校选拔世赛选手的普遍做法。

培养一名优秀的选手需要2～3年的时间，学院主要采用梯队渐进式的培养方式。在技能训练上，以老队员带新队员、教练指导、定期考核淘汰方式进行训练。梯队渐进式的培养有效地将教、学两方面相结合，能促进梯队成员共同进步，年轻选手的学习进度可以根据自己的接受能力灵活调整，有利于选手快速成长。在参与选拔赛时，学校有意识地让下一届储备选手参与一些赛事，以积累参赛经验，这也成为世赛选手培养的特色。

（四）完善管理机构，健全管理制度

技能竞赛基地管理工作错综复杂，涉及人、财、物等方面的工作，基地运行过程中各种各样的问题，需要院校的教务处、学生处、财务处、总务处等职能部门协同解决，仅凭技能竞赛基地负责人协调解决各种问题是非常困难的，且效率较低。

因此，技能竞赛基地成立管理领导小组、基地管理办公室，分管校长任组长，成员包括各相关职能部门负责人和技能竞赛基地负责人。另外，基地本身有兼职人员负责对应的工作。领导小组和基地工作人员定期召开实训工作例会，由基地负责人向领导小组汇报基地日常运行情况，使领导小组充分掌握技能竞赛基地运行现状，并及时解决基地运行过程中出现的主要问题。

健全的管理制度是技能竞赛基地有序运行和有效解决问题的依据，因此，技能竞赛基地针对集训的实际运行情况，制定相应的技能竞赛基地管理制度。如针对整体竞赛管理制定了《广州市技师学院技能竞赛管理办法》；针对设备管理制定《技能竞赛基地设备使用管理规定》；针对实训材料的使用制定《集训耗材管理规定》等。

（五）以赛促教，推进专业人才培养的改革

世赛命题来源于企业真实生产任务，注重吸收前沿新技术，注重评价过程评分的科学化和评价资料的档案化等，这些世赛的特点都是与企业对高技能人才的需求接轨的。因此开展企业（行业）世赛研讨，强化服务企业的理念；世赛、教学和评价相向而行，可以促进技工院校技能人才的培养，形成更符合区域经济发展需要和世界技能人才发展趋势的专业群，并完成相应专业人才培养方案与世界技能标准的对接。

四、基地建设的成效分析

（一）多功能综合竞赛基地建设落成和承办各项赛事

原型制作基地 2017—2018 年建设完成并通过验收。2018 年，学院被人社部定为第 45 届世赛原型制作项目中国集训基地，负责第 45 届世赛原型制作项目国家队的集训、两个阶段的 3 次考核、世赛选手的强化训练等工作。

基地圆满承办了第 45 届世赛广州市选拔赛，第 45 届世赛广东省选拔赛和第 45 届世赛全国选拔赛，第 45 届世赛广州国际邀请赛，2019 喀山未来技能大赛，为香港、澳门世赛团队和香港机电工程署香港见习技术员开展集训交流。通过活动的承办，检验了基地建设的成效。

（二）选手集训、选拔工作顺利开展

原型制作项目集训基地通过深入研究第 45 届世赛的标准和规范，及时把握世赛项目的最新动态和信息，了解最新设备和材料变化趋势等。学院 3 名选手顺利通过第 45 届世赛原型制作项目国家集训队第一阶段考核，晋级第二阶段集训。其中学院选手文俊凯在第二阶段考核中脱颖而出，成为第 45 届世赛该项目中国队代表选手。2019 年 4 月举行的"金砖五国未来技能大赛"全国选拔赛中，学院选手取得了 3D 原型设计项目代表中国参赛权，在 6—7 月的冲刺阶段训练中，项目组针对投票确定的候选赛题进行强化训练，进一步优化了工艺方案，同时提升了选手的技术水平。

（三）技能竞赛成果转化显著

学院始终坚持世赛标准引领专业建设的教学改革理念，以建设技能竞赛基地为契机，积极开展世赛成果转化，推动专业建设。学院致力于将世赛原型制作项目成果转化，在省内首先开设了"工业设计（原型制作方向）"专业。大胆尝试将世赛技能、材料工艺、技术标准与专业建设对接。组建教学改革团队，探索基于世赛技术标准、规范的高技能人才培训方案，建立基于世赛内容的全新的课程体系。

2017 年"工业设计（原型制作方向）"专业顺利招生，专业建设团队制订了《工业设计（原型制作方向）专业高级五年人才培养方案》，编制了课程标准。启动了专业核心课程"原型制作实训""3D 打印综合实训"建设工作。

从世赛项目到专业建设，不仅仅实现了世赛成果的普惠，也为世赛基地建设、选手集训备战等工作赋予了更深刻的内涵，实现了教学改革、人才培养与国际接轨，真正提升了高技能人才培养的层次和水平。

（四）注重交流，开放促成长

学院充分发挥与德国院校及德资企业深入合作的优势，与德国、日本、印度、巴西、

俄罗斯等国家的专家、教练、选手搭建世赛国际交流平台，开展原型制作国际邀请赛和技术研讨会，通过研讨会机制，与相关国家专家共同交流探讨世赛原型制作技术发展趋势。与山东工业技师学院、上海工业学校等十几家全国知名技工院校加强合作，开展省际邀请赛、走训等世赛活动，为选手参加世赛打下了坚实的基础。

（五）技能竞赛驱动深化校企合作

校企合作是技工院校提高人才培养质量，提升综合办学实力的重要抓手。在技能竞赛基地建设中只有校企深度合作，才能紧密围绕企业岗位需求开展技能竞赛和专业教学活动，共同培养人才，实现技能竞赛与专业教学职业岗位定向、赛项内容与专业教学内容、竞赛训练环境与专业教学实训环境合一。技能竞赛和专业教学同步于职业岗位的变化，才能适应经济发展要求。

从专家和教练的角度来看，技能竞赛需要企业参与的主要原因是项目承接学校的技术和设备更新速度较慢；项目承接学校人力资源短缺；项目承接学校对外交流较弱；第三方评价更能体现公正；引进社会优势技术资源等。

通过访谈，企业愿意参与世赛工作的动机是能够获得项目承包等经济利益；能够获得选手锻炼机会；能够获得品牌价值；能够满足企业公益需求等。其中能够获得项目承包等经济利益是驱动企业参与世赛工作的主要原因。

学院在技能竞赛基地建设中，始终根据企业岗位技能竞赛培训的需求，积极与企业携手合作，组织教师深入企业开展岗位知识与技能的培训，一方面完成企业员工培训的任务，另一方面在实践中锻炼提升"双师型"师资队伍。通过竞赛资源共享、优势互补、构建"双赢"校企合作平台，极大地提升了专业教师的合作服务适应力，赢得了合作企业与员工的信任，为进一步深化校企合作开辟了更加广阔的前景。

五、对技能竞赛基地建设与运行的建议

作为职业技能竞赛的主阵地和高技能人才培养的练兵场，技能竞赛基地建设面临的任务仍很艰巨，对技能竞赛基地的建设和运行建议如下：

第一，技能竞赛基地建设要脚踏实地。基地的软硬件建设要紧跟国际、国内技术发展趋势，应结合生产实践应用并适用于我国高技能人才培养。

第二，技能竞赛基地要建立公开、公平、公正的梯队选手选拔机制，选手的选拔应参照世赛形式组织命题和评判，选拔出最优秀和最具潜力的选手。

第三，技能竞赛基地间加强交流与合作，研讨基地建设经验，取长补短，针对各项目的特点和所在地域的不同，科学建立运行机制。

第四，技能竞赛基地应建立专兼结合的技术团队。将全国各领域优秀的专家和技术骨

干选入技术团队。主教练应在技能竞赛基地所在单位被选出,这样便于指导选手,把握训练情况。专家、教练要经常交流。

第五,技能竞赛基地应组建团队,收集、翻译技术文件,开展专家、教练、翻译专项培训,提高技术团队整体水平。

第六,技能竞赛基地应建立完整的档案管理制度,汇编各届的技术文件、竞赛试题,制订模块操作技术要领,编写各工艺步骤操作技术规范,并通过成果转化,不断传承。

第七,技能竞赛基地应重视世赛成果转化。技能竞赛基地应及时将世赛成果向专业建设、课程开发进行转化。将世赛取得的成果及时普惠到广大学生中,促进专业建设,也为该项目储备预备选手。

第八,技能竞赛基地应积极开展各类技能大赛和技术比武活动,提高技能大赛的开放度和参与度,增强技能大赛的趣味性和观赏性。鼓励青年学生参观参与,欢迎社会各界观赏,鼓励企业和技术组织进行赞助。同时加大技能型人才成长的宣传力度,在全社会营造尊重技能、尊重技能人才的良好氛围,让技能人才有更多出彩的机会。

基于世赛标准的竞赛集训场地建设研究

田 国[①]

广州市机电技师学院紧紧围绕"机""电"优势专业，大力开展机器人系统集成、移动机器人、工业控制、机电一体化等世赛项目的集训及各个层次选拔赛的办赛工作，同时，以工业4.0、新能源汽车智能化技术、电气装置、原型制作等国赛精选项目选拔和广东省职业技能大赛选拔等活动为抓手，大力开展竞赛集训场地和竞赛赛场的规划、搭建与文化建设，这些工作改善了集训、办赛条件，提升了项目的内涵和校内外辐射效果，有力地保障了竞赛集训工作和竞赛办赛工作的顺利开展。

本文将从竞赛集训场地和竞赛赛场的规划、搭建与文化建设等方面系统地阐述竞赛集训场地建设工作内容和技术要点。

一、竞赛集训场地的规划、搭建与文化建设

在开展一个竞赛集训场地的建设工作之前，建设者需要首先确定场地对应的竞赛项目、层次及工作定位（训练、训练与教学结合、训练与办赛结合、训练与教学+办赛结合、竞赛与交流体验结合、主基地与分基地"走训"结合等）、服务专业与管理主体等，这些都是由参赛单位结合大赛方案和自身的实际情况决定，随后在此基础上遵循"一个场地一个项目、一个场地一个主题"的基本要求，与赛项专家和场地经理充分沟通，并在吸取专家想法的前提下完成校内新建场地的竞赛主题搭建或旧场地的竞赛化改造。无论是新场地的搭建还是旧场地的改造，所有的工作均围绕场地的规划设计、场地的搭建实施、场地的文化建设展开。

（一）竞赛集训场地的组成

竞赛集训场地的配置没有固定的模式，通常根据场地的大小及专家教练团队的个性化要求，基本配备选手训练工作区（根据不同的项目设置设计/编程区、安装/测试区、维修制作区、讨论区等），专家、教练办公室，会议室/技术解读区等以保证基本训练活动的开展。如场地空间允许可增配竞赛成果/竞赛项目文化展示区、学生/选手工作室、交流接待室、公用休闲健身区等拓展区域以提升训练的内涵和效果，对校内外教学交流活动起到示范引领作用。

---

① 田国，男，广州市机电技师学院教务处（竞赛办）副主任，高级讲师。

（二）竞赛集训场地建设流程

竞赛集训场地是学院各专业师生在校内开展集中训练活动的主阵地，是开展备赛参赛工作的相对独立的空间，其核心功能依然是竞赛集训，可以兼顾教学、交流等其他工作。

竞赛集训场地的建设不是单纯地以空间"理实"分区和教学"工学"一体的方式展开，更侧重于工作室制的建设和管理方式。场地内部既包含选手训练的场地，还包含教练专家团队的工作场地，是选手训练、教练专家管理训练的混合场地。竞赛集训场地的建设应依据竞赛项目技术文件要求和办赛方赛程安排遵循以下工作流程：

1. 场地总体功能策划及布局规划

制订总体建设策划方案并在充分论证的基础上设计场地功能布局图，包括专家、教练办公室布局（工作、洽谈、小范围会议），选手训练工作区布局（工位内设备设施布局、训练/办赛拓展区域设计），电、气、网络、监控等设计（场地用电节点的电位设计，场地设备固定用气及临时用气线路及节点规划，无线网络/有线网络设置，区域监控、工位监控及临时监控设置等）。

2. 拟定各建设项目明细资料

联合学院各职能部门根据规划要求拟定工程项目建设明细、设备设施需求明细、家具家电需求明细、信息化建设明细、装饰及广告宣传明细，完成全套施工图、效果图及相应需求明细表。

3. 竞赛集训场地建设

竞赛集训场地建设主要包括原有场地设备搬迁、环境清理；地面、墙面、天花、隔断及"基础四要素"的明装管线施工；定制设施；场地信息化建设与改造如监控、电子屏与展示屏/演示屏安装等。

4. 场地文化建设

场地文化建设主要包含：全场地进行世赛 VI（视觉识别系统）与世赛中国 VI 的环境应用、世赛元素的环境导示设计、公共区域单一主题形象设计、公共区域展示设计、公共区域具体的竞赛文化设计、项目实物成果展示设计（如推介竞赛项目、推介竞赛师资、推介竞赛技术；展示竞赛内容、展示竞赛成果、展示竞赛内涵）、赛场内部竞赛主题形象设计、互动交流展示设计和学生俱乐部、工作室、仓储等区域的环境设计等。

5. 设备设施安装调试

外购的家具家电、设备设施入场及安装调试。

6. 竞赛集训场地交付

完成竞赛集训场地建设，并交付教练团队开展训练。

二、竞赛赛场的规划、搭建与文化建设

除外出集中办赛，竞赛赛场一般与竞赛训练场地共用，但需要将原有的训练场地进行竞赛化改造，改变工位布局，增加服务外来参赛人员的环境导示系统内容并进行配套的竞赛视觉宣传。

学院在承接办赛任务后，办赛项目组会逐项明确办赛的内容细节，明确赛场的区域组成，以确定办赛场地的需求，并在已有的标准办赛流程下开展工作。如通过技术文件梳理比赛流程，通过报名参赛队的数量和形式（单人赛还是团队赛）明确比赛工位数量和内部设置，通过考核模块的要求确定整个赛区分区域的设置（有无理论赛场、是否因报名参赛队过多需要多场次比赛而设置转场隔离室/候考室、多个实操模块之间的场地设置等），通过选拔级别和考核等级要求确定监控、安保的等级等。

（一）赛场的区域组成

1. 赛场工作区域

赛场工作区域主要包括现场裁判工作区、专家工作室（评分裁判工作区）、技术支持工作区（企业技术工程师隔离工作区）、录分室、专家裁判会议室等。

2. 比赛操作区域

比赛操作区域主要包括××模块赛场（也称操作区1/2/3）、技术解读区、理论赛场等。

3. 赛场外工作区域

赛场外工作区域主要包括监督仲裁室、赛务办公室、培训室（赛前培训、赛后技术解读）、转场隔离室/候考室等。

4. 外围功能区域

外围功能区域主要包括领队会议室/休息室、开幕式/闭幕式场地等。

（二）赛场文化建设内容及辅助物料组成

1. 公共区域整体氛围营造和环境导示物料

主题桁架展板、赛区地图与赛程安排信息桁架展板、引导牌（路牌）、横幅与电子屏。

2. 赛场内宣传和环境导示物料

现场裁判工作区标牌、技术支持工作区标牌、功能室门牌/区域标牌、分区牌、工位隔板、隔板赛项信息喷画、工位号码牌、选手号码牌、地面指示标线、桌面三角标识。

3. 辅助物料

橡胶路锥、警戒带、移动遮阳棚（户外赛场）、灭火器、定制工作台凳等。

4. 基础设施

电、气、网络、监控等基础设施。

（三）赛场的规划、搭建与文化建设流程

（1）完成与项目专家对竞赛项目的前期需求沟通，明确赛项比赛流程。

（2）与场地经理勘查现场，明确设备、设施需求，设备布局，配套电、气、网络、监控的基础要求。

（3）与项目负责人和场地经理一起绘制场地布局图及配套电、气、网络、监控等施工图，进一步细化和明确相关需求。

（4）罗列公共区域宣传与环境导示需求明细，各个赛场区域宣传与环境导示需求明细，赛场内分区域、工位、人员标识明细，隔断及辅助设施明细等。

（5）赛场搭建施工。

（6）设备安装调试。

（7）赛场氛围建设。

（8）在赛前进行相关物料及设施的补充、修改及调整。

（9）比赛中根据赛务要求进行相关物料及设施的补充、修改及调整。

（10）赛后进行统一物料、设施的拆卸回收，消除空间障碍和相关安全隐患。

（四）赛场规划、搭建与文化建设的工作时间节点要求

严格控制赛场规划、搭建与文化建设的工作时间节点关系到赛场的建设进度，工作效果。学院的赛场建设遵循如下日程安排：

（1）赛前15天，接收办赛模块工作任务，明确人（项目负责人、场地经理、协办部门信息）、财（预算上限）、物（设备设施及物料）信息。

（2）赛前13～14天，逐步明确办赛细节，收集办赛文件信息和报名信息，并与办赛项目负责人沟通需求。

（3）赛前11～12天，完成赛场的总体布局规划设计及宣传物料明细的拟定。

（4）赛前8～10天，完成赛场施工图和赛场宣传物料的效果设计，并进行外发制作。

（5）赛前6～7天，完成赛场电、气、网络、监控的设置。

（6）赛前4～5天，完成赛场区域工位隔断及硬装设施的搭建。

（7）赛前2～3天，完成赛场宣传及展示物料的搭建。

（8）赛前1天，完成场地设施与宣传及展示物料的整改，封场。

受参赛报名截止时间、参赛队数量、技术支持单位工作进度、前置工作流程办理、设备安装调试情况等多重因素影响，实际工作中一般会压缩工作时间，需在5天内完成上述工作，但基本流程不变。

三、结束语

竞赛场地建设作为竞赛组织工作的一部分，影响到赛事举办的工作全局。学院近年来完成了多个竞赛集训场地的建设任务，并承接了大量的各级主管部门举办的各级各类竞赛办赛任务，如广东省技能大赛相关赛项选拔赛，国赛各赛项的省、市选拔赛，世赛相关赛项各级选拔赛等。通过承接这些办赛工作，学院积累了许多行之有效的经验做法并形成了一整套可靠的办赛流程，培养了一批与新时代竞赛工作相适应的办赛业务骨干，有力地促进了自身竞赛事业的发展。办赛过程中出现的新挑战也对学院的竞赛组织工作提出了更高的要求，如同时段同场地交叉办赛、同时段不同场地交叉办赛、同一项目在校内集训场地与校外临时场地同时办赛等。将场地建设流程标准化、任务模块工作标准化、人员工作安排标准化、业务对接落实标准化是提高竞赛组织工作效率的有效方法，也是学院后续完善竞赛组织工作的努力方向。

世界技能大赛课题
研究成果

> 导 读

深耕世赛课题　凝聚发展合力

盘笑莲[①]

　　世界技能大赛的意义不在比赛本身，其意义也远远超越奖牌本身，各成员在世赛上的成绩在一定程度上体现了该国家（地区）的产业发展水平和职业教育的水平。我国自2011年首次参加世赛，从奖牌零的突破到金牌零的突破，再到连续3年金牌榜、奖牌榜和总分第一，正是体现了我国作为"世界工厂"的产业发展现状和我国职业教育所取得的成绩。广州市作为技工教育和技能人才大市，同时也是产业发展较为全面、经济实力领先的沿海城市，在世赛上的成绩显著，亮点纷呈，是我国参赛项目最多，获奖牌数最多的城市。参加世赛不仅展示了广州市技工教育的成果，也找出了与世界职业教育先进国家（地区）之间的差距，对标世赛标准，优化职业教育体系，是促进职业教育高质量发展的有效途径。以世赛理念和标准为引领，培养高技能人才，促进我国职业教育高水平发展已成为职业教育工作者的普遍共识。

　　世赛成果转化对职业教育的方法和质量提供了重要的反馈并树立了一个新的标杆。广大职业教育工作者以世赛为引领，勤练、深耕、探究，通过夜以继日的实践与探索走进世赛，围绕"世赛成果转化""世赛标准运用"及高技能人才培养方面开展卓有成效的研究和实践，取得丰硕的研究成果和成功经验，为世赛标准转化、技工教育和高技能人才培养提供了理论指导和实践经验。

---

① 盘笑莲，女，广州市职业技术教育研究院（世界技能大赛中国（广州）研究中心）教研员，讲师。

课题研究"探路"世赛成果转化

探索世赛成果转化,广州在全国是"先行者"之一。2020 年 2 月,人社部发文同意"设立世界技能大赛中国(广州)研究中心",这是落户广州的第一个国际技能大赛研究中心。中心成立以来,围绕职能和使命谋篇布局,积极开展世赛标准转化、世赛技术推广、技能文化交流、世赛选手发展等工作,完成人社部委托多项研究课题及议题文件材料撰写,为技能人才培养高质量发展提供智力支撑。

自 2021 年起,中心组织广州、深圳以及福建、广西、海南等地区的技工教育机构和院校开展世赛专项课题研究 62 项,围绕世赛项目标准研究、专业课程建设、选手成长分析、世赛考核评价等内容,深入开展了一系列研究,为技能人才培养领域转化世赛成果,提供理论指引和典型实践案例。

在选手选拔和世赛考核评价指标体系研究方面,宋艳及其课题组成员对世赛选手心理选拔指标体系进行了课题研究,为后续世赛选手心理评测提供科学的理论依据与实践的指引。

在专业课程建设研究方面,赵晓霞及其课题组成员通过调研手板模型行业企业人才培养要求,对接世赛原型制作项目竞赛选手培养的标准,开展了原型制作技能人才培养的实践。任惠霞及其课题组成员通过对接世赛标准,对专业群建设、人才培养模式、课程标准建立、教学改革、工学结合机制建设、教师队伍建设和教学场地建设等展开研究,同时总结了学院在上述各方面基于世赛标准进行改革实践的具体做法及所取得的成效,为汽车专业群建设提供了一个有益的范本。谢黛及其课题组成员,以精密加工与检测专业为例,围绕构建对接国家认可认证体系的专业课程体系、基于国家认可实验室开展深度产教融合人才培养、创新检测专业人才评价模式和基于世赛评价标准的机械零部件产品测量方法等展开研究,并将研究成果在教学实践中成功运用,探索出一条检测高技能人才培养的有效路径。

研究世赛,参与世赛,越来越多的职业教育工作者通过不断探索,以世赛理念、技术标准为引领，将其融入职业院校课程和实训教学中。立足职场能力和技术标准培养技能人才，力求把世赛标准、世赛成果融到教育教学中，转化到技能人才后备力量培养中，不仅是实现我国加快制造业技能水平升级的需要，也是提升国家产品质量形象的需要。

中心组织世赛课题研究综述

原型制作技能人才培养的研究与实践

赵晓霞　刘海波　王沿斌　朱沛欣　黄枫杰[①]

由广州市技师学院赵晓霞主持，刘海波、王沿斌、朱沛欣、黄枫杰参与的 2018 年度广州市技工教育市级教学研究课题"原型制作技能人才培养的研究与实践"于 2020 年通过结题，课题主要内容如下：

一、研究内容

课题通过对世赛原型制作项目相关文献的分析，明确了世赛原型制作项目竞赛选手培养的技术技能标准和能力要求；通过案例研究、访谈，归纳出世赛原型制作项目竞赛选手的胜任力、培养路径和方法。通过与世赛原型制作对接的手板模型行业企业的调研，得出企业对手板（原型）技能人才的要求，并结合世赛原型制作项目竞赛选手培养的标准，明确工业设计（原型制作）技能人才培养的定位，并转化到工业设计（原型制作）专业建设，开展了原型制作技能人才培养的实践。

二、研究方法

课题组在世赛官网下载收集了原型制作项目的相关资料，对相关外文资料进行翻译后采用文献法研究分析。采用案例研究法和非参与性观察，以第 44、第 45 届世赛原型制作项目中国队参赛选手和国家集训队成员为对象，收集整理、分析访谈资料，总结世赛原型

---

① 赵晓霞，女，广州市技师学院教师，正高级讲师，第44届世赛原型制作项目国家队专家兼教练组组长；刘海波，男，广州市交通技师学院副院长，高级讲师；王沿斌，男，广州市技师学院教师，高级讲师；朱沛欣，男，广州市技师学院教师，讲师；黄枫杰，男，广州市技师学院教师，高级实习指导教师。

制作项目参赛选手的成功经历、世赛选手培养的路径和方法。采用问卷调查法和现场考察法，设计、发放、回收问卷以及整理分析有效问卷，了解与原型制作对接的手板模型行业企业技能人才的现状和需求，为工业设计（原型制作）专业建设和实践提供了依据。

三、研究过程与措施

本课题在学院的大力支持下，经过了立项、开题、研究和实践、中期评审、结题研讨等过程，完成了计划的研究任务。2018年8—9月，成立课题组进行文献研究；2018年9月至2019年8月，进行世赛原型制作项目选手培养的研究；2019年1月至2020年6月，进行世赛原型制作项目转化的工业设计（原型制作）专业标准开发与实践；2020年6—8月，撰写完成课题研究报告。

四、主要成果

课题研究取得的主要成果如下：

（1）通过世赛原型制作项目相关文献的研究，总结得出世赛原型制作项目选手应具备的专业技能要求和职业素养要求，以及世赛原型制作项目评估标准和规范，为后续进行世赛原型制作技能人才培养奠定基础。

（2）对第44、第45届世赛原型制作项目参赛选手和国家队成员的案例进行研究，归纳得出世赛原型制作项目选手培养的路径和方法，完成论文《从原型制作项目看世赛选手与技能人才培养》。

（3）通过与世赛原型制作对接的手板模型行业企业调研，并结合世赛原型制作项目标准，明确原型制作技能人才培养定位，开发了工业设计（原型制作）专业标准，完成论文《基于世赛原型制作项目转化的专业课程改革实践——以工业设计专业为例》，开展了原型制作技能人才培养实践。

五、世赛原型制作项目竞赛选手的能力要求及评估标准和规范

1. 专业技能要求

世赛原型制作项目竞赛选手需要具备原型产品设计、生成技术图纸、计算机辅助设计（CAD）、计算机辅助制造（CAM）、制作原型、喷涂与装饰原型模型等六个方面的专业技能。竞赛选手能根据产品设计师的抽象设计描述或复杂技术图纸进行原型设计，并能与产品设计师、客户一起进行设计讨论，提出创新性的解决方法；能熟练运用CAD软件，根据三维CAD数据转化成规范、精确的工程图；能熟练运用CAD软件根据技术图纸生成三维模型数据，并根据样件进行三维扫描，对采集点进行处理及造型；能根据生产类型和零

件规格要求，熟练运用 CAM 软件自动编程，生成刀具路径、加工程序，操作数控机床精确制作原型零部件；能根据设计，使用指定材料，选择最佳加工方案，使用手工工具、传统机械设备、数控设备、3D 打印设备制作精确的模型零件，或运用快速铸造制作零件的复制件，最后将制作零件组装原型，且能根据设计师和客户的反馈意见对原型进行改良；能完善原型模型的表面缺陷，安全地使用喷涂剂对模型喷涂，再进行抛光处理，最后使用合适的装饰材料装饰原型模型，最终满足客户的需求。

2. 职业素养要求

世赛原型制作项目竞赛选手需要具备工作的组织管理、安全、卫生、健康管理的职业素养。在工作过程中，能遵守车间制度，安全地使用所有设备及材料；能根据环境、设备、材料及个人的健康及安全标准，做好个人健康安全防护，保持一个安全、整洁及有效的工作环境；能对所有设备进行日常维护及保养工作；能根据任务，组织、控制及管理工作，用效率最高、破坏性最低的方式来完成工作任务。

3. 评估标准和规范

世赛原型制作项目评测方法有两种：测量和裁决。其中，测量用于评估客观指标，即合格或不合格。裁决用于评估主观指标，分为 0～3 级，0 级是各方面表现均低于行业标准，1 级是表现达到行业标准，2 级是表现超过行业标准，3 级是相对于行业预期标准，表现为优秀或杰出。

世赛原型制作项目评估规范有工作组管理、三维 CAD 设计、图纸准备、CNC 加工（计算机数字化控制精密机械加工）和 3D 打印、原型制作、喷涂与装饰等六个部分。其中，工作组管理、三维 CAD 设计、图纸准备、CNC 加工和 3D 打印使用测量评测，喷涂与装饰使用裁决评测，原型制作使用测量和裁决两种评测。

六、世赛原型制作项目选手培养的路径和方法

（一）选手胜任力

通过对第 44、第 45 届世赛原型制作项目国家集训队选手的访谈和心理、体能测评的统计，原型制作项目选手需具备专业知识、专业技能、非专业能力、心理、性格特征、体能等六方面的胜任力，主要指标如表 2-1 所示。

表 2-1　原型制作项目选手胜任力

序号	胜任力组成	主要指标
1	专业知识	产品技术图纸、工业产品设计、增减材加工工艺、产品原型制作工艺
2	专业技能	产品正逆向设计、设备（车、铣、CNC、3D 打印、抛光、锯等）操作、产品后处理与装饰

(续上表)

序号	胜任力组成		主要指标
3	非专业能力	通用能力	英语应用能力、计算机应用能力、数学应用能力、适应能力、跨文化交际能力、解决现场问题的能力、团队合作能力
		职业和思政素养	安全意识、良好的职业规范、高度的工作热情和积极性、对工作结果负责的态度、勇于开拓的创新精神、精益求精的工匠精神
		内驱力素养	持续学习的动力、自我实现与发展的意识、成就导向
4	心理		抗压、抗干扰、抗挫折、情绪管控、认知、几何空间
5	性格特征		自信、稳重、细心、坚持、钻研、吃苦耐劳
6	体能		力量、速度、灵敏、握力、动作控制、核心稳定性

（二）选手培养路径

应用德雷福斯技能获得模型，并结合第44、第45届世赛原型制作项目国家集训队选手和学院第44、第45、第46届世赛原型制作项目精英班学生的培养经历，得出原型制作项目选手培养分为四个阶段：新手—梯队选手培养阶段、高级新手—选拔赛选手培养阶段、胜任者—国家队选手培养阶段、精通者—世赛选手培养阶段；而"专家"则是世赛选手未来职业发展方向。

▲ 世赛原型制作项目选手培养路径模型图

其中，新手阶段梯队选手培养的训练项目以单项技能初级层次任务和简单产品外观模型制作综合项目为主；高级新手阶段选拔赛选手培养训练项目以单项技能中级层次任务和复杂产品外观模型制作综合项目为主；胜任者阶段国家队选手培养的训练项目以结构性复杂产品原型制作综合项目和单项技能高级层次任务为主；精通者阶段世赛选手培养的训练项目以历届世赛题、企业案例、盲题为主。

（三）选手培养方法

1. 选手核心职业能力培养

原型制作项目涉及 7 个工种，操作普通车床、普通铣床、数控铣床、3D 打印机、锯床、各类抛光机、CAD/CAM 设计软件、计算机等 11 种软硬件设施，选手要在 18～22 小时内完成一个完整的工业产品原型制作工作任务。选手在工作过程中，要根据赛题和赛场的设备、材料、时间等综合情况合理安排，需要具备很好的工艺规则、时间管理、实施计划、质量控制、解决问题等核心能力，选手既是规划者，又是实施者、管理者。

训练运用 PDCA 循环理论［plan（计划）、do（执行）、check（检查）和 act（处理）］培养选手的核心职业能力。在训练综合项目时，计划（plan）：选手会合理制订产品原型制作的工艺规划和工作规划；执行（do）：选手会根据工艺规划和工作规则，按步按时准确实施，并能结合突发情况进行灵活调整实施；检查（check）：选手能根据过程实施检查，调整后续工作规则，会按世赛标准进行自我评估；处理（act）：选手会根据产品评估结果，进行质量分析，找出原型制作过程的问题，提出改进方法和措施。

2. 选手心理素质和体能素质培养

作为一名技能竞赛选手，不仅要有精湛的技能，还要有良好的心理和体能素质。在新手选拔时，除考核专业知识和专业技能外，还进行心理和体能的测评，通过稳重、积极向上、自信、吃苦耐劳等性格特征指标和抗压、抗干扰、抗挫、情绪管控等心理指标，以及力量、速度、灵敏、握力等体能指标来初筛选手。

在选手培养过程中，将心理辅导融入训练，根据每位选手的特点进行针对性心理训练，观察其训练过程的异常、瓶颈等现象，进行心理调节，并指导教练改变训练方法和策略，从而提高训练的有效性；还将心理辅导融入比赛，帮助选手保持良好、稳定的心理，缓解赛前心理紧张，保证选手在赛场正常发挥自己的水平。在体能训练过程中，除通用的体能指导外，还针对原型制作项目的动作特征，如臂力、手握力、下肢力量、动作控制能力等特殊指导进行强化体能训练，促进选手更好地完成训练任务。

七、世赛成果转化的原型制作专业建设和人才培养实践

（一）转化背景

1. 技能人才的培养要求发生变革

世赛原型制作项目是制作一个工业产品原型，选手需要掌握设计、加工、表面处理方面的技术技能，涉及 CAD 设计、普通车削、普通铣削、数控铣、3D 打印、手工、喷漆等 7 个工种，技能人才由单一技能向复合技能方向变革。世赛原型制作项目的技术演变一直紧随行业的发展更新，比赛产品外形和结构趋向复杂化，行业最新技术应用广泛。因

此,技工院校的技能人才培养应紧随行业技术发展更新技能人才培养的要求,以适应企业需求。

2. 手板模型行业兴起对技能人才的需求

产品开发的质量、实际效果需要用手板模型进行验证。随着工业设计的发展壮大,手板模型(原型)行业逐渐从工业设计流程中脱离出来成为一个独立发展的行业。全国手板模型行业主要分布在长江三角洲、珠江三角洲与环渤海产业发达地区,其中广东省有企业2 000多家,也带动了手板模型企业对技能人才的需求。手板模型企业调研数据显示:74%的被访企业认为当前存在人才紧缺问题。

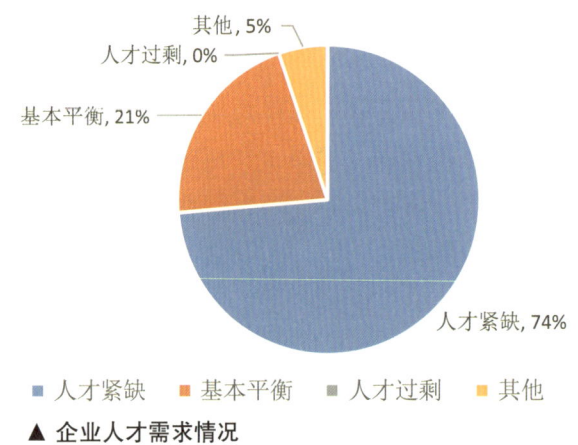

▲ 企业人才需求情况

3. 发达城市职业教育专业升级转型的需要

随着广州城市经济的转型,传统制造业转移至周边二线城市,当代青年对职业选择倾向的变化,使得职业教育中以往比较热门的机械、数控、模具等专业日益萎缩,开设适应当地产业和行业发展需要的新专业,如工业设计(原型制作)、3D打印技术应用、数字化设计与制造等是职业教育专业升级转型的需要。

(二)转化过程

1. 找准世赛原型制作项目对接行业

通过企业调研,找准世赛原型制作项目对接的手板模型行业,分析了手板模型企业服务领域、岗位设置、技术内涵。并对原型制作项目与手板模型企业在技术领域中的差异进行分析,以便后期及时了解世赛项目新技术发展趋势。

调研数据显示:被调研企业性质均为民营企业,以中小规模为主,企业业务对接产品类型以家电产品、电子通信、汽车、医疗器械和玩具为主。

2. 重新梳理转化专业的专业定位

根据世赛原型制作项目WSOS和手板模型企业对技能人才的需求,重新梳理了工业设计(原型制作)专业的定位,更突显技工院校的特色,人才培养也由劳动型技能人才向技术型、创新型技能人才转变。

工业设计（原型制作）专业高级层次的招生对象为初中毕业生或具有同等学力者，学制五年，培养目标主要面向广州及珠江三角洲地区工业设计公司和手板模型生产企业，培养能根据工业设计师的概念设计运用计算机进行产品设计和三维数据处理，使用数控机床、3D打印设备等制作产品手板、样机（原型），能胜任产品设计师助理、手板师、CNC编程师等工作岗位。

3. 对标世赛重构专业课程体系

通过分析世赛项目技术标准，将原型产品设计能力、准备精准图纸能力、计算机辅助设计（CAD）能力、计算机辅助制造（CAM）能力、制作原型产品能力和喷漆及装饰模型能力转化成两个模块的专业课程：产品设计类和手板制作类课程。

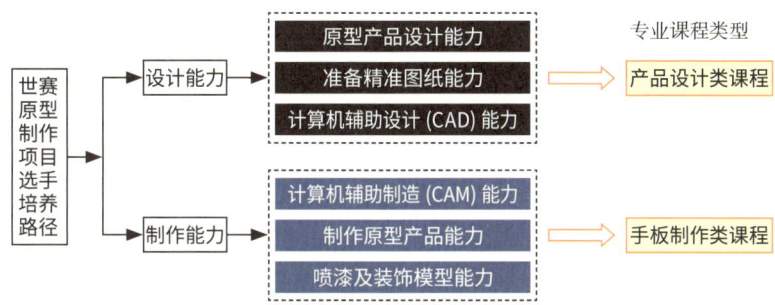

▲ 世赛原型制作项目知识技能转化

结合广州及珠江三角洲地区手板模型生产企业的岗位能力要求、实践专家访谈提炼的典型工作任务，并依据工业设计（原型制作）专业人才培养目标，重新构建了工业设计（原型制作）专业从初级到技师层次的专业核心课程，开发了由产品设计、产品制作、管理三类从中级段至技师段的专业课程体系。

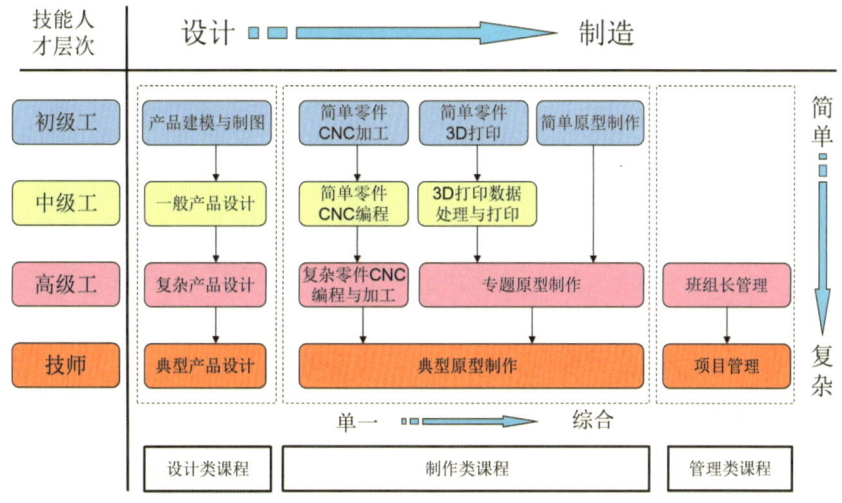

▲ 工业设计（原型制作）专业核心课程体系

4. 落地转化开发专业核心课程

将世赛标准、赛题和企业真实生产项目相结合开展 10 门工学一体化专业核心课程建设。借鉴世赛原型制作项目赛场布局，改造工业设计（原型制作）专业一体化学习站和综合实训基地的建设；借鉴世赛原型制作项目评分方案，在工学一体化专业核心课程的学习任务或项目中设置世赛的部分评价指标，促进评价的客观性、合理性，且可以通过评价结果分析学生对各技能点的掌握程度，更好地实现课堂实施的有效性。

八、研究实践效果

通过本课题的研究，为世赛原型制作项目提供了系统的选手培养路径和方法，给后期世赛原型制作项目技能人才的培养提供了很好的借鉴。课题研究期间，学院培养 2 名学生获国赛第一名、2 名学生获国赛前三名，4 名学生均进入世赛原型制作项目国家集训队，其中，1 名选手获第 45 届世赛优胜奖、1 名选手获俄罗斯喀山未来技能大赛 3D 原型设计项目第四名。

通过本课题的研究，课题组完成了世赛成果转化的新专业开发和建设，成功将世赛精英式技能人才培养转化为大众化专业技能人才培养。形成了原型制作专业标准，为同类院校开设此专业提供了很好的借鉴。同时在实践过程中，提升专业人才培养质量，促进了专业高质量发展，多名学生在全国和省市一类技能竞赛中获奖，多名教师获全国技术能手、广东省技术能手、市级教学能手、市级课程负责人等荣誉，校企合作共建市创新工作室的多项共研创新产品在参加省市创新创业比赛（学生组）中获奖。

世界技能大赛选手心理选拔研究
——以广州市技师学院为例

宋 艳　赵晓霞　陈贤通　陈思铭　房海涓[①]

由广州市技师学院宋艳主持，赵晓霞、陈贤通、陈思铭、房海涓参与的2018年度广州技工教育市级教学研究课题"世界技能大赛选手心理选拔研究——以广州市技师学院为例"于2020年通过结题鉴定，课题主要内容总结如下。

一、研究内容

课题组通过对国内外运动员、竞赛选手等人员心理选拔的研究现状进行综述性分析，试图构建世赛选手心理选拔指标体系。根据世赛选手参加比赛的特点和要求，通过文献综述、问卷调查及行为事件访谈，初步筛选出世赛选手心理选拔指标；对自编问卷进行信度、效度检验，构建出世赛选手心理选拔指标体系；采用专家打分法对世赛选手心理指标体系中的一级指标赋予权重。以世赛选手心理选拔指标体系为基础，选出合适的心理测评方法，最终建立世赛选手心理选拔测评方法。并在世赛选手心理选拔测评中开展测评实践工作，制订世赛选手心理选拔测评实施原则、流程以及准备工作；以广州市技师学院10名世赛选手为例，分别对被试人员进行心理测量，最终得出世赛选手心理选拔测评报告。

二、研究方法

课题组通过收集国内外对飞行员、警察、军人、运动员心理选拔的研究资料，采用行为事件访谈法，以广州、山东、江苏几所技工院校的世赛选手和教练为访谈对象进行访谈。对收集到的资料进行汇总、整理、分析，初选世赛选手心理选拔指标。通过设计、发放、回收问卷以及整理分析有效问卷，对世赛选手心理选拔各项指标进行全面研究，为建立世赛选手心理选拔指标体系提供了依据。结合各项心理选拔指标的特点，并考虑心理测评方法的有效性和实用性，选择人格测量问卷、情绪测评问卷、人机交互操作等心理测评方法，对世赛选手各项心理选拔指标进行测评。

[①] 宋艳，女，广州市技师学院教师，高级讲师；赵晓霞，女，广州市技师学院教师，正高级讲师；陈贤通，男，广州市技师学院教师，高级讲师；陈思铭，男，广州市技师学院教师，助理讲师；房海涓，女，广州市技师学院教师，高级讲师。

三、研究过程与措施

课题组在学院的大力支持下，经过了立项、开题、研究和实践、中期评审、结题研讨等过程，基本完成了计划的研究任务。2018 年 5—8 月，成立了课题研究小组进行前期调研与文献研究。2018 年 9 月至 2019 年 3 月，开展世赛选手心理选拔指标的研究。2019 年 4 月至 2020 年 2 月，开展选手心理测评实践研究。2020 年 3—6 月，撰写研究报告。

四、主要成果

课题研究取得的主要成果如下：

（1）结合世赛项目对选手的比赛要求与任务特点，通过文献综述、行为事件访谈法以及问卷调查等方法，筛选出世赛选手心理选拔指标，编制了《世赛选手心理技能量表》。完成论文《世赛选手心理技能量表的初步编制》。通过对调查问卷进行信度和效度检验，对各项心理指标进行定量分析，从而构建世赛选手心理选拔指标体系，为后续世赛选手心理评测提供科学依据。

（2）对常用心理测评方法进行比较、分析，依据世赛选手各项心理选拔指标的特点，选择人机交互操作和专家评价等方法开展世赛选手心理测评工作，编制了《世赛选手心理测评手册》。

（3）选取广州市技师学院 10 名参加世界技能大赛选拔的选手进行实证研究，开展心理测评工作。对选手的认知能力、个性心理特征、心理社会能力进行综合测评，得出选手的心理测评报告。

五、世赛选手心理选拔指标体系

1. 世赛选手心理选拔维度初选

通过行为事件访谈，从赛前的准备、工作的组织、工作的管理、设计作品、计算机辅助制造、制作过程、作品检查与赛后管理等方面收集被访谈对象处理事件时的具体行为和心理活动等详细信息，然后从初步辨识出的世赛选手心理选拔维度中，确定 8 个维度。

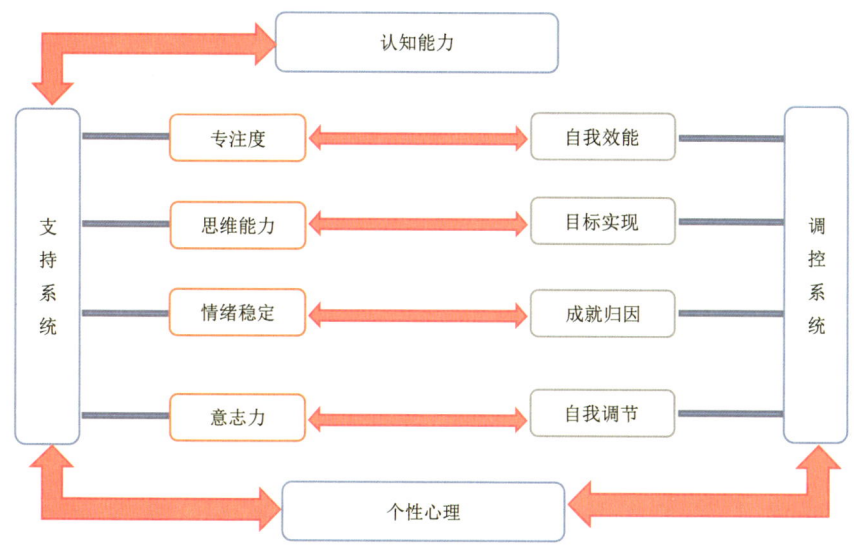

▲ 世赛选手心理选拔维度初选

2. 调查问卷的设计与分析

依据确定的结构维度，邀请选手及教练对项目进行评估，获得对问卷结构及初测结果的效度反馈，最终确定初测问卷。问卷共设 8 个维度，编写 83 个题项。量表以李克特量表设定 5 个程度选项，让被试者根据实际情况进行评价。调查问卷编制完成后，经广州市技师学院的世赛专家团队对题目的内容设置进行考察，进一步保证了问卷编写的质量。

利用初测问卷对广州市参与世赛项目的竞赛选手进行测试，被试 122 名参加不同项目的参赛选手中，男生 113 人，女生 9 人。对调查问卷进行项目分析与信效度检验，经过筛选，有 58 个题项在高低分组的差异达到显著水平，项目具有较好的鉴别力；各项目与总分的相关系数均大于 0.4，并且相关达到显著水平，项目的内部效度较理想。采用主成分分析法和方差极大旋转法对筛选出的 58 个题项进行探索性因素分析。最后保留在概念上可以解释的 6 个因素"专注度""思维能力""情绪稳定""意志力""自我效能"与"自我调节"，共计 53 道题目，累计解释总变异量为 57.621%。各因子的信度系数介于 0.617～0.822，总量表的信度系数为 0.83，分半信度为 0.801，显示量表也具有良好的信度。

六、世赛选手心理选拔测评方法的探索

目前心理测评方法主要有心理测验、面试、评价中心技术、人机交互操作等几种形式。在此项测评中，个性特征维度采用心理测验进行测评，认知能力以自行设计人机交互操作内容进行测试，现以专注度测评为例，其设计思路如表 2-2 所示。

表 2-2　专注度测评方法设计

测评内容	测评意义	测评设计
注意广度	世赛选手需要处理多种材料，完成作品的过程也很复杂，既要完成当下的工作，也要为其他工序做准备	屏幕中间首先呈现一个"+"号，之后会闪现多个小圆点，圆点出现时间为0.25秒，选手要准确识别圆点个数，用键盘输入相应数字，测试时间60秒
注意分配	世赛选手需要适应复杂的比赛环境，不仅要关注手上的作品完成情况，还要注意场上材料、设备的使用情况、裁判的要求等	游戏中会出现很多奶牛，奶牛是在不停走动的，通过鼠标点击奶牛来对其进行喂养，每个关卡牛和草的数量是固定的，不能重复喂养，此测试共8关
注意转移	世赛环境比较复杂，选手要根据比赛规则、材料、工位、设备、时间以及场上临时的变化做出及时调整	当屏幕上出现蓝色的箭头时，选手要根据箭头的指向方向来按键；当出现橙色箭头时，选手要根据箭头运动的方向来按键
注意持续与集中	选手在比赛中完成的作品都非常复杂，处理的材料也很多，需要选手能长时间保持专注	屏幕上会出现敌军，选手戴上生理指标测试发带，选手通过眨眼睛来发射炮弹，当注意力集中时，炮弹就会击中敌军；注意力不集中时，炮弹就会打偏
注意稳定	世赛比赛时长有4天，需要选手在整个过程中都能专注比赛，状态要非常稳定	测试：屏幕中会出现舒尔特方格，请从1按顺序点到25，方格中的数字会不断变化

通过对各心理测评方法进行详细的介绍和对比分析，以世赛选手心理选拔指标体系为依据，选取适合不同心理选拔指标特征的心理测评方法，构建相应的世赛选手心理选拔测评方法。

七、世赛选手心理选拔的实施

世赛选手心理选拔过程分为准备、实施、结果处理三个阶段，最后制订世赛选手心理选拔测评报告并反馈。

测评以广州市技师学院为例，选择10名参加世赛选拔的选手为测评对象。选择的10名选手在技能上有一定区分度，以保障后续测评的有效性。测评人员为该院校3位世赛项目的教练与2位心理老师。

例如，在对选手A的空间认知能力测评时，主要关注空间关系、维度转化、空间旋转、空间感知4个维度。

选手A的空间关系、维度转化、空间感知分别是8.5、8.9、9.5，属于优秀水平，空间旋转是 8.1，属于良好水平。

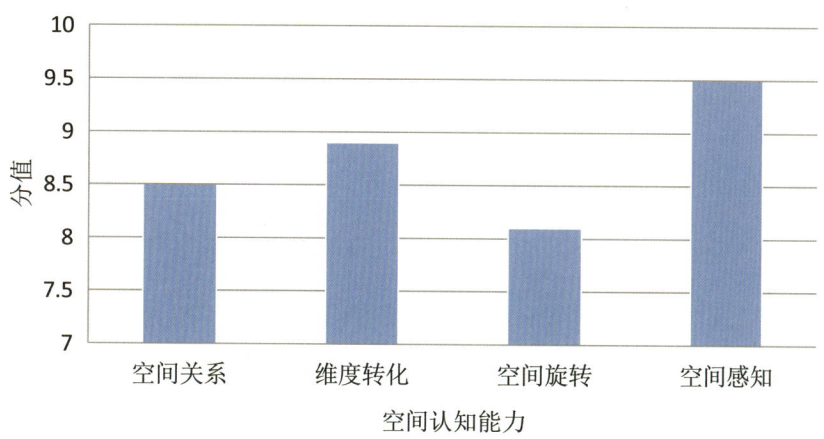

▲ 选手 A 空间认知能力测评分析

通过对广州市技师学院 10 名选手进行实例研究，设计了心理测评的流程、原则和方法。对选手的心理评测结果进行搜集整理，最终得出选手心理测评报告，从实际应用角度出发，对选手提出相关建议。

八、研究实践效果

世赛选手心理选拔测评方法的建立，有助于更加科学地选拔世赛选手，也可应用于后续对世赛选手的训练过程中，具有较好的实用价值。近年来，广州市技师学院一直在推行世赛选手心理选拔工作，先后培养出了第 44 届原型制作项目金牌得主黄枫杰、CAD 机械设计项目银牌得主陈启佳，第 45 届原型制作项目优胜奖得主文俊凯等优秀选手。

院校相关世赛课题研究综述

基于世赛标准的汽车专业群建设研究

任惠霞　蔡昶文　郭碧宝　南瑞亭　梁　华　王光林[①]

一、研究概述

（一）研究背景

在高技能人才培养过程中融入世界技能职业标准，改革人才培养模式，引领汽车专业群建设，培育大批具有专业技能与工匠精神的高素质技能人才，实现技能传承创新与决胜世界竞技场同步推进，是技工教育改革的一项重要任务。广州市交通技师学院（以下简称"学院"）依托汽车专业群优势，积极参与世赛重型车辆维修、汽车技术、汽车喷漆和车身修理等项目，取得优异成绩，并多次承办了第43、第44、第45届世赛重型车辆维修项目、汽车技术项目、汽车喷漆项目、车身修理项目等省市选拔赛，获得第45届世赛重型车辆维修项目优胜奖、全国选拔赛冠亚军。重型车辆维修项目4人、汽车技术项目4人进入国家集训队。

（二）研究目标

对接世赛，引领汽车专业群建设、提高技能人才培养质量，缩短汽车专业与世界技能强国在人才培养质量等方面的差距。对接世赛标准，完善学校汽车专业群人才培养方案及课程标准的系统性与科学性；探索与世赛要求接轨的人才培养模式，带动课堂教学模式、教学方法的改革和创新。对接世赛标准，促进校企双制、工学结合人才培养机制建设。开

[①] 任惠霞，女，广州市交通技师学院党委书记，高级讲师；蔡昶文，男，广州市交通技师学院原副院长，正高级讲师；郭碧宝，男，广州市交通技师学院教研室主任，正高级讲师；南瑞亭，女，广州市交通技师学院机电装备产业系副主任，正高级讲师；梁华，男，广州市交通技师学院汽车产业系副主任，高级讲师；王光林，男，广州市交通技师学院交通运输产业系主任，正高级讲师。

展校企双制共建实训基地、共商培养方案，共选师资队伍，共育技能人才，共享合作成果；开展课程体系建设、教学资源开发、师资队伍培养和教学场地建设，创设真实的职业工作情境，提升汽车专业群一体化教学场地质量与水平。

二、研究内容

本研究遵循的思路是：提出问题—分析文献—界定概念—研究设计—分析现状—问题归因—反思优化策略。在对相关研究文献和汽车相关行业发展现状进行综合分析的基础上，预判汽车维修行业未来发展趋势，依据汽车相关行业未来发展趋势对汽车相关专业群技能型人才的需求，再结合世赛标准，提出汽车相关专业群建设的发展策略及专业群建设路径。

（一）世赛引领校企合作共建

世赛选手的选拔与培养模式研究，主要是针对世赛汽车技术项目、重型车辆维修项目、车身修理项目、汽车喷漆项目等技术标准进行研究分析、培养选手的方法进行研究分析。通过提炼技能大赛的理念和分析汽车类相关世赛项目对技能人才的相关要求，分析比较，总结提炼，组织专家研讨，确立各专业人才培养目标和规格。世赛注重选手的职业习惯和素质、安全和健康、操作过程的规范性，产品追求高精度和高质量，达到工艺标准的同时体现基本功和技巧。通过建立汽车专业群校企合作运行机制，促进世赛技术标准与企业、行业标准有机结合、优势互补，从而达到良性循环。为规范现有校企合作的日常运营和管理，广州市交通技师学院制定和颁发了《校企合作项目管理办法》，明确了现有校企合作项目日常活动、运营、资产管理等方方面面的要求和责任。保障现有校企合作项目的正常运转；与宝马等汽车企业开展深度校企合作，共同开展人才培养活动，技能竞赛活动等。

（二）构建"世赛引领，校企合作"人才培养模式

学院汽车类专业对接世赛项目，以世赛理念指引专业人才培养模式，以世赛汽车类专业项目技术标准指导专业课程体系构建，以世赛选手能力要求对接专业人才培养目标，以世赛比赛模块确立核心专业课程，以世赛比赛项目技术规范对接一体化课程标准，以竞赛内容对接教学内容。以世赛标准为基点，实现标准对接落实到人培方案、课程标准、教学计划和教学内容上，以改进技能人才培养模式，提高教育教学质量。通过对世赛的深入研究和成果转化，一是在专业开发建设过程中进行对接转化，完善人才培养目标，改革人才培养模式；二是在人才培养方案、课程建设方面开展对接转化，将世赛技术标准，世赛项目转化到人才培养过程中来；三是在教学实施、评价考核方面开展对接转化，培养提高人

才培养标准和质量。

（三）对接世赛标准，开展专业建设

世赛是依据职业的发展情况设置竞赛项目，且体现一定的前瞻性和引领性。各赛项的设置与社会的发展同步，定位在市场最迫切需求的专业上，符合当前与未来实用性的岗位需求。从2010年我国加入世界技能组织开始，学院就开始在世赛的引领下，研究和优化本院校的专业设置，增设与社会发展同步的专业。同时组织行业和学校专业力量，研究大赛背景和行业市场需求，结合学校自身条件设置了更多新兴专业，逐渐缩减、整合与社会发展不相适应的专业。第44届世赛的"运输与物流"领域设置了飞机维修、车身修理、货运代理、重型车辆技术、汽车技术、汽车喷漆6个赛项，这些正是当前世界上该领域紧缺的技能人才需求方向，学院在专业设置中以世赛项目为指引，建设成由重型车辆维修、汽车维修、汽车维修与改装和汽车钣金与涂装等专业组成的紧跟世赛方向的汽车专业群。

（四）借鉴世赛经验，深化行动导向教学模式

学院成立深化教学改革领导小组，通过制订《借鉴世赛选手的选拔与培养模式，深化汽车专业群行动导向教学模式》改革工作方案，对教学改革进行统一部署。课题组研究分析世赛汽车技术、重型车辆维修、车身修理、汽车喷漆等项目选手选拔和培养模式，积极参与课改小组的各项活动，负责相应课改小组工作的督促指导；做好各部门的协调工作，给予相应的支持，保障课改的顺利实施。正确理解课堂教学改革的意义，把握课堂教学改革的方向，编制高质量的教学设计；及时总结课改经验，优化课堂教学模式，将世赛经验转化落到实处。课题组通过研究世赛汽车技术、重型车辆维修、车身修理、汽车喷漆等项目的集训方案和计划，发现选手培育过程体现了综合职业能力培养目标。课题组以项目工作任务为载体，以学生为中心，根据项目工作任务，按照工作过程的顺序和学生自主学习的要求进行教学设计并安排教学活动，形成"五融合"特色的行动导向教学模式。实现理论教学与实践教学融通合一、能力培养与工作岗位对接合一、实习实训与顶岗工作学做合一。

三、成果成效

（一）对接世赛理念完善人培方案

学院汽车类专业对接世赛项目，以世赛理念指引专业人才培养模式改革，以世赛汽车类项目技术标准指导专业课程体系构建，以世赛选手能力要求对接专业人才培养目标，以世赛比赛模块确立核心专业课程，以世赛比赛项目技术规范对接一体化课程标准，以竞赛内容对接教学内容。课题组梳理原专业课程标准中的各层级人才培养目标所对应的岗位、

工作任务及其应具备的职业能力;分析世赛技术标准并与课程标准相比较,整理出与专业人才培养目标相适应的竞赛内容;将竞赛内容转化为学习内容、将健康安全与环保规范转化为行为规范、将评分方案转化为考核评价方案,并建设配套资源。

(二)对接世赛标准优化课程体系

通过对世赛项目竞赛工作任务所需技能的分析,得到各项目需要的相关知识和技能,并以此为依据,融合世赛标准构建重型车辆维修、汽车维修和汽车钣金与涂装专业的课程体系。根据世赛标准,通过对行业、企业及同类院校和毕业生等进行调研,参考国家职业资格标准,并采取基于工作过程的学习领域课程开发方法,召开实践专家访谈会,按照"行动领域—学习领域""典型工作任务—课程""代表性工作任务—学习任务"的步骤,提取代表性工作任务并归纳典型工作任务,将典型工作任务组成的职业行动领域进行教学化处理,根据职业成长和认识递进规律进行重构,形成了与世赛接轨符合地区产业岗位能力要求和适合学院教学实际的学习领域课程体系。

(三)采用世赛标准建设实训场地

学院充分依托世赛和校企合作平台,优化升级和建设一批汽车专业群配套实训场地。各实训场地设施配套完善,功能齐全,既能满足专业一体化教学实训,又可满足世赛项目训练和承办各类比赛需求,为汽车类专业学生技能水平提升等提供了有力保障。结合世赛竞赛项目,将世赛汽车技术、重型车辆技术、车身修理和汽车喷漆项目竞赛内容分别融入学院汽车维修、重型车辆维修、汽车钣金与涂装专业课程中,为了有效完成这些汽车类专业的实训教学任务,培养学生职业技能,形成良好的职业素质和综合职业能力,为学生就业打好基础,学院对接世赛标准建设了包括汽车发动机故障检修、汽车底盘故障检修、汽车电气故障检修、汽车综合故障检修、重型车辆发动机检修、重型车辆底盘检修等一批设备设施完善、功能齐全的一体化实训室。

(四)利用世赛效应开展校企合作

学院依托世赛和校企合作平台,以赛促教,极大提高了专业学生学习兴趣,为合作企业输送了一批优秀学生,实现了"双赢"。校企合作的主要任务是建立稳定的校企合作关系和长效的校企合作运行机制,充分发挥技工教育为社会、行业和企业服务的功能,加快打造具有国际水平的现代技工教育体系,培养更多具有良好专业知识、实际操作技能和职业态度的高素质、高技能的应用型人才,满足社会对高技能人才的需求。通过校企共同开展师资培养活动,促进学院汽车专业师资能力稳步提升。学院的校企合作宝马项目现有校企培训师 12 人,全部通过宝马方面的专业培训及认证考核。通过校企共同开展技能竞赛活动,以赛促教,实现双赢。通过融入世赛标准开展教育教学、技能竞赛活动,校企双方共同制订课程体系研讨，完善定向培养课程体系，将世赛评价标准纳入培训和考核中来。企业负责培训考核教师保障了师资培养质量，教师定期学习企业实践保障了师资水平领先。学院定期从企业中选聘专业基础扎实、实践经验丰富、操作技能突出、熟悉地区和行业情况的能工巧匠作为外聘教师，承担专业课教学、实训实习及相关科研指导等任务。

（五）借助世赛项目培养师资队伍

学院作为第 44、第 45 届世赛中国国家集训基地，明确了培养技能型人才的国际标准，收获了诸多技能型人才培训的成果和经验，学院将世赛组织方式、技术标准和重型车辆技术项目的成果经验转化到骨干教师培养工作中，真正实现高技能人才培养的新突破，使高技能人才不仅有量的增加，更有质的提高。世赛是培养青年教师的快车道，青年教师在参与世赛项目竞赛过程中快速成长，技术骨干在负责世赛项目指导过程中精益求精。

四、研究结论

对接世赛标准专业建设是培养高技能人才的有效途径。世赛技术理念和标准推进技能人才的培养，引领更多职业院校突破技能人才培养的理念或瓶颈，对接生产和生活实际培养高技能人才。汽车专业教科研工作应以世赛标准为引领，开展专业建设工作，结合世赛项目，对专业进行升级，提升育人标准。争取与高端企业加强合作，并按世赛技术标准提高学生职业素质。

基于国家认可实验室质量体系的检测人才培养实践研究

谢鸎 周海蔚 梁土珍 辛欢 闫丽 李文[①]

一、课题概况

2016年,广州市机电技师学院(以下简称"学院")计量检测中心正式成立。2017年,经广东省职业技术教研室审核同意,学院开设了精密加工与检测专业,并招收了首批学生。2017年,学院计量检测中心获得中国合格评定国家认可委员会(CNAS)的认可证书,成为全国职业院校中第一个获得CNAS认可的长度类检测实验室。

2020年,由广州市机电技师学院谢鸎同志主持的"基于国家认可实验室质量体系的检测人才培养实践研究——以广州市机电技师学院精密加工与检测专业为例"研究课题获批立项。学院整合国家认可实验室团队、机械加工类世赛教练团队、检测专业教师骨干、思想政治课教师骨干资源,组建课题研究小组来开展课题的相关研究工作。

二、研究的意义和目标

国家认可实验室是经中国合格评定国家认可委员会(CNAS)认可,由国家认证认可监督管理委员会批准设立并授权的国家认可机构,具有权威性、独立性、公正性、技术性、规范性、统一性、国际性。在检测专业人才培养中发挥国家认可准则和质量体系的基础性和引领作用,是培养适应行业企业检测人才新需求的创新举措,对为检测机构和行业企业培养高质量的检测人才、提升对高质量检测人才培养重要性的认识、探索基于国家认可实验室的产教融合人才培养模式等具有重要的实践意义。

课题的研究目标如下:
(1)构建对接国家认证认可体系的专业课程体系。
(2)基于国家认可实验室开展深度产教融合人才培养。
(3)创新检测专业人才评价模式。
(4)基于世赛评价标准的机械零部件产品的测量方法。

[①] 谢鸎,女,广州市机电技师学院副院长,正高级讲师;周海蔚,男,广州市机电技师学院教师,高级讲师;梁土珍,女,广州市机电技师学院教师,高级讲师;辛欢,女,广州市机电技师学院教师,讲师;闫丽,女,广州市机电技师学院教师,讲师;李文,女,广州市机电技师学院教师,讲师。

三、研究内容

（1）对接国家认可检测实验室认证认可和质量体系构建专业课程体系。
（2）按照国家认可实验室设施环境要求建设专业实习实训场地。
（3）参照国家认可实验室人员能力要求和评价方式构建专业人才评价标准。
（4）基于国家认可实验室产教融合开展专业人才培养。
（5）基于世赛机械零部件加工工艺的测量评价方法改进。

四、研究过程和措施

（一）CNAS 实验室认可准则和质量管理体系的研究和分析

实验室的认可准则和质量体系对人员的职业道德、能力、教育、资格、培训、技术知识技能和经验等做出明确的要求。课题组通过分析国家认可实验室管理体系对公正性、保密性、人员、设施和环境条件、设备、计量溯源性、方法的选择、检测或校准物品的处置、技术记录、测量不确定度的评定、确保结果有效性、报告结果和管理体系等方面的要求，制订了相应的岗位任职资格和职业素养要求，形成了专业实验室建设标准。

（二）培养方案和课程体系研究

课题组以珠江三角洲地区智能制造行业的国有、外资、民营等企业为调研对象，采取大数据分析、调查问卷及企业访谈的形式分析相关企业对计量与检测相关岗位的需求情况，并通过企业访谈深入发掘企业对计量检测专业人才的技能要求。根据行业企业调研结果和实验室标准体系对人员职业道德、能力、教育、资格、技术知识技能和经验的要求确定人才培养目标；通过实践专家访谈提炼出该职业领域的典型工作任务，构建课程体系并将计量检测中心管理体系要求和具体操作规范融入课程教学内容。

（三）基于国家认可实验室人才培养模式实践探索

学院与深圳某企业成立了"天溯订单班"，校企共同制订教学文件，针对制造类企业计量检测岗位需求和第三方认可实验室需求开展基于实验室人才培养模式培养。订单班学习任务来源于企业委托学院计量检测中心的检测任务。在教师的指导下，学生严格按照国家认可实验室《TC-QP-5.4-03 检测校准工作控制程序》接收样品、制订方案、检测样品、出具报告等 6 个工作环节检测零件并出具报告。

（四）专业实习实训场地的建设

依据精密加工与检测专业人才培养目标的要求，参照国家认可实验室对设施和环境条件的要求，学院建设了坐标测量机、几何量校准和手工测量等 3 个一体化学习工作站，并根据国家标准、计量技术规范的规定，配置相应的检测校准设备。学生在教师的指导下，按照国家认可实验室相关程序文件的规定，对场地、设施、设备进行管理，并对其状态予以监控，按照作业指导书的要求实施检测校准活动。

（五）实验室运行机制的构建

1. 产教转化机制构建

课题组通过分析国家认证认可体系和行业企业对检测人才的要求，将基于工作室的真实资源向课程资源转换，将专业设置与职业岗位、课程标准与认可标准、教学过程与工作过程的深度对接与融合。

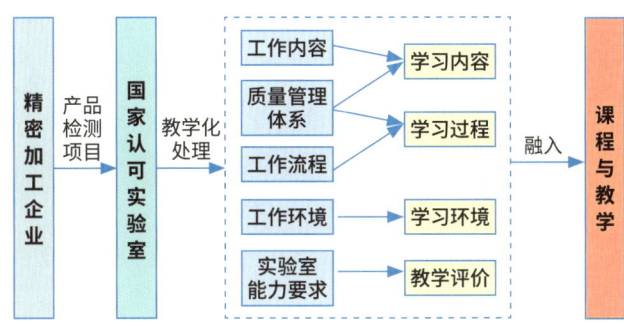

▲ 产教转化机制构建

2. 产教运行机制

为将国家认可实验室的管理体系、管理标准和工作标准有机融到精密加工与检测专业的实践教学中，课题组制定了《广州市机电技师学院计量检测中心产教融合人才培养制度》，明确了计量检测中心在产教融合人才培养过程中对导师、学员、设备、过程、方法和环境的要求；编制了《广州市机电技师学院计量检测中心实训手册》，详细规定了计量检测中心产教融合教学的工作流程，学生依照流程，根据相应的程序文件，在完成检测校准工作的过程中，在《广州市机电技师学院计量检测中心实训手册》中记录相关信息；明确了承担国家认可实验室产教融合人才培养的导师资质和考核要求。

（六）专业评价体系的构建

依据国家认可实验室的管理体系对检测流程、样品管理、人员能力等的要求，课题组于 2021 年主持编制了《计量员（长度计量员）广东省职业技能等级评价规范》，开发了计量员（长度计量员）三级、四级职业技能等级认定题库，并于 2021 年 12 月完成了第一次职业技能等级认定工作，构建了基于国家认可实验室管理体系的专业人才评价体系。

五、研究结论

（1）国家认可标准与专业课程体系有机结合是提高检测人才培养质量的有效途径。

（2）校企深度合作是产教融合培养模式实施的基本条件和前提。

（3）有效的机制是基于国家认可实验室产教融合人才培养模式运行的基本保障。

（4）科学有效的评价体系是人才培养质量的指挥棒。

（5）课程思政是提升检测人才职业素养的关键。

（6）对接世赛标准是提升世赛选手水平和能力，展现匠心的有效路径。

六、研究成果与推广辐射

（一）研究成果

1. 产教转化机制的构建

将国家认证认可体系资源、世赛技术标准向课程资源转换，专业设置与职业岗位、课程标准与认可标准、教学过程与工作过程的深度对接与融合。

2. 专业实习实训场地建设

建设了符合国家认可实验室设施、环境要求的实训场地约 500 m^2。提供了满足世赛需求的测量设备，助力世赛选手对标世界标准，提升测量精度。

3. 专业人才评价标准研究

根据 CNAS 认可标准，牵头开发广东省技工院校职业技能评价规范和计量员（长度计量员）职业技能等级认定题库。

4. 人才培养质量

将国家认可准则、人才要求、世赛技术技能标准和要求融到检测专业人才培养中，不仅能促进检测专业深度对接产业需求，也能使检测专业具备鲜明的行业特色。

基于国家认可实验室质量体系的人才培养模式取得了良好的效果，试点班一次性通过计量员（长度计量员）职业技能等级认定的比例为 91%，多名专业学生在国家级竞赛中获奖；毕业生被华为、天溯等企业录用；世赛选手对测量的过程更加熟悉，对竞赛的技术标准有了更加深入的理解，个人的质量意识也得到较大的提升；世赛选手许呈铭获得"全国技术能手"荣誉称号，现任中国航天科工集团第二研究院航天大赛高级培训师。

（二）辐射与示范

1. 成立专业建设指导委员会

2020 年，学院以机械行业精密制造（华南）职业教育集团为平台，与广东省计量科学研究院、广西机电技师学院、佛山市技师学院等企事业单位成立检测专业建设指导委员会，定期召开会议对检测人员培养进行研讨和分析。广西机电技师学院借鉴课题组研究经验，建立了实验室管理体系，并于 2022 年 1 月取得广西壮族自治区市场监督管理局颁发的检验检测机构资质认定证书（CMA 证书）。

2. 成立计量员职业技能等级认定联盟

2021 年，学院以机械行业精密制造（华南）职业教育集团为平台，借鉴课题组开发广东省计量员（长度计量员）职业技能等级认定规范的经验，与深圳信息职业技术学院、深圳天溯检测计量股份有限公司、珠海格力电器集团有限公司等企事业单位成立计量员职业技能等级认定联盟，校企共同开发认定标准和题库，共同开展计量员评价。

3. 开展对外培训

精密加工与检测专业多名教师通过对外培训的方式，将课题研究成果和实践经验推广到全国各地的职业院校。

世界技能大赛引领专业建设

> 导 读

世赛理念引领　促专业新发展

蔡北勤[①]

　　培养适应区域产业经济发展需求的高技能人才队伍是技工院校专业建设的起点和目标。技工院校的专业建设必须紧跟区域产业发展的趋势动态调整以提升专业的办学质量。以世赛为引领，以赛促改，广州市人力资源和社会保障局于2014年启动广州市技工院校专业带头人培养项目，以加快广州市现代技工教育发展为目标，结合广州市技工教育发展与布局调整的新形势，每两年培养一批专业带头人，带动专业建设质量与师资队伍水平的提高。自2019年起，广州市人力资源和社会保障局又推动广州市技工院校以服务发展为宗旨，以促进就业为导向，以培养高素质高技能人才为目标，开展重点专业、特色专业建设项目，每三年建设一批市级重点专业和特色专业，促进全市技工院校"专业立校"和差异化、特色化发展，增强技工教育服务区域经济社会发展的能力。截至2023年，累计培育106个广州市技工院校重点特色专业，培养市级专业带头人106人。

　　举办世赛，可向世界技能组织成员反馈其职业教育、培训体系实践方法的效率和有效性。新技术对工作的本质和工作未来的准备提出了多方面的挑战。职业教育最重要的任务是帮助青年人走入"工作世界"，准确了解工作世界发生的变化对职业教育的发展至关重要。世界技能组织通过发布竞赛项目的世界技能职业标准反映了世界先进的职业工作内涵，既是竞赛项目开展的根本依据，其对项目相关的职业

---

① 蔡北勤，男，广州市职业技术教育研究院（世界技能大赛中国（广州）研究中心）世赛研究部副部长，高级讲师。

描述和从业人员的能力要求为技工院校的专业建设提供了先进的指引，又能更好地将职业教育与工作世界建立起有效的联系，增强职业教育适应人力资源市场的结构性变化。

世赛引领　重特专业影响广泛

广州市白云工商技师学院服装设计与工程专业服务于大湾区服装、服饰产业发展，以市场为导向，转化世赛时装技术项目标准，开发形成了以服装设计与工程为龙头，服装设计与制作、服装设计与品牌策划、时装技术多专业协同发展的时装专业群，构建了能力本位、工学一体的课程体系。广州城建技工学校总结大赛经验，围绕世赛建筑混凝土项目梳理了建筑施工专业课程建设与世赛项目的关系，引领师资队伍建设、课程资源开发、教学场地建设等，构建了高质量的专业课程体系。作为广州市技工院校重点专业，上述两个专业在促进区域产业发展中都发挥了较好的示范引领作用。市级重点专业服装设计和工程专业与粤港澳大湾区135家行业知名企业建立了深度合作关系，近年来开展企业新型学徒制培训500余人，先后承办了首届全国服装制版师大赛广东省选拔赛、世界技能大赛时装技师项目广东省选拔赛等重大赛事，在社会中具有良好的口碑。市级重点专业建筑施工专业为知名企业培训产业技工超过500人，参与乡村工匠培育，配合当地政府部门完成乡村工匠技能竞赛，为服务美丽乡村建设提供技术支持。多名教师被广州市建筑业管理服务中心遴选为产业工人培训专家库专家。

头雁高飞　领航队伍阶梯成长

广州市技工院校专业带头人是广州技工院校教师的优秀代表，是带动专业建设的领头羊，通过高质量专业建设提升教师队伍的整体水平。市级专业带头人李文远曾先后担任中华人民共和国第一届职业技能大赛云计算项目的场地经理和 2022 年世赛特别赛云计算项目广州市裁判长、广东省裁判长和专家组长，通过转化世赛云计算项目标准进行专业建设，推动世赛研究成果在人才培养方案修订、课程标准完善、教学资源开发、教学效果测评、师资队伍建设等方面的应用，有效促进了本专业教师团队的水平提升，团队多名教师参加国家、省、市级竞赛，取得了优异的成绩。市级专业带头人李瑜生以工学一体化专业建设思路为指引，将世赛货运代理项目技术标准转化为航空物流专业核心课程并实施，引导团队教师开展课题研究、参加技能竞赛，全面提升团队综合能力。团队成员多次获得国家、省、市级竞赛奖项，牵头广东省技工院校职业技能等级认定体系技术研发项目，为粤港澳大湾区发展培育航空物流高素质高技能人才。

以上是广州技工院校探索转化世赛标准开展专业建设的实践经验，期望广州技工院校的相关案例能为我国技工院校运用世赛研究成果，加快培养大批高素质劳动者和技术技能人才提供有价值的借鉴。

世赛相关项目重点特色专业建设

世赛引领下的服装设计与工程专业建设

龚黎根　潘晓梅　余嘉雯[①]

广州市白云工商技师学院（以下简称"学院"）服装设计与工程专业是广州市技工院校第一批重点专业。学院以市场为导向，服务于粤港澳大湾区服装、服饰产业发展，不断创新工作思路，探索人才培养模式，已经形成了以服装设计与工程专业为龙头，服装设计与制作、服装设计与品牌策划、时装技术等专业协同发展的服装专业群，目前在校生人数461人。学院办学30多年来，为行业培养了数以万计的高素质技能人才，在社会中具有良好的口碑。服装设计与工程专业主要培养学生学习服装设计与制作技术和基层管理工作，主要就业岗位为服装制版师、服装设计师等。

学院自接触第43届世赛以来，紧扣重点专业建设目标，积极发挥专业带头人的作用，以一体化教学为基础，以培养具有人文素养、职业技能、创新精神和实践能力的"双高"人才为宗旨，转化世赛时装技术项目，构建了能力本位、工学一体的课程体系；打造了一支素质高、能力强、结构合理的双师型教学团队；建设了符合世赛时装技术项目标准、能满足一体化教学要求的广州市高技能人才培养基地服装实训中心。学院通过组建技能竞赛梯队，传承技能和培养更多的高技能人才；积极开展相关学术交流，培养专业建设骨干，建设精品课程，加速教学改革。学院在人社部指导下，参与了世赛转化的课题研究，在2020年成功开设了时装技术五年制高技专业，形成以服装设计与工程为龙头专业的服装专业群。

---

① 龚黎根，男，广州市白云工商技师学院服装系副主任，高级讲师；潘晓梅，女，广州市白云工商技师学院服装系主任，高级讲师；余嘉雯，女，广州市白云工商技师学院服装系服装设计教研室主任，讲师。

一、世赛引领下专业建设工作情况

学院积极开展世赛时装技术项目研究，结合其企业对员工的基本素质要求，建设了一个基于世界技能职业标准的包含专业能力和通用能力的课程体系，形成了"世赛引领、技艺结合、三个课堂、四方协同"的"1234"特色人才培养模式。

（一）人才培养方案与世赛标准对接

专业建设团队确定服装设计与工程专业的人才培养目标为面向服装设计师助理以及服装设计师职业，培养懂结构、会工艺、精设计的综合实力较强的复合型高技能人才。依据人才培养目标定位，以就业为导向，在世赛专家、企业实践专家、课程专家共同的指导下，专业建设团队以典型工作任务为引领，通过剖析世赛时装技术项目各项文件，把世赛时装技术项目的内容转化为学习内容，构建了以职业能力为本位的科学合理的课程体系。

（二）课程标准与世赛标准对接

专业建设团队遵循一体化课程开发技术规程，参考世赛时装技术项目的技术标准，遵循职业成长规律设置专业课程，构建项目成果导向的一体化课程体系，注重学生综合能力的培养，注重工匠精神培育。如：服装结构设计的课程内容不再是"单一纸样＋工艺的纸样设计"，而是"源于合作企业、融合世赛标准的纸样＋工艺＋立体裁剪＋项目设计"的真实任务；服装设计图表现课程由"单一款式设计＋绘画技巧"变成了"设计＋绘画技巧＋可穿性＋面料＋英文"等。又如服装设计手绘是一门专业基础课，通过梳理优化确定课程培养目标为熟悉人体比例结构，并能在人体上绘画款式图；能绘画出男、女、童人体比例和动态；能根据款式特点、面料特点绘画出着装线描稿；能运用多种绘画手法对线描稿上色。具体的课程内容，包含绘制裙子、裤子、上衣、连衣裙生产图，运动、商务、休闲、淑女风格服装速写，国内外商务、运动、休闲、淑女品牌服装拓写。

（三）学习任务与世赛题目对接

专业建设团队在服装设计、服饰图案设计等课程中引进企业真实项目，参考历届世赛的赛题设置课程学习任务。学生工作任务书参照了世赛集训内容，按照世赛的模板及考核要求设计。结合企业真实项目和世赛赛题的课程设计在教学中取得了良好的效果，如在服装立体裁剪课程中开展项目教学时，要求学生在两天内独立完成了世赛训练中颇有难度的木乃伊服装立体设计。学生参与完成的企业产品成功开发并进入市场销售，取得了不错的业绩。

（四）教学评价与世赛标准对接

世赛标准详细说明了工作过程的规范、设备工具的使用、安全防护措施的执行、工作报告的撰写、环保意识等，这种通过对完成任务的过程进行全面细致考察而形成评价结果的方法，具有很强的科学性和先进性，对学院技能人才的评价有很好的借鉴作用。如服装设计手绘课程把客观评分和主观评价相互结合，将过程考核和结果考核相匹配，并把世赛中的人文素养在教学中融合进过程考核。

（五）注重师资梯队建设

师资队伍建设通过世赛师资专项的培训计划，以优化教师团队结构和可持续发展为目标，利用世赛基地和省市级高技能人才培训基地优势，建设师资研修基地，推进网络师资研修，加大教师培训力度。通过各级各类教师职业能力大赛，促进教师提升工学一体化教学能力。建成一支由广东省技术能手、高级服装制版师/设计师、教学能手、骨干教师等组成的专业教学团队。形成由专业带头人、课程负责人、骨干教师、行业企业专家组成的合理梯队结构。面向企业和社会聘用高技能人才等担任专兼职工学一体化教师。

（六）注重学习场地建设和学习环境、学习氛围营造

1. 学习场地建设

本专业按照工学一体化的建设思路建有一体的校内服装实训中心，是第44届、45届、46届世界技能大赛时装技术项目中国集训基地，也是广州市高技能人才公共实训鉴定基地。总面积2 000多平方米，实训工位800多个，能满足学生从设计、打板、制作、销售全过程的学习需要，增强了学生的学习兴趣，提高了学生的实际动手操作能力。也能承担服装专业科研、生产、培训、职业技能等级认定和技术服务。

2. 学习环境、学习氛围营造

学院高度重视学习环境和学习氛围营造。如以"创新驱动发展、科技引领未来"为主题，通过世赛项目的转化提炼"冠军精神""工匠精神"等内容开展一系列的讲座和活动，为学生专业学习营造良好的氛围。建设有世赛冠军温彩云工作室、李建刚大师工作室等4个技能大师工作室。学生能在技能大师的指导下完成从设计、打板、制作、展示、销售全过程的学习。在工作室示范引领下，以真实项目校企合作协同育人。近几年为企业开发设计500多个款，企业委托打板制作采纳达200多件套。

二、世赛效应下专业建设工作成果

（一）以人才培养模式改革，提高人才培养质量

依据广州市技工院校重点和特色专业建设工作方案和广州市技工院校高质量发展行动计划等文件精神。学院以培养具有人文素养、职业技能、创新精神和实践能力的"双高"人才为宗旨。以世界技能大赛时装技术项目为载体，依据《一体化课程开发技术规程》，

以促进学生自主学习和探究学习为目标，结合实际不断探索，构建了能力本位、工学一体的课程体系。打造了一支素质高（40%以上的教师具有高级职称）、能力强（40%以上的教师获得省级以上技术能手）、结构合理的双师型教学团队。建有符合世赛时装技术项目标准、能满足一体化教学要求的广州市高技能人才培养基地服装实训中心。组建技能竞赛梯队，传承技能和培养更多的高技能人才。践行"校企双制、工学一体"培育"双高"人才。

（二）开发精品课程，优化学习资源

学院借鉴世赛场地的建设，将一体化课程的学习工作站的功能进行了分区，如各学习项目的教学场所、讨论区、演示区、成果展示区，加强了学习环境的营造。

学校通过培训时装技术项目世赛选手，自编了符合一体化教学需要的《服装工业纸样设计》《服装缝制》等8本教材。自编系列教材被澳门生产力暨科技转移中心连续6年定购使用。开发服装设计图表现、服装立体裁剪等8门专业核心课程的数字化教学资源，包括学习工作页、教学设计、微课视频、教学课件、教学评价表、题库、教学案例库等。完成了服装制版师、服装缝纫工、服装设计人员3个工种相关题库的开发。

学院以精品课程建设引领课程规范化建设与管理，有效提高了课程建设的水平。服装结构设计课程通过广州市技工院校精品建设课程验收，目前正在建设广东省精品课程。

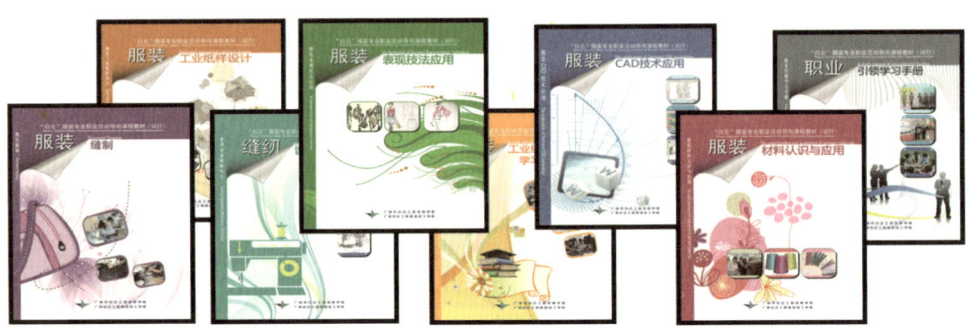

▲ 结合世赛集训需求开发的一体化教材

（三）校企合作成效显著

通过世赛，学院加强了与企业的深度合作。与省、市服装服饰行业协会，与粤港澳大湾区135家行业知名企业建立了深度合作关系，搭建了政、校、行、企共同育人平台。与多家企业共同制订培养计划、共同开发课程体系、共同组建师资队伍、共同实施教育教学、共同开展考核评价，创办李建刚高级定制大师工作室，创办林姿含大师工作室，与企业共建校外实习基地，企业为本专业课程的实践教学提供真实的工作环境，能够满足学生企业技能项目实践。学校教师主动适应企业发展需要，帮助企业攻关技术难题，积极参与企业职工培训、技术革新。近3年来开展企业职工适岗培训180人，企业新型学徒制培训

500 余人。先后承办了首届全国服装制版师大赛省、市选拔赛，第 44、第 45、第 46 届世赛时装技师项目广东省选拔赛和广州市选拔赛，以及中华人民共和国第一届职业技能大赛时装技术项目和时装技术项目（国赛精选）2 个项目的技术保障工作。

（四）师资队伍能力显著提升

专业带头人潘晓梅先后公开发表论文 5 篇，编写教材 3 本，22 项成果获得国家、省、市职教科研成果奖。教练陈冬梅老师和余嘉雯老师结合世赛成果转化编写了《基础服装制版（一）》《基础服装制作（一）》2 本教材。3 名教师被广州市职业技能服务中心遴选为服装制版师职业技能等级认定专家。

三、结束语

技能大赛是职业教育发展的"风向标"，是营造学习技能人才、尊重技能人才、争当技能工匠良好社会氛围的重要窗口，技工院校作为培养高技能人才的主阵地，贴近企业培养高端技能人才，对新时代推进高技能人才队伍建设有着重要意义。

世赛效应下的建筑施工专业建设

肖创海　李修波　张　越[①]

广州城建技工学校建筑施工专业是广州市技工院校第一批重点专业，主要培养学生掌握建筑工程施工基础知识和专业技术，该专业对口就业岗位为施工员、BIM（建筑信息模型）建模员、资料员和测量员等。

学校自 2018 年开始接触世赛，重点研究并深度参与了结构与建筑技术领域中的混凝土建筑项目。混凝土建筑项目是指运用混凝土进行商业或住宅的建设，可在室内外进行工作的竞赛项目。比赛对选手的技能要求主要包括：准备简单的现场测量图及相关原材料，计算模板和材料需求等；解读、分析施工方案、材料和配件清单等；完成技术描述中有关放样测量、模板制作和钢筋绑扎、混凝土浇筑与养护、模板拆除与再利用等相关任务。

世赛混凝土建筑项目对选手知识和技能的要求与建筑施工专业的人才培养目标高度契合。因此，学校在开展建筑施工专业建设时紧扣重点专业建设目标，在对接广州市重点产业、传统支柱产业基础上，积极发挥教练团队、获奖选手和专业带头人等的作用，本着"以学生为中心"的思想，深化一体化教学模式改革；以世赛成果转化为抓手，以广州市工匠人才创新工作室为平台，培养专业建设骨干；根据就业岗位（群）对能力需求的变化不断优化专业内涵，建设精品课程；积极开展 BIM 技术教学，培养具备装配式建筑技术能力的人才，全面开展专业建设工作。

一、世赛效应下专业建设工作情况

（一）梳理专业建设、课程建设与世赛项目的关系

学校积极开展世赛结构与建筑技术领域项目研究，并从四个方面梳理专业建设、课程建设与世赛项目的关系。

（1）教什么。2018 年学校开始接触世赛结构与建筑技术领域的项目，以与专业建设高度相关的项目为研究对象，参与了混凝土建筑、瓷砖贴面、砌筑、木工四个建筑类项目的比赛和组织工作。从技术标准、安全规范、质量要求和技术发展趋势四个方面探索了世赛项目发展方向，结合行业需求，进而更精准地定位企业对人才培养的要求，尤其是把握行业内技术发展的趋势，提高学生走向社会后与不同层次人才的竞争力。

[①] 肖创海，男，广州城建技工学校副校长，副教授；李修波，男，广州城建技工学校系主任，工程师；张越，女，广州城建技工学校专业带头人，讲师。

（2）用什么教。学校对世赛上述四个项目历届竞赛技术文件进行分析，制作以世赛标准为教学标准学习模块，自编工作页作为课堂教学的辅助，让实际的赛题转化为课程内容的一部分，增加学习的趣味性，让学生熟悉和了解实际施工现场的具体施工方法、施工工艺与世赛标准的结合点，提高学生岗位核心竞争力，为职业发展奠定良好的基础。

（3）怎么教。学校参考世赛项目比赛流程，分析世赛项目的各个模块，按照现阶段常见的建筑施工过程编制教学大纲，主要考虑施工员岗位内容、结合质量员等岗位给出详细的授课计划，并录制视频、微课，借助线上平台辅助教学。教师采用"线上+线下"混合的教学模式，通过线上的信息传递实时性和全面性，与线下的动手操作结合，努力构建符合学生需求与兴趣，适合教学的世赛真实项目课堂。

（4）怎么实训。学校采用真实项目的"实训+工程情境模块实训+虚拟仿真VR"三管齐下的方式开展教学实训。对体量、工法等可以在室内实训场完成的实操实训项目，如钢筋绑扎，采用真实项目实训的方法开展。对于体积较大、实训周期长的建筑构建，结合世赛比赛流程和模块，调整上课方式，利用实训中心各工种的实操区，采用"化整为零"的方式，在工程情境中进行模块实物构件如外墙板、梁、楼梯的灌浆、吊装实训。对于施工一线现场认知和安全体验的实训，可采用学生实际体验，辅以虚拟仿真VR等现代技术开展实训教学。

（二）关注教师队伍、选手梯队建设与骨干培养

1. 教师队伍建设

学校成立了技能竞赛专业的工作小组，总结以往大赛的经验教训，及时调整管理模式，从科学、系统、规范三个方面组织和管理教师培养。指导新入职教师通过案例教学、定向培训、访问交流等，增强自身业务能力。鼓励老教师积极参加技能竞赛、教研教改、社会服务，形成教育教学成果。专业系部制订教师成长三年规划，把创业成功人士、专业类和技术类资深专家、优秀工程师和优秀毕业生请进来带领师生学习。通过传帮带，培养专业带头人、课程负责人、骨干教师、优秀教练，形成专业教师队伍，激发和调动教师积极性和工作热情。

2. 选手梯队建设

以学生的年级为自然阶梯，学校每年通过举办校园技能节和参加广州市的工匠擂台赛、行业技能大赛和市、省世赛选拔赛等，为各个项目选拔出一批选手，形成选手梯队。在选手训练的过程中，各项目指导教师会使用各种方式方法，激发学生的热情，发掘学生潜力，并通过不同层级的备赛集训和正式比赛，提高梯队的整体水平，选拔出更加优秀的选手。在学生全员参与的专业竞赛中，新手有渴望参赛学习的动力，熟手有时刻被后来者赶超的紧迫感，优秀选手有想担任助理教练指导师弟师妹学习的心理期盼，参赛选手都不甘心落于人后，都渴望能去到更高一级的赛事。

（三）注重教学场地建设和学习环境、学习氛围营造

1. 教学场地建设

教师在课堂上讲解各种实际工作的操作技术规程、业务流程、工艺流程、工作程序、技术要点等比较抽象，很难使学生理解知识要点和掌握实操技能。参照世赛竞赛技术文件，指导建筑施工专业实训基地朝着高标准、高水平、规范化方向建设，为工学一体化教学提供良好的教学场地，解决了课堂教学的难点和痛点，有利于教学质量的提高。

2. 学习环境与学习氛围营造

学校有效利用企业资源建立校外实践基地，让学生在真实的工作环境中接受真实工作任务的训练，尽早体验一线工作，积累从业经验。学校不是只注重学生基础知识的教育和专业技术的培养，更加关注学生心理健康和职业素养的习惯养成，如以"建筑魅力"为主题，通过世赛项目的转化提炼"冠军精神""工匠精神"，通过"建筑模型""鲁班锁"等活动内容开展一系列的讲座和活动，为学生专业学习营造良好的氛围。

二、世赛效应下专业建设工作成果

（一）深化人才培养模式改革，提高人才培养质量

学校围绕"聚焦建筑、彰显特色、培育品牌"的发展思路，确立了以"建筑类"专业群为核心的专业建设目标，重点建设"建筑施工""工程造价""室内设计"等校级重点、特色专业，逐步将学校打造成为广东省建筑技能人才培养的名校。

学校坚持以学生为中心，以培养"职业态度和动手能力"两者兼备的高素质技能人才为己任，打造城建"德技"匠人品牌。把提高学生的职业能力作为专业培养目标，践行"校企双制、工学一体"的技能人才培养模式。依据部颁《建筑施工专业技能人才培养标准及一体化课程规范》，进一步规范技能人才培养行为，形成以综合职业能力培养为核心的技能人才培养体系，提高人才培养质量，并为一体化课程规范的开发提供依据。

（二）开发精品课程，优化学习资源

学校以精品课程建设引领课程规范化建设与管理，有效提高了课程建设的水平。建筑施工专业"混凝土结构工程施工"课程通过广东省技工院校精品建设课程验收，目前正朝建设国家级精品课程方向努力。

学校借鉴世赛赛场的布局设计，将各一体化课程学习工作站的功能进行了分区，如各项目的教学场所、讨论区、演示区、工器具展示区、成果展示区和学生实训操作区，加强了职业环境的营造。

学校通过培训混凝土项目世赛选手，完成了钢筋工、模板工、混凝土工、测量工和

CAD 制图员 5 个工种共 30 个学习任务的视频录制，编写了相关工种的题库。

（三）注重课程思政和特色创新

世赛项目除了评价选手的技术能力，也注重对职业素养的考核，这与技工院校的人才培养的目标是契合的。学校专业教师在任务教学的实施中融入了劳动精神、劳模精神与工匠精神，同时体现了"广东技工"的特色，更加注重团队意识、安全意识和质量意识的训练，形成了课程思政和职业素养两套教学资源，开展素质活动，培养日常行为规范，如职业认同感、纪律意识、团队精神、施工常识、安全意识、质量意识、绿色施工意识、工匠精神等。建筑施工等校内专业实行授帽仪式，以不同颜色的施工帽区分学生的能力水平，并赋予不同等级的工作权限，增强学生工作的仪式感。将所有实操和上课内容按照短视频等方式拍摄，进行短视频等网上投放。

（四）深化校企合作，积极参与社会服务

通过世赛，学校加强了与企业的深度合作：如学校与企业在铝模技术的共享、企业投入模型提供学校竞赛选手训练等，为参赛提供了强力的支持；师生共同完成了金融城优秀项目样板构件的制作展示等多个校企合作项目；学校与某知名企业签订产业学院，基于世赛训练基础编制智能建造产业技工培训教材。2021 年培训了 10 期企业新上岗产业技工，培训人数超过 500 人。

在广州市总工会的支持下，学校成立广州市劳模和工匠人才创新工作室，积极参与乡村工匠培育，为服务美丽乡村建设提供技术支持。支持乡村工匠参与职业技能竞赛，为训练和竞赛提供技术支持。配合广州市住建局完成"羊城工匠杯"擂台赛第四、第五、第六届建筑工匠大赛钢筋工、砌筑工、镶贴工、装配式建筑项目赛前培训和裁判工作；配合从化区住建局完成从化区第一届乡村工匠技能竞赛，推动乡村工匠技艺交流和岗位练兵。学校教师作为从化区乡村工匠培训主力教练，规范培训过程中参训人员的施工操作，强化安全意识，引导学员掌握建筑施工中影响工程质量的常见问题等知识，提高了参训人员的业务技术水平，为保障村镇建房质量安全奠定基础，助力全省社会主义新农村建设和农村人居生态环境综合整治。

（五）积极开展世赛成果转化

学校通过对世赛混凝土建筑项目竞赛技术文件、赛题等文件的研究，开展对技术文件、评分标准、赛题的转化。一是应对市场需求，将世赛技术标准嵌入到对社会发展产生作用的产品中，通过行业推行比赛中优秀工法，提高企业生产力。二是通过交流和总结，辐射相关院校，以论文和专利的方式总结训练中的经验和感悟，已申请专利 2 项，发表论文 2 篇。将世赛混凝土建筑项目国家选拔赛中的铝膜、木模技术标准作为"混凝土结构工

程施工"课程检查验收标准。将瓷砖贴面等世赛项目竞赛模块作为教学内容引入"防水与装饰装修工程施工"课程中。

学校教练团队随着世赛项目的夺冠而成长,受到同行认可。世赛金牌教练李修波作为终审专家审定人社部组织编制的《混凝土国家职业技能标准》。3名教师被广州市建筑业管理服务中心遴选为产业工人培训专家库专家,参与产业工人培养标准和评价体系建设,并配合开展产业工人培训工作。

三、结束语

技能竞赛是营造学习技能人才、尊重技能人才、争当技能工匠良好社会氛围的重要载体,技工院校作为培养高技能人才的主阵地,转化世赛理念、竞赛文件体系和赛题等,建设技工院校重点专业,对新时代推进高技能人才队伍建设有着重要意义。

世赛相关项目专业带头人培养

世赛引领云计算技术应用专业建设

李文远 [1]

广州市工贸技师学院云计算技术应用专业自2017年开办以来，始终践行"校企合作、工学一体"的人才培养模式。2018年借助学院高水平技师学院建设项目，云计算技术应用专业结合世界技能大赛云计算项目研究成果进行专业建设，包括人才培养方案修订、课程标准完善、教学资源开发、教学效果测评、师资队伍建设、参加技能竞赛等，专业发展环境进一步得到改善，专业软实力获得提升，目前已经发展成为学院重点建设专业之一。

一、世赛云计算项目技术标准研究

自云计算项目成为第45届世赛新增项目以来，全国技工院校掀起了一股学习云计算技术的热潮。世赛云计算项目比赛赛程为4天，选手需要在Gameday和JAM两个平台进行考核。Gameday平台的考核是利用初配置的公有云资源进行高可靠性、可拓展性和弹性架构的部署，JAM平台的测试模式是架构运维故障排查。Gameday平台模块考核分数占比70%，JAM模块考核分数占比30%。考核内容包含WSOS标准规范及选手的身心素质、创新思维、自主学习、沟通协调、解决问题等职业素养。在比赛过程中，通过这两个比赛平台能随时查看各参赛选手的积分榜，选手与选手之间能及时了解比赛的进展情况。

世赛云计算项目标准规范是按照企业要求来设定的，由工作组织及管理、沟通及交际技巧、解决问题和创新创造力、安全、可靠性及可拓展性和弹性、性能和优化、运营考虑因素等7项标准规范组成，要求选手掌握扎实的云计算理论基础和熟练运用云计算技术的能力，根据顾客的需求考虑架构部署的安全性、成本的节约、资源的可靠性、可拓展性和弹性等，体现云计算技术应用专业技术人员的综合职业能力。

---

[1] 李文远，男，广州市工贸技师学院信息服务产业系副主任，高级讲师。

二、云计算技术应用专业人才培养方案修订

世赛云计算项目的技术标准代表了该职业技能发展的最高水平,对技工院校的云计算技术应用专业建设有着重要的引领作用。学院参考世赛云计算项目的技术文件和评价标准,分析竞赛选手培养路径,结合行业企业和云计算技术相关行业发展现状及技能人才需求、云计算技术人员适应的岗位、胜任的工作任务、应具备的职业素养、毕业生的就业情况、同类职业院校在云计算技术应用专业办学情况、云计算项目各级各类竞赛项目专家和教练等进行调研。通过开展实践专家访谈会,学院修订了云计算技术应用专业人才培养方案。

根据行业企业调研发现云计算按照服务模式大致分为三大类,分别为 IaaS(基础设施即服务)、PaaS(平台即服务)、SaaS(软件即服务)。IaaS 提供对联网功能、计算机(虚拟或专用硬件)以及数据存储空间的访问。PaaS 消除对底层基础设施(一般是硬件和操作系统)的管理,提供便捷的应用程序的部署和管理。SaaS 提供了完善的产品进行设计和应用,其运行和管理皆由服务提供商负责。IaaS 和 PaaS 两层服务模式的技术学习,对开发的能力要求过高,不适合技工院校的学生学习。因此,专业建设团队结合技工院校学生特点,将云计算技术应用专业人才培养主要定位在 SaaS 服务模式的技术应用,对应的人才培养目标为培养面向信息服务或上云企事业单位就业,适应云计算运维工程师、云安全管理工程师、云架构工程师等岗位工作,胜任网络服务器安装与维护、网络安装与调试、虚拟化管理与维护、存储系统搭建与部署、数据库管理与维护、私有云平台搭建、云服务部署、云安全管理、云运维管理等工作任务,具备公有云服务运维、混合云服务搭建、私有云本地服务搭建、社区云服务搭建等技术,具有爱岗敬业、团队合作、沟通表达能力、解决问题能力、自我学习能力、操作规范、精益求精、环保意识、信息安全意识、创新精神等职业素养,达到信息网络通信运行管理员职业技能等级要求,具备云计算方向行业认证资格能力要求的技能人才。

三、云计算技术应用专业课程标准重构

世赛标准规范详细地描述云计算项目对选手工作组织及管理、沟通及交际技巧、解决问题和创新创造力、安全、可靠性及可拓展性和弹性、性能和优化、运营考虑因素的综合素质要求,是确定云计算技术应用专业的课程标准的重要依据。

学院云计算技术应用专业团队多次邀请云计算相关企业工程师参与专业课程标准研讨,指导课程标准编写。学院云计算技术应用专业团队对接世赛标准规范的要求,将新技术引入课程标准中,研讨本专业人才所应具备的职业素养和思政素养,不断地完善专业的课程标准。初中起点五年制的云计算技术应用专业核心课程有:Windows 系统服务安装与配置、云网络设备安装与调试、Linux 系统服务安装与配置、虚拟化平台创建与配

置、云计算中心机房网络设备巡检、公有云服务应用、虚拟化数据中心部署、云数据中心运维与管理、云存储配置与管理、公有云服务部署与运维、容器技术部署、私有云部署与运维、云安全项目实施等。专业基础课程有：数字技术应用、计算机网络基础、云计算技术基础、计算机英语、路由与交换技术、数据库应用、公有云基础、大数据可视化、新一代信息技术等。对接世赛云计算项目标准规范，结合企业工作任务，转化到课程标准。表3-1 为公有云服务应用典型工作任务描述和课程目标。

表3-1　公有云服务应用典型工作任务描述和课程目标

课程名称	典型工作任务描述	课程目标
公有云服务应用	公有云通常指第三方提供商为用户提供的能够使用的云服务。据数据统计，近80%的公有云客户为中小型企业，公有云一般通过 Internet 使用，能够为其用户提供成本相对低廉的共享资源服务。公有云服务应用指的是将公有云厂商的IT资源（如网络、存储空间、计算能力等）及托管服务通过互联网访问的形式提供给用户，针对业务场景提供安全、节省成本和高可用的解决方案。它是一种全新的应用模式，能够帮助企业和组织更好地利用IT资源，提升工作效率，满足客户的需求和服务。按照工作对象的不同，主要包括对于云主机、网络、数据库、存储服务的一些配置工作 公有云服务应用由云计算工程技术人员完成。公有云服务应用遍及我们生活工作的方方面面，可以为企业提供快速、可靠、安全的云服务，从而提高企业的业务效率和灵活性；可以帮助企业更快地构建和部署应用，提高应用的可用性和可靠性，减少企业的运维成本，提升企业的业务效率和灵活性，提高企业的竞争力。云计算工程技术人员根据客户对于公有云服务创建的需求，制订有针对性的解决方案，进行公有云服务应用的创建工作，以解决客户对于公有云服务的个性化使用需求	学习完本课程后，学生应当能胜任公有云服务创建工作任务，包括云主机服务创建、云网络服务创建、云数据库服务创建、云存储服务创建等；严格遵守云计算从业人员职业道德规范和行业标准规范；具备理解与表达、信息检索、交往与合作、时间意识、规则意识、质量意识、成本意识、时间意识、专心致志的工匠精神等通用能力、职业素养和思政素养。具体包括以下目标： 1. 能根据任务书和需求分析文档，与教师进行有效沟通，获取云主机、网络、数据库、存储资源参数等任务信息，确定云主机类型、网络服务的类型和带宽、数据库类型、存储服务类型和容量等工作要求；具备良好的理解与表达、信息检索等通用能力 2. 能根据任务书和需求分析文档，查阅云主机、网络、数据库、存储等服务技术文档，确定云主机的详细规格、VPC环境、云数据库MySQL的版本、块存储环境的工作要求，确保系统稳定、网络安全可用、数据库高效、数据稳定运行；具备交往与合作、理解与表达等通用能力

(续上表)

课程名称	典型工作任务描述	课程目标
	云计算工程技术人员从项目经理处接到任务，阅读任务书和需求分析文档，明确公有云服务应用创建的项目需求；查阅技术文档，根据上述要求制订公有云服务应用创建的工作计划；和项目经理沟通，确定云主机、网络、数据库、存储等配置要求，并提交项目经理审核确认；按照云主机、网络、数据库、存储配置要求，使用公有云平台进行云主机、网络、数据库、存储等服务的配置；使用远程登录软件进行功能、性能、安全、可用性、兼容性的测试工作，保证公有云服务创建符合客户的需求；测试合格后将云主机、云网络、云存储、云数据库的IP、账户、密码、环境等交给项目经理验收 公有云服务应用的创建工作要在功能性、使用性能、安全性、可用性、兼容性等方面符合国家和行业规范要求，在配置的选择方面要满足客户的最终使用需求。工作过程中，严格遵守GB/T 39204—2022《信息安全技术 关键信息基础设施安全保护要求》、GB/T 31168—2014《信息安全技术 云计算服务安全能力要求》、GA/T 1347—2017《信息安全技术 云存储系统安全技术要求》等国家标准规范。工作过程应遵守企业质量体系管理制度、8S［整理（seiri）、整顿（seiton）、清扫（seiso）、清洁（seiketsu）、素养（shitsuke）、安全（safety）、节约（save）、学习（study）］管理制度等企业管理规定	3.能根据任务书和需求分析文档，获取需要购置的云资源、计费模式和服务级别，制订公有云服务应用工作计划，确定云主机、网络、数据库、存储服务的创建流程，符合任务书、需求文档、技术文档要求和国家标准规范要求；具备良好的规则意识、成本意识等职业素养 4.能根据工作计划，获取云主机、网络、数据库、存储的配置参数要求，确定云主机实例、虚拟交换机配置与参数要求、路由表的功能、NAT网关、云计算架构类型，云数据库存储空间，RDS（关系型数据库服务）实例的网络类型与自定义参数等详细配置要求，完成云主机、云网络、云存储、云数据库的创建，确保公有云服务器系统运行正常、网络通畅；具备良好的时间意识、规则意识、专心致志的工匠精神等职业素养和思政素养 5.能根据公有云服务应用创建任务书的功能性要求，对公有云服务进行检查、测试，完成基本的云服务监控和故障排除工作，确保云主机、网络、数据库、存储服务等服务正常使用；具备质量意识、专心致志的工匠精神等职业素养和思政素养 6.能根据任务交付要求和投放平台规范，对文件进行命名、存档，以约定方式交付，确保交付内容、格式完整正确；具备时间意识职业素养

四、世赛考核内容融入专业教学资源开发

学院云计算技术应用专业与多家生态圈企业进行校企合作，共同开展专业课程建设，提升专业教学质量和社会效益。世赛考核模块为云计算技术应用专业课程学习任务的知识点、技能点和职业能力综合素养的转化提供重要的参考依据。专业建设团队针对世赛云计算项目的考核模块进行了教学化转化，与竞赛指导专家共同研讨世赛云计算项目考核内

容,完成"公有云服务应用""云运维""公有云架构与实践"等多门课程配套资源的开发,将世赛云计算项目考核内容和企业项目工作规范引入专业的教学资源建设,为培养专业基础扎实、技术全面、综合能力强的云计算技术应用人才提供教学资源保障。

五、借鉴世赛 CIS 评分系统测评教学效果

世赛云计算项目的考核模块包括:成本优化、卓越运营、安全、可靠性、性能效率等,每一个模块的考核点都在 CIS 评分系统做了评价设计,每个考核点配分不得高于 2 分或低于 0.5 分。CIS 评分系统是一个科学、精确的评价体系,不仅评价选手的技能水平,还评价选手的工作过程的作业标准情况,如选手对安全的配置情况、云资源的弹性扩展情况、成本的开销节约情况等综合职业素养。将世赛云计算项目的 CIS 评分系统引用到教学评价中使用,不仅可以评价学生学习技能的水平情况,还能培养出更加符合云计算生态圈企业需要的高技能人才,提升云计算技术应用专业人才培养质量。结合信息服务或上云企业对云计算技术应用专业人才培养要求,专业教师团队尝试将世赛云计算项目的 CIS 评分进行了教学化处理,明确客观评分和主观评分的评分标准,并在课程的教学考核中实施。

六、世赛助力师资队伍建设

学院云计算技术应用专业师资团队通过参与世赛云计算项目标准转化,在教改科研、竞赛引领、企业实践、教学实施等多方面取得了较好的成果。其中,黄新颖老师获得中华人民共和国第一届职业技能大赛网络系统管理(国赛精选)项目金牌。何宇航老师获得广东省第二届职业技能大赛云计算项目金牌。专业带头人聘请企业兼职教师到校开展教学听评课、竞赛培训、专业讲座等工作;组织多位教师结合世赛考核内容开展教学公开课,提高教师的教学组织能力。

七、参加云计算项目赛项工作提升专业团队技能水平

学院云计算技术应用专业团队积极参加云计算项目赛项相关工作,团队教师不断地提升自身能力和技能水平。专业带头人李文远老师先后担任第 46 届世赛云计算项目广州市裁判长、广东省的裁判长和专家组长,中华人民共和国第一届职业技能大赛云计算项目场地经理。本专业学生获得第 46 届世赛云计算项目广州市选拔赛第一、二、三名和广东省选拔赛 2 个二等奖、1 个三等奖的成绩;参加广东省第二届职业技能大赛广东省"云宏杯"云计算工程技术人员职业技能竞赛获得一、二等奖;参加 2021 年全国行业职业技能竞赛第三届全国电子信息服务业职业技能竞赛获得三等奖。本专业教师参加广东省第二届职业技能大赛云计算项目获得金牌,并获得"广东省技术能手"称号。

世赛货运代理赛项标准下航空物流专业建设

李瑜生[①]

广州市交通技师学院航空物流专业成立于 2018 年，现有学生 276 人，教师 16 人，经过 5 年的专业发展，本专业有国际货运代理、危险货物运输、货代函电读写等多门校级精品课程；与现代物流专业共用实训场所 1200 m²，并拥有航空物流实训室、国际货代实训室、国际关务实训室等专属实训室。同时和中外运空运部、高捷物流等行业大中型企业开展广泛、深入的校企合作。专业建设稳步推进，2021 年 8 月航空物流专业被确定为"广州市技工院校特色专业"。

航空物流专业建设团队在建设航空物流专业过程中，以工学一体化专业建设思路为指引，对接广州市技工院校专业带头人考核指标，融入世赛货代项目标准，取得了一定的成绩。

一、世赛货运代理项目介绍

货运代理赛项自第 45 届世赛开始成为正式参赛项目，要求选手熟练掌握货运代理业务流程，并在规定的期限和要求下完成客户获取、报价计算、运输管理、费用计算、海运操作、投诉处理和索赔处理等竞赛任务。赛项对选手的主要技能要求包括：掌握货运代理业务流程，运用公路、铁路、航空、海（水）运、多式联运等多种交通手段，满足货物及物品在世界范围内移动，以用于销售和制造生产；在规定的期限和要求下完成客户获取、路径设计、客户沟通、业务与合同、报价计算、运输管理、索赔、投诉处理等多方面内容；应用国际通用语言英文对业务情况进行交涉与沟通；具有全面的、专业的物流知识，具备精准、快速的反应能力，有效运用问题处理技能满足客户的要求。世赛货运代理项目考核内容见表 3-2，世赛货运代理项目竞赛内容见表 3-3。

表 3-2 世赛货运代理项目考核内容

模块序号	模块名称	核心技能要求	考核内容	时间分配 /h	权重 / % 第 44 届	权重 / % 第 45、第 46 届
M1	工作组织和管理	客户管理技巧	1. 客户信用证咨询 2. 海运 / 空运 / 铁运单证签发 3. 进出口操作	1	10	10

[①] 李瑜生，男，广州市交通技师学院物流与商贸产业系教学副主任，高级讲师。

(续上表)

模块序号	模块名称	核心技能要求	考核内容	时间分配/h	权重/% 第44届	权重/% 第45、第46届
M2	客户关系	与客户日常沟通与关系维护	1. 商业报价与费用核算 2. 装箱计划 3. 订单处理	2	10	25
M3	商业运输	为客户提供处理相关投诉的咨询方案	1. 客户获取 2. 客户咨询 3. 异常处理	3	15	20
M4	成本和价格	计算相关业务费用，在多种运输模式下能够选择合理的运输方式、船期、航线、港口等，为客户提供报价方案	1. 行业报价 2. 索赔处理	3	28	23
M5	信息和通信技术	利用信息和通信技术开展业务活动，高质量完成相应业务环节	1. 客户咨询 2. 海运订舱 3. 订单处理 4. 投诉处理	1.5	25	10
M6	应急管理	对业务中出现的异常情况进行快速处理，熟练处理突发情况	1. 客户咨询 2. 客户沟通 3. 海运/空运/铁运单证签发 4. 订单处理	1.5	12	12
合计				12	100	

表 3-3　世赛货运代理项目竞赛内容一览

一级指标	二级指标	三级指标	三级指标说明
海运 （占比70%）	客户获取	客户咨询	关于主要港口、航线、贸易术语、可能的交通方式优缺点、运输时间、交通条件等的客户咨询
		客户会面	制作英文PPT，主要包括分析客户需求，有针对性地介绍公司的业务与优势等，并与客户进行英语口语交流
	海运报价	选择集装箱	根据货物特点选择集装箱类型和数量
		费用计算	计算运费及相关费用，选择合适的船公司
		海运报价	根据客户需求，为客户提供报价方案

(续上表)

一级指标	二级指标	三级指标	三级指标说明
海运（占比70%）	海运报价	集港作业	选择合适运输工具，计算运费，编制集港运输计划
	海运操作	单证制作	根据业务要求及相关信息，缮制提单等海运单据
	异常情况处理	海运投诉	海运业务中出现的投诉处理
		海运索赔	海运业务中出现的索赔事宜的处理
空运（占比30%）	空运报价	空运报价	根据实际业务计算空运运费，并提供报价方案
		单证制作	根据业务要求及相关单据缮制航空运单；组织空运、文件签发，完成空运操作实务
	异常处理	空运投诉	空运业务中出现的投诉处理
		空运索赔	空运业务中出现的索赔事宜的处理

二、世赛货运代理项目技术标准下航空物流专业建设思路和内容

（一）建设思路

以工学一体化专业建设思路为指引，对接广州市技工院校专业带头人考核指标，融入世赛货代项目标准，将世赛货运代理项目技术标准转化为航空物流专业核心课程及实施，并参照世赛的高标准和高起点对专业师资、专业场地、专业设备、专业教学等进行建设，总结航空物流专业课程与世界行业标准接轨的内涵及特点，从而提升专业学生的核心技能和综合素养。

（二）建设内容

对接世赛标准完善人才培养方案、专业核心课程标准；按照世赛标准建设数字化课程资源；借鉴世赛选拔体系完善学生评价体系；通过世赛项目研究提升师资能力。

三、世赛货运代理项目技术标准下航空物流专业建设成果

（一）专业调研与规划

学院航空物流专业在2019年申报了广州技工教育市级教学研究课题，2021年又被确定为广州市技工院校特色建设专业，在上述两个项目的推动下，专业建设团队在2021—2022年度深入对接广州市空港物流协会，走访近10家航空物流和国际货代类企业，先后走访多家职业院校，完成行业企业学校调研，同时开展企业专家访谈会，明确专业定位和人才培养目标，重新提炼了航空物流专业的典型工作任务，撰写专业规划方案。

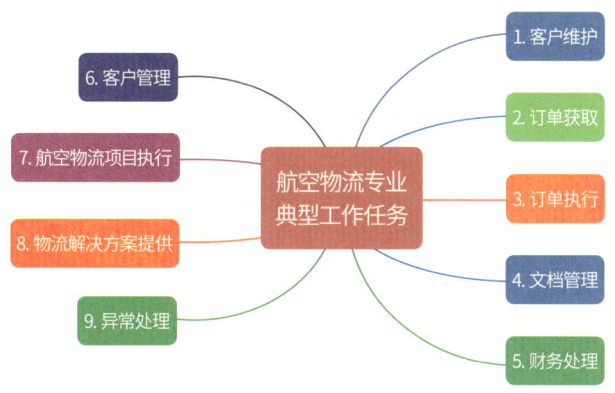

▲ 航空物流专业典型工作任务

（二）人才培养方案

构建"校企双制，工学一体"的人才培养模式和课程体系，融入世赛货代标准撰写课程标准。专业建设团队遵循航空物流技能人才成长规律，根据部颁《国家技能人才培养标准编制指南（试行）》和《一体化课程规范开发技术规程（试行）》深入行业、企业及同类学校调研，明确专业定位，进行工作分析，组织企业实践专家研讨会，修订人才培养方案，构建"校企双制，工学一体"的人才培养模式和课程体系；融入世赛货代项目技术标准，撰写和修订课程标准。航空物流专业工学一体化课程内容详见表 3-4。

表 3-4　航空物流专业工学一体化课程一览

序号	典型工作任务	一体化课程	备注
1	客户维护	1. 客户维护	世赛标准融入
2	订单获取	2. 航空物流订单获取	世赛标准融入
3	订单执行	3. 国内航空订单执行	世赛标准融入
4	文档管理	4. 出口航空订单执行 5. 进口航空订单执行	
5	账务处理	6. 账务处理	世赛标准融入
6	客户管理	7. 客户开发与管理	世赛标准融入
7	航空物流项目执行	8. 航空物流项目执行	世赛标准融入
8	物流解决方案提供	9. 航空物流方案制作与推广	世赛标准融入
9	异常处理	10. 航空物流异常处理	世赛标准融入

（三）课程资源

以省市精品课程建设为目标，按世赛标准，高质量建设专业数字化课程资源。自 2018 年开设航空物流专业以来，专业建设团队逐步完善教学资源，涵盖专业核心课、专业基础课在内的学材、工作页、图片、视频、微课等，目前已初步完成国际货运代理、危险货物运输、报检报关实务、货代函电读写等 11 门专业课程建设，数字化资源近 200G。根据行业发展需要，校企共同开发，提升课程资源质量，2022 年启动省级精品课程国际货运代理业务操作、校级精品课程国际贸易实务、智慧仓储操作申报和建设。2023 年专业建设团队将按照新的课程体系，以省市级精品课程建设要求，融入世赛标准，开展新一轮专业数字化课程资源建设。

（四）队伍建设

以世赛备赛为抓手，通过多种培养方式，打造优秀的师资团队。专业带头人从教学能力、专业能力和人文素养三个方面切入，通过到企业实践、示范指导等方式，引导教师承担课题、教学能力竞赛、技能竞赛等教科研任务，全面提升团队教科研能力。尤其通过世赛备赛、世赛课题等研究和培训，更加全面提升教师的专业能力和国际视野。

2022 年团队成员完成专业培训 47 人次、企业实践 42 人次、双创培训 14 人次，申报 1 项市级精品课程，公开发表 3 篇论文，竞赛获奖 4 人次，培养出市级专业带头人 1 人。1 名老师到新疆喀什技师学院开展援疆工作，被授予"优秀援疆教师""感动广州最美教师"荣誉称号，并晋升为高级讲师。

（五）学习环境

按世赛标准，基于航空物流企业真实工作环境打造航空物流专业实训室，配备货运代理等仿真学习软件。本专业建设有国际货代实训室、国际关务实训室以及供应链管理实训室。实训室围绕着航空和港口环境建设，有着国际物流的文化氛围，配备国际商务、国际货代、航空运输、港口运输、供应链运营等课程软件，主要服务国际货运代理、国际贸易实务、供应链业务操作、进出口货物通关实务等课程的一体化教学。在实际授课中，工学结合一体化的教学活动开展顺畅，效果好，学生满意度高。

为了更好地开展一体化教学，在 2022 年建成航空物流实训室，该实训室按世赛标准，基于航空物流真实工作场景打造，具备航空物流实操教学和认知功能，包括航空打板、货物入港出港操作、VR 航空认知、航空单证处理，客户服务等实操任务。

（六）教学组织

深入开展工学一体化教学，建立专业兴趣小组，设置货运代理考证课程，借鉴世赛评价标准，创新课程评价方式。本专业深入开展工学一体化教学，教师大力推行行动导向教学法，推进线上线下混合教学方式，利用各种教学方式的优势互补，提升课堂教学效果，更好地实现教学目标，提升教学满意度和学生综合素养。

专业建设团队以参加货运代理、物流服务师、供应链服务师等赛项为目标，成立专业兴趣小组的形式，深入研究赛项标准，在航空物流、现代物流专业设置国际货代从业员资格证考证、运输代理服务员（货运代理）等学生考证课程，提高了学生的专业技能，辅助学生获得资格证书，并在大赛中取得优异成绩。

专业建设团队借鉴世赛 WSOS 的评分机制，构建航空物流专业学生评价体系，学习任务设计更侧重学生可持续发展，通过权重显示什么最重要，什么最不重要，核心课程能力目标评价分为"判断"和"测量"两种，核心课程评价有评价方案和测评项目，目标评价等级采用 WSOS 的四级分法，使航空物流专业学生评价体系更加科学有效。

（七）校企合作

紧密联系广州空港物流协会，大力推进校企合作，引入真实项目。专业建设团队积极对接广州市空港物流协会，全力开拓航空物流校企合作项目，与中外运、高捷、金羊城等业内龙头企业合作，实施"专业共建、人才共育"的合作模式，定期邀请企业主管级及以上人员参加专业建设、课程开发、教师深入企业开展短期实践学习，在校内开展企业文化专题讲座、订单班等合作项目。2022 年度新增 8 家校企合作企业，6 月举办航空物流专场校园招聘会，7 家航空物流企业提供近 100 个实习就业岗位，企业对应聘学生的满意度达 98%。

（八）专业管理

加强专业管理的规范性，保障教学秩序有条不紊。为逐步实现课程管理规范化、科学化和信息化，规范教学文件，专业建设团队建设网络教学平台并定期更新；强化安全教育，审查教师教案，随堂听课交流，评价反馈。建立教研教改资料档案，包括公开课听评课记录，培训记录，教科研成果申报登记等。教学场所执行 6S［整理（seiri）、整顿（seiton）、清扫（seiso）、清洁（seiketsu）、素养（shitsuke）、安全（safety）］管理，责任到人，使用登记，定期跟踪监督。

（九）专业效益

以点带面全面开展各项工作，专业效益显著。

一是积极参加技能大赛，成绩优异。2022 年，团队成员尽管参与大赛的机会减少，但还是获得了国赛一等奖 1 项、二等奖 3 项、三等奖 3 项，省赛三等奖 2 项。

二是应考尽考，积极引导学生参加职业等级认定考证。2022 年度团队成员组织 27 位学生参加国际货代从业员资格证考证，26 位学生取得证书，通过率为 96%；组织 144 名学生参加物流服务师职业等级认定，127名学生取得物流服务师三级等级证书，通过率为88%。

三是实习就业率高、企业满意度高。2022年7月，本专业3个班共91位学生到企业岗位实习，这是学院航空物流专业第一批到企业进行岗位实习的学生，实习就业率99%，企业满意度98%。

四是牵头广东省职业等级认定体系技术开发项目。团队成员牵头广东省技工院校职业技能等级认定体系技术研发项目——物流服务师（高级）、快递员（高级）工种题库开发。参与省运输代理服务员（货运代理）、供应链管理师工种题库开发。

五是参与粤港澳冷链仓储职业资历框架编制。团队成员参与广东省物流行业协会牵头的物流业（冷链）资历等级标准编制工作，撰写了"冷链仓储职能结构图"和"冷链仓储能力单元明细表"，开发能力单元，编写冷链仓储资历等级标准。

通过转化世赛货运代理项目技术标准开展专业建设，航空物流专业得到了高质量发展，在专业定位、课程建设、教学组织、师资队伍、教学环境、校企合作、社会服务等方面达到了预期建设的目标，为粤港澳大湾区发展提供了航空物流的"双高"人才。

广州市职业技术教育研究院
世界技能大赛中国（广州）研究中心
GUANGZHOU ACADEMY OF VOCATIONAL AND TECHNICAL EDUCATION
CHINA (GUANGZHOU) RESEARCH CENTER OF WORLDSKILLS COMPETITION

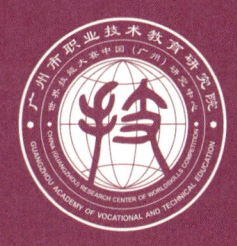

世界技能大赛促进课程教学

> 导 读

转化世赛标准　建高质量课程

蔡北勤[①]

技工教育的主要目标是培养适应区域产业经济发展需求的高技能人才。课程作为师生共同开展教学活动、建构学习共同体的载体,是技工教育目标转化为现实的核心纽带。技工院校的课程开发通常被看作学校内涵建设的重要抓手。以世赛为引领,以赛促教,广州市人力资源和社会保障局于2017年启动广州市技工院校课程负责人培养项目,以加快广州市现代技工教育创新发展为目标,结合广州市技工教育发展与布局调整的新形势,每两年培养一批课程负责人,提高师资队伍的能力水平,促进课程建设质量的持续提升。自2019年起,广州市人社局启动广州市技工院校精品课程建设项目,结合区域社会经济发展需求,以促进就业为导向,以培养"高素质、高技能"人才为目标,每两年从全市技工院校中遴选一批课程开展市级精品课程建设,逐步形成全市技工院校特色鲜明的课程体系。截至2023年,累计培育79门广州市技工院校精品课程,培养市级课程负责人107人。

泰勒把课程划分为目标、内容、组织和评价4个基本问题。关于课程目标的确立、课程内容的选择与组织,以及评价目标达成程度是任何类型的课程开发都要面对的核心问题。职业教育是面向工作世界的教育,其课程应当反映与工作世界的紧密联系。世界技能职业标准(WSOS)反映了项目相关职业的工作性质和从业人员的能力要求,为职业教育的课程目标设立提供了参考依据;其对职业工作内容的描述为

---

① 蔡北勤,男,广州市职业技术教育研究院(世界技能大赛中国(广州)研究中心)世赛研究部副部长,高级讲师。

职业教育的课程内容提供了良好的指引；竞赛过程的组织和竞赛项目的赛题评判则为职业教育课程的组织和评价提供了启示与借鉴。

对标世赛　精品课程亮点纷呈

广州市技工院校首批精品课程"系列服装设计"是服装设计与制作专业中的一门专业核心课程。课程建设团队成员依托校内服装基地，以学院原创品牌为载体，结合课程需求在课程任务中融入世赛时装技术项目内容和职业素养要求，以校内"服装成果静态展示""服装专业技能擂台赛暨校园专场招聘会""广东省大学生时装周优秀设计作品展演"等多个平台开展课程的多元评价，显著提升了课程教学效果。

市级精品课程建设团队成员曾担任世赛特别赛广州市选拔赛平面设计技术项目的裁判员，通过研究平面设计项目技术与标准制订世赛成果转化方案，借鉴世赛标准开展精品课程建设，如参考世赛项目知识与技能建设课程的学习任务、借鉴世赛标准开发课程考核标准、转化世赛集训教练团队建设经验培育师资队伍、参考世赛集训基地的建设方案建设课程学习实训场所、以赛促学培养高技能人才等，取得了较好的效果。

中坚师资　凝聚教师成长力量

广州市技工院校课程负责人是广州技工院校教师中坚力量的代表，是落实专业建设规划、凝聚团队教师提升课程教学质量的纽带。市级课程负责人钟雪老师通过研究世赛时装技术项目的技术文件和赛题，以课程建设为载体，将世赛标准融入课程建设规划方案，结合世赛标准要求改进服装设计图表现课程，开发了贴合企业工作需求的课程标准，课程内容融入了世赛评价标准。通过组织课程建设团队开展集体备课、日教学巡查、随堂听课交流、教学调查反馈、学生评教反馈等，提升团队教师的教学教研能力，取得了良好的效益。团队多名成员获

"全国技术能手""广东省技术能手"称号,学生参加各级各类赛事的成绩显著。

上述案例展现了广州技工院校教师转化世赛标准开展课程建设的探索。优质的课程是提高技能人才培养质量的关键,发挥世赛标准的先进性,构建与工作世界紧密联系的课程和课程体系是技工教育从业人员的重要课题,同时为广大技工院校课程开发提供参考。

世赛相关项目精品课程建设

世赛引领的"系列服装设计"精品课程建设

李 填[①]

"系列服装设计"课程是广州工贸技师学院服装设计与制作专业的核心课程之一，来源于服装企业的设计师岗位要求。该课程是通过行业、企业专家，课程专家对服装设计师岗位典型工作任务的分析得出，对培养学生具备服装设计师岗位的职业能力和职业素养起着重要的作用，同时也在专业人才培养过程中起着关键性的作用。

为了将"系列服装设计"课程打造成广州市精品课程，更好地为服装设计与制作专业人才培养工作服务，课程建设团队成员依托校企深度合作的背景，在课程设计、课程实施和课程效果等方面做深入的研究和实践。

团队成员立足现有基础，针对课程在教学资源、学习工作站、课程内容及教学设计、教学组织等方面存在的问题，持续以服装企业实际产品开发与生产工作过程为导向逐步优化，呈现较为突出的特色亮点：一是以校内服装基地为依托，以学院原创品牌为载体，为课程"落地"夯实了基础。二是工作过程系统化的课程设计和实施，可为毕业生缩短服装设计助理到设计师岗位的工作年限。三是课程中部分任务融入了思政元素、法国创意理念和世赛时装技术项目内容。四是以人社部专业课改为依托，基础扎实。五是国际知名大师和行业领军人物助力课程建设和实施。六是以校内"服装成果静态展示""服装专业技能擂台赛暨校园专场招聘会"及校外"广东省大学生时装周优秀设计作品展演"等三个平台为载体开展课程的多元评价，显著提升了课程教学质量。

[①] 李填，女，广州市工贸技师学院教务处副主任，服装高级讲师。

一、优化课程设计

1. 课程定位

"系列服装设计"课程是服装设计与制作专业中的一门专业核心课程。依据相关调研数据分析,广东省开办服装专业的院校已经突破了100所,本科类院校多数以培养创意设计方向的人才为主,高职类的院校多数是以培养会设计、会打板的应用型人才为主。为了所培养的学生将来有更广阔的就业前景,学院服装设计与制作专业定位是培养具有工匠精神和创新创业能力的会设计、懂打板、精制作、善生产管理的服装技能型人才。

通过大量的广东省服装行业、企业调研以及毕业生就业调查得知,广东省的纺织服装行业在全国占据龙头地位。设计师助理、女装设计师、QC(质检)人员、制版/样板师、面辅料采购、跟单员是广东纺织服装人才缺口较大的工作岗位。因此,学院服装设计与制作专业的人才培养目标是培养德智体美劳全面发展的社会主义建设者和接班人,主要培养政治素质高,具有良好的人文素养、文化传承的精神,掌握服装制版、服装制作、服装设计、服装生产管理等最新技术,具备审美意识和设计表达能力、使用设计和制版辅助软件能力,具备生产成本意识和创新意识,具备有效沟通、团队协作、爱国敬业等职业素养,并能面向服装生产加工企业、品牌服装企业、设计师工作室及服装商贸公司等企业就业,适应该类企业在服装制版、服装制作、服装设计、服装生产管理等岗位(群),胜任服装裁剪、服装熨烫、服装样板制作、服装样衣制作、服装设计、服装高级定制、服装生产管理等工作任务,爱国、敬业并立志为打造中国品牌服装而不懈努力的高技能人才。

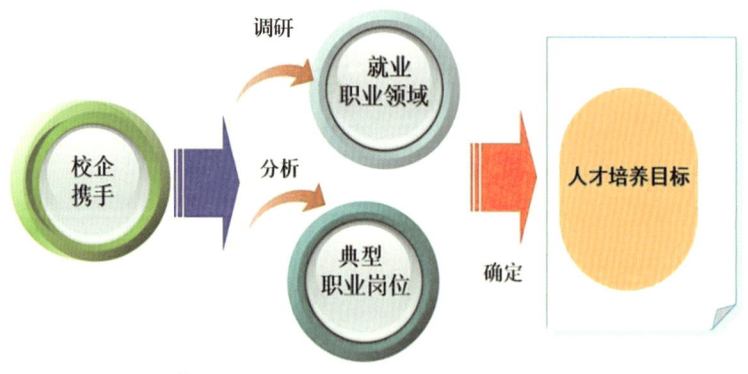

▲ 确定人才培养目标路径图

服装设计与制作专业以综合职业能力为培养目标,通过行业企业调研,对企业工作岗位、工作任务和职业岗位能力等进行综合分析,召开实践专家访谈会提炼出企业典型工作任务,并将其转化为一体化课程,按照服装专业技能人才成长规律进行课程排序,形成以中级工、高级工、预备技师为主的人才培养一体化课程体系,如表4-1所示。

表4-1 服装设计与制作专业一体化课程体系

序号	技能阶段	一体化课程	主要就业岗位
1	中级技能（中级工）	服装部件制作	服装裁剪 服装熨烫 服装制版 服装制作 服装设计 服装生产管理 服装定制
2		高级技能	
3		技师（预备技师）	
4		女上装制版	
5		女上装制作	
6	高级技能（高级工）	男装制版	
7		男装制作	
8		传统中式服装制版	
9		传统中式服装制作	
10		单品服装设计	
11		系列服装设计	
12		服装生产管理	
13	技师（预备技师）	高端服装制版	
14		高端服装制作	
15		服装品牌策划	

学生在学习"系列服装设计"课程前需有"单品服装设计"课程基础，该课程重点培养学生能进行裙子、裤子和上衣单一品类的服装设计，面辅料搭配和样板跟进等专业能力。学习任务设计以职业定向性任务、程序性任务为主。"系列服装设计"课程重点培养学生能根据不同的服装风格、穿着场合及职业工种分类进行上装、下装综合设计，面辅料选配，样板跟进及服装产品的静态和动态展示等专业能力。学习任务设计以蕴含问题的特殊任务为主，共设置了时尚装系列设计、休闲装系列设计、团体商务装系列设计、团体工装系列设计4个平行学习任务和8个递进式学习子任务。"服装毕业设计"课程（专业基础课，非一体化课程）重点培养学生能根据不同主题、不同风格、不同场合等不指定性服装进行综合设计与应用、面辅料选配与再造、服装样板跟进及服装静态和动态展示等专业能力。它的学习需有系列服装设计课程基础，学习任务设计为无法预测结果的任务。总之，"系列服装设计"课程是对学生前一阶段课程的升华，并为后一阶段课程的学习奠定基础，在专业人才培养过程中具有关键性的作用。

2. 课程标准

课程建设团队与合作企业携手，对课程标准包含的课程目标、课程内容、学习任务、教学实施建议、考核评价等内容进行了完善和优化。以企业工作任务为导向，重点关注培养学生在服装设计师岗位所具备的职业能力和素养，部分任务融入了课程思政元素、世赛时装技术项目整体装饰模块的内容以及评分标准。

3. 课程内容

"系列服装设计"课程第一个学习任务和第二个学习任务是强调能根据服装风格进行系列设计，第三个学习任务是强调能根据服务对象穿着场合进行系列服装设计，而第四个学习任务强调的是能根据不同职业工种进行系列服装设计。在设计时尚成衣类服装系列设计子任务的学习内容时充分发挥了校内"服装互联网＋创新创业基地"的优势，以学院原创品牌为载体，进行系列服装开发，这将有利于缩短学生毕业后从事服装设计助理到服装设计师的工作年限。在课程的知识类内容、技能类内容、创新类内容和职业素养类内容中也分别融入了中国传统文化元素相关知识、技能，法国时尚艺术与技术高等学院（ESMOD）的设计理念和方法，世赛时装技术项目中服装整体装饰模块的内容以及对场地安全、整洁卫生、时间把控、面料节约意识等内容。

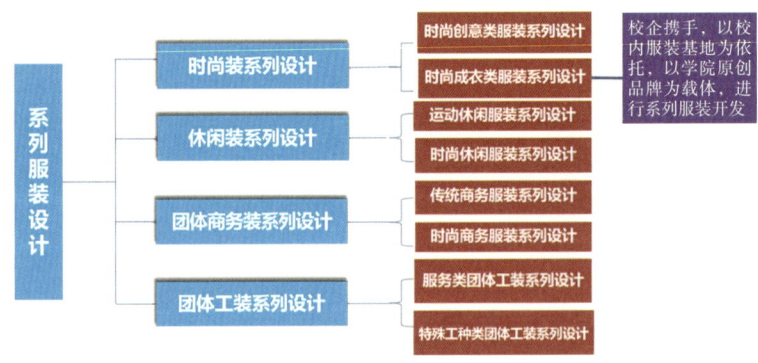

▲ 课程内容设计

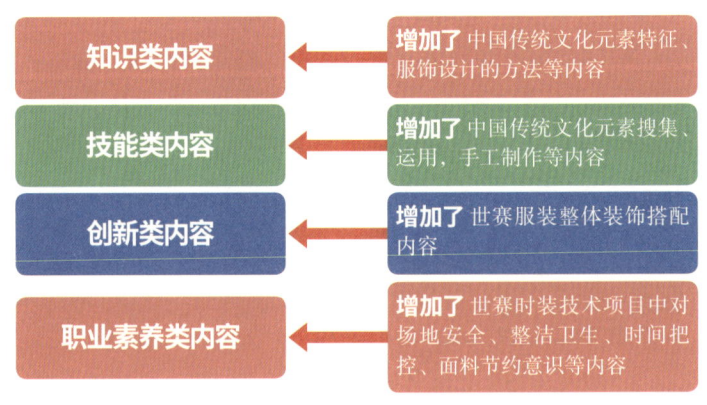

▲ 模块内容设计

二、拓展课程资源

为满足"系列服装设计"课程教学需要，提升教学效果，课程建设团队建设了丰富多样的教学资源，包括微课、课件、教学设计软件、时尚杂志、数字化立体资源、购买时尚网站使用权、服装相关技术文件等，其中总时长为 363 min 的 60 个系列服装设计微课全部为学院服装专业教师团队按一体化课程理念自主开发，提升了学生的学习兴趣和对服装设计师岗位工作的认识，如表 4-2 所示。

表 4-2　课程教学资源

序号	教学资源名称	类型
1	《系列服装设计》微课（共 60 个）	视频
2	《系列服装设计》慕课（共 10 个）	视频
3	《系列服装设计》课件（共 28 个）	课件
4	《系列服装设计》教学软件（PS\CDR/AI 共 3 套）	教学软件
5	蝶讯时尚资讯网相关资讯资料	会员网站
6	《系列服装设计》教具（上色工具、绘画工具等）	教具
7	《系列服装设计》教材（共 5 本，含自编工作页 1 本）	教材
8	时尚杂志（不少于 10 本）	书籍
9	时尚走秀及历届大学生时装周展演资料（3 套）	光盘
10	VR 服装材质三维虚拟呈现（不少于 500 种）	数字化立体资源
11	面料实物（不少于 100 种）	面料小样实物
12	服装行业、企业相关技术文件（1 套）	技术文件
13	《系列服装设计》考核评价表	技术文件
14	《世界技能大赛－时装技术项目技术文件》（共 3 套）	技术文件
15	《系列服装设计》教学设计（共 8 份）	文本资料
16	服装流行微信公众号（共 10 个）	其他

三、升级学习工作站

建设期内，课程建设团队结合服装企业设计师岗位场景和世赛时装技术项目对比赛场地的要求，优化了校内现有学习工作站，定期更新学习工作站成果展示区、面料展示区等，为课程实施提供了良好的保障基础。升级后的场地软硬件投入超过 300 万元，其中服装手绘设计学习工作站 2 间，服装面料学习工作站 1 间，服装电脑设计学习工作站 1 间，服装特种工艺设计学习工作站 1 间。

四、强化师资队伍

建设期内，课程负责人以学院原创品牌项目开发和法国 ESMOD 合作项目为抓手，全面提升师资队伍的综合职业能力，培养了 3 名课程校级骨干教师，1 名教师成长为服装高级讲师，新增 4 名企业兼职教师，1 名教师申报了市级课程负责人，并将接受终期评审认定。推选 4 名教师参与全国、市级公开课各 1 次，校级公开课 3 次并开展了听评课活动。组织专业老师参加了法国 ESMOD 高等时装学院的培训工作和师德师风建设等专题培训。服装组教师获得实用新型专利和服装设计类金奖各 1 项，教研教改、技能竞赛的奖项达近 10 项，发表论文 7 篇。

五、规范教学组织

团队成员在规范教学组织方面开展了如下工作：一是有序开展日常教学管理。在教学前，做好安排教学任务、落实场地教材、检查设施设备、检查课程授课进度计划及教案等工作。在教学中，开展了教学巡查、听课、学生评教及分析、教学文本阶段检查等工作。在教学后开展了评课、针对教学中出现的问题提出整改建议、跟进，场地检查、评比等工作。二是定期开展教研活动。开展了校内外专家听评课研讨，集体备课，课标、课程评价方案编写研讨等。三是积极制订和完善课程管理相关制度。制订服装专业校外学习工作站管理制度和服装专业学生市场调研管理制度，完善服装场地规章制度及操作规程等。四是加强学生的学习质量管理和教师的教学质量管理，促进"你追我赶"的学习氛围形成。改革期末课程考核评价方式，实施学业成果展示评比工作，实施课程笔记展示评比工作等，助推了课程质量的提升。

六、提升教学效果

团队成员开展了服装专业成果多元评价活动，以评促教。组织学生参加了"第六届中华杯国际服饰设计大赛""广州市创新创业大赛""广东省众创杯设计大赛""中华职业教育创新创业大赛""广东省大学生优秀作品设计大赛"等比赛，获得 1 金、1 银、1 铜、1 优秀和 6 "二等奖"的成绩。

基于世赛成果转化的"MG 动画制作"精品课程建设

邓兴兴[①]

2020 年 4 月,笔者担任了第 46 届世赛广州市选拔赛平面设计技术项目的裁判员,参与了比赛各环节的技术工作。赛后,学院计算机广告制作教研组专业教师全面和深入地研究世赛平面设计项目技术文件,启动平面设计专业课程改革,将平面设计技术项目任务内容转化为平面设计专业课程教学内容,全面提高课程质量,取得了较好的效果。

一、研究平面设计项目技术标准制订成果转化方案

(一)世界技能大赛平面设计技术项目分析

平面设计技术是世界技能大赛创意艺术与时尚竞赛类别中的一个竞赛项目,包括广告设计、编辑设计、信息设计、包装设计 4 个模块。该竞赛项目主要考核参赛选手平面设计、美术理论、Photoshop、Illustrator、InDesign 等专业设计软件方面的理论知识与技能。竞赛的技术指南中明确要求学生要掌握包括广告创意技巧、图形设计、出版物编辑设计、企业形象设计、印刷设计、平面制作、插图、排版并呈现最终产品及各种形式的图形解读,包括各种印刷品和立体包装的视觉设计。

评分标准充分体现了工作过程的完整性。比赛成绩分为主观成绩和客观成绩。主观成绩的评判是由主观裁判组成员,依据评分标准,对全部选手所完成的试件作品整体评审。客观成绩的评判是由客观裁判组成员打开试件作品原始技术文件,依据客观统一评分标准,对全部选手试件作品判分。客观成绩主要是考核选手在制作前能否正确阅读分析竞赛文件,提取关键词汇,检查比赛所提供的资料,合理计划好制作时间;制作过程中能否正确调整分辨率和图像的颜色模式,使用合适的 ICC(国际彩色联盟)色彩配置文件,在包装设计和编辑设计模块精确设置裁切线和出血位置,添加必要的裁剪标识或折叠线,最终正确输出印刷。制作完成后能不能按照要求对图像、文件等进行正确的格式存储,归档时应创建包含链接的图片、字体、源文件和生产文件格式等的完整的存档文件夹,以便进一步使用。并且在工作过程中是否正确使用电脑设备和打印机设备,以及工作环境是否整洁等。

(二)世赛成果转化方案制订

世赛的题目源自企业的实际工作任务,紧贴企业需求,还加入了一些前瞻性的技术和规范。把世赛标准引入课堂,既符合工学一体化课程改革要求,可以使课程快速达到企业行业标准,也避免了学生学的技术面临"毕业时已淘汰"的尴尬。

[①] 邓兴兴,女,广州市交通技师学院教师,高级讲师。

对此，课程建设团队系统地梳理平面设计技术项目的各项工作内容和评分标准，制订世赛成果转化到专业课程技能人才培养的方案，具体包括：根据平面设计技术项目的知识与技能优化为专业工学一体化课程；世赛的训练题目或比赛题目转化为相关课程的学习任务；参考世赛项目知识与技能，新建专业工学一体化课程；借鉴、迁移世赛标准，开发制订课程考核标准；世赛集训教练团队建设经验应用到师资队伍建设；参考世赛集训基地的建设方案建设专业工学一体化学习实训场所；集训资源转化为教学、学习资源；以赛促学、以赛促训，培养高技能人才。

根据世界成果转化方案，课程建设团队通过收集历年来平面设计大赛的赛题、评价标准等技术文件，总结第 45 届世赛和 2022 年世赛特别赛平面设计技术项目参赛选手的选拔、集训等经验，认真研究世赛平面设计项目赛题的新技术应用，比对学院计算机广告制作专业现有的课程和教学任务，优化专业现有工学一体化课程。其中把世赛平面设计项目模块一的广告设计的训练题目和比赛题目转化到海报设计课程中，把模块二的编辑设计的训练题目和比赛题目转化到杂志设计、画册设计的课程中，把模块四的包装设计的训练题目和比赛题目转化到包装设计课程中，根据 2022 年世赛特别赛世赛模块三信息设计的内容，新建了信息设计工学一体化课程。并根据市场需求新建了 MG 动画制作工学一体化课程。

二、建设《MG 动画制作》广州市技工院校精品课程

（一）制订课程规划，明确课程定位与课程建设目标

课程建设团队通过行业企业调研了解到动态图形设计和 MG 动画（motion graphics，动态图形）是企业现阶段的新需求，结合学院教学实际情况和学生学情制订了 "MG 动画制作" 课程规划方案，并将课程定位为计算机广告制作专业的专业核心课程。本课程的主要目标为：学生能运用平面设计和动画制作的知识技能进行动态壁纸、动态图形、移动传媒广告动画等 MG 动画设计制作，能够独立从事 MG 动画岗位的常规工作任务；课程注重培养学生社会责任、职业精神和实践能力，使学生具备良好的创新创业意识和工匠精神。

（二）参考世赛项目知识与技能建设课程的学习任务

世赛平面设计技术项目所有的比赛内容都来自对应工种的一线工作岗位任务，每个模块都是一个独立的工作任务。借鉴世赛赛题的设计思路，课程建设团队分析了多个企业的MG 动画设计师工作内容，组织企业专家、课程专家、专业教师研究讨论，根据 MG 动画设计师岗位职业能力特点，以 MG 动画制作工作过程为导向，兼顾学院教学及学生学习规律，确定了本课程的课程标准、学习目标及学习内容。课程标准要求课程教学的 MG 动画理论知识和软件技能需要具备行业的前瞻性和先进性；学习任务需要具备工作的完整性，

本课程包括动效图标创作、动态壁纸创作、商务 MG 动画制作、栏目片头动画制作 4 个学习任务，详见表 4-3；课程考核评分能体现工作的过程性，课程教学过程中需要包含职业道德、法律法规等岗位综合素养的内容。

表 4-3　"MG 动画制作"学习任务一览

序号	学习任务	学时
1	动效图标创作	32
2	动态壁纸创作	20
3	商务 MG 动画制作	64
4	栏目片头动画制作	64

（三）建设教学资源库完善一体化课程教学

根据 MG 动画制作课程内容，课程建设团队开发了校本教材、工作页、PPT 课件、微课视频等课程教学资源库，重点训练学生学做合一，具备 MG 动画制作岗位需要的专业技能和职业素养，并为后续学习任务奠定基础。详见表 4-4。

表 4-4　MG 动画制作课程教学资源库

序号	建设内容	单位	建设完成
1	课程标准	门	1
2	教学设计	本	1
3	校本教材	本	1
4	学习工作页	本	1
5	PPT 课件	套	20
6	微课视频	个	20
7	试题库	套	1
8	案例工程文件	套	1
9	课程视频教程资源	GB	50

教师在课堂教学的时候，依托超星学习通平台，采用"线上＋线下"混合式教学模式。课前，在线上观看思政和教学视频、微课和教学资料，利用工作页引导，完成课前预习，提前了解理论知识。课堂教学中按照 6 个教学步骤，明确学习任务，通过获取资讯内化和巩固理论知识；通过角色扮演、小组合作等教学方法梳理工作过程，强化设计意识，做出工作决策，突破教学重点；通过思维导图、分工合作等实施工作任务，完成工作任

务，攻克难点；根据考核评分标准进行检查修改，反复打磨作品；课后进行拓展，实现知识技能迁移。通过完成的工作过程进行学习，有效培养学生的职业认知、职业忠诚和职业自豪。

（四）借鉴世赛标准开发课程考核标准

课程建设团队借鉴世赛平面设计技术项目的评分标准，将"MG 动画制作"课程的考核标准分为主观评价和客观评价，对应课程学习目标的要求，依托信息化手段，结合过程性与结果性评价、学生自评互评、教师评价、企业专家评价等方式进行。

主观评价主要是对学生作品进行整体评审，考核环节包括成果展示、汇报和答辩，既考核任务完成情况，又考核团队合作和分析解决问题等综合职业能力。

客观评价主要在教学过程中实施，根据考核标准，按照工作过程完整性的原则，分为工作前、工作中、工作后三个阶段。工作前阶段包括：按时到岗考勤，检查工位设备使用情况，正确着装；制作前能否正确阅读分析项目文件，提取关键词汇，检查项目所提供的资料，合理计划好制作时间等等。工作中阶段包括：能否使用合适的软件，正确设置视频文件格式，使用动画黄金十二法则制作动画，进行音频编辑和添加，最终按照要求正确输出视频格式并发布等。工作后阶段包括：制作完成后能不能按照要求对图像、音频、视频素材等工程文件进行存储，归档时应创建包含链接的图片、字体、源文件，演示动画等的完整的存档文件夹，以便进一步使用。并根据 6S 管理要求完成学习实训室的清洁整理。

（五）世赛集训教练团队建设经验应用到师资队伍建设

课程建设团队根据以赛促改、以赛促教的指导思想，尝试将世赛集训方案与传统教学侧重点相融合，要求教师不断创新教学思路，根据学情分析数据进行教学策略调整，保证自身的教学方式更加适应学生学习的需求。在工作中，按照学校相关专业教师培养方案及工作计划，本专业教师通过学习考察、专业培训、课题研究、课程改革、技能竞赛、企业实践等途径，提高教师的工学一体化教学水平与教学研究能力，为工学一体化课程开发的全部过程提供有力保障。同时邀请企业技术骨干、工匠大师等精英参与教学活动，逐步渗透到各个教学环节中，以满足企业个性化需求。

（六）参考世赛集训基地建设课程学习场所

先进的技术需要先进的设计设备做支撑，课程建设团队结合计算机广告制作专业成为广州市技工院校重点建设专业的契机，升级了 MG 动画制作学习实训室。该实训室配备网络、电脑、多媒体设备、语音系统，除了建设资料查阅区、讨论区、实训区、展示区外，还根据专业技术需求添加了必要的印刷装订设备。实训室能为 MG 动画制作学习任务授课提供很好的软硬件条件，并能为世赛平面设计技术项目集训提供支持和保障；将教、学、做融合在一起。课程建设团队还新增多家校外实训基地，定期为学生开展 MG 动画制作、平面设计等岗位的企业实践学习。

（七）以赛促学以赛促训

课程建设团队利用世赛影响力，在学生群体中宣传推广世赛，组织学生参加国家、省市各层级、各类技能竞赛，借鉴世赛选手选拔、培养的成功经验，将技能竞赛与课程教学相结合，利用比赛激发广大学生"学知识、练技能"的热情，彰显技能的价值，激发学生从事技能相关职业的内动力。在备赛培训中注重提高学生专业技能操作水平，根据比赛文件合理对接新知识、新技术、新技艺、新方法，力求竞赛技能符合生产岗位实际需求，培养符合企业要求的高素质技能人才。

三、总结与思考

转化世赛开展"MG 动画制作"工学一体化课程建设取得了阶段性成果，但还有一些环节可以提升：

（1）世赛转化工作不是一蹴而就的，需要长期坚持。团队成员要对照世赛标准找差距，不断提升优化专业课程。每一位教师需要不断更新教育教学理念，在日常的教育教学活动中自觉融入世赛理念，提高教育教学效益，优质的教学资源普惠到众多学习技能的莘莘学子。

（2）广告行业新技术发展导致人才技能需求不断提升，近年出现的 AI 技术在逐渐改变广告行业的生态，一些简单的设计任务可以通过 AI 自动生成，设计师需要具备更多的技术能力，如 AI 算法、编程等。设计师需要具备更强的创意思维和设计能力，才能在激烈的行业竞争中脱颖而出。只有与 AI 技术结合，才能更好地适应广告行业的未来发展趋势。

（3）借助世赛提升校企合作的深度，加强校企合作中的企业遴选机制，选择技术过硬、有行业竞争力、愿意参与教学研究、能够接受教师企业实践的企业，深度开展产教融合。积极拓展校外实训基地，使其校外实践内容与课程标准、学习任务、课程目标相匹配。每学期确保学生能进企业开展课程实习、生产实习，学习掌握生产一线实际问题，以实现技能实训、岗位体验、就业实践等。

世赛相关项目课程负责人培养

"服装设计手绘"课程建设

钟 雪[①]

广州市白云工商技师学院服务于大湾区服装、服饰产业发展,形成了以服装设计与工程,服装设计与制作、服装设计与品牌策划、时装技术等专业协同发展的服装专业群。课程建设团队依托服装专业群,推进"服装设计手绘"课程建设,促进课程建设团队的能力提升。

一、课程规划

课程建设团队按人社部一体化课程建设规程进行课程规划。每年开展了行业企业调研,通过召开实践专家访谈会,结合服装设计助理岗位要求,对典型工作任务与职业能力进行分析和重新梳理,转化成服装设计手绘一体化课程,通过团队研讨,形成了"服装设计手绘"课程框架。课程以服装专业学生职业素质培养和专业设计绘图基础技能训练为目标,分析服装设计助理工作岗位职业特点,以合作企业"广州女子会舍服装公司""广州歌莉娅服饰有限公司"服装设计工作案例项目为载体,围绕服装手绘工作主线,结合历年来参加各类服装设计大赛成果和经验,以世赛时装技术项目的技术文件及技术考核标准手绘部分要求为评价标准,将服装人才综合素养培养贯穿整个课程学习过程,形成课程建设方案。

▲ 校培养懂结构、会工艺、精设计的高技能人才

---

① 钟雪,女,广州市白云工商技师学院服装系专业带头人,高级讲师。

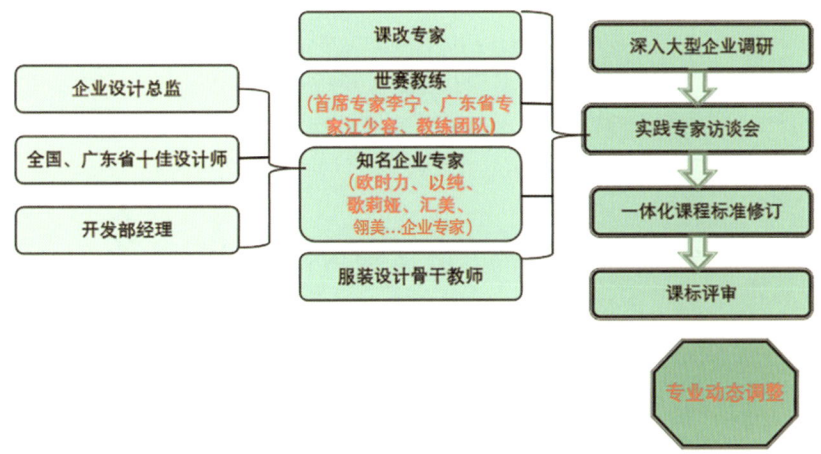

▲ 校企共同研讨

二、课程标准

"服装设计手绘"是服装类专业的一门专业基础课程。课程培养目标为培养学生能使用各种服装绘图工具和表现技法，手绘校服、社交服的服装效果图和服装款式图，能运用绘画手段直观形象表达服装设计构思，为结构设计和工艺设计提供依据。为服装设计、服装款式设计等后期专业核心课程学习奠定基础。

通过本课程学习，学生应能运用人体绘制的方法和步骤绘制服装人体和人体组合；能根据服装风格绘画服装人体着装线稿；能根据服装着装线稿合理绘画各种面料的质感，准确表现服装效果；能快速理解客户需求并设计草图；能根据要求绘制服装款式图，准备表达工艺细节；具有良好严谨规范职业素养，能认真遵守与执行设计绘画工作规范要求。

三、课程内容

课程建设团队对接世赛技术文件要求开发，根据服装设计图绘画工作流程，以服装设计职业实践为主线设计课程内容，引入校企合作企业四季服饰设计真实工作项目，构建了包括绘制裙子生产图、运动风格服装速写、国内外商务品牌服装拓写等 12 个具体学习任务，使学生通过真实企业任务学习服装手绘的表现方法，并能通过手绘方式顺利表达设计构思，培养学生的美学素养和服装设计思维。

课程建设团队通过实训课题的安排、作业的指导和讲评，面对面地与学生交流，帮助学生掌握手绘的表现技法。

四、课程资源

"服装设计手绘"课程已建设完成包括一体化课程标准、教学设计、系列化课件、学生学习工作页、考核方案和题库、视频资源等课程资源。

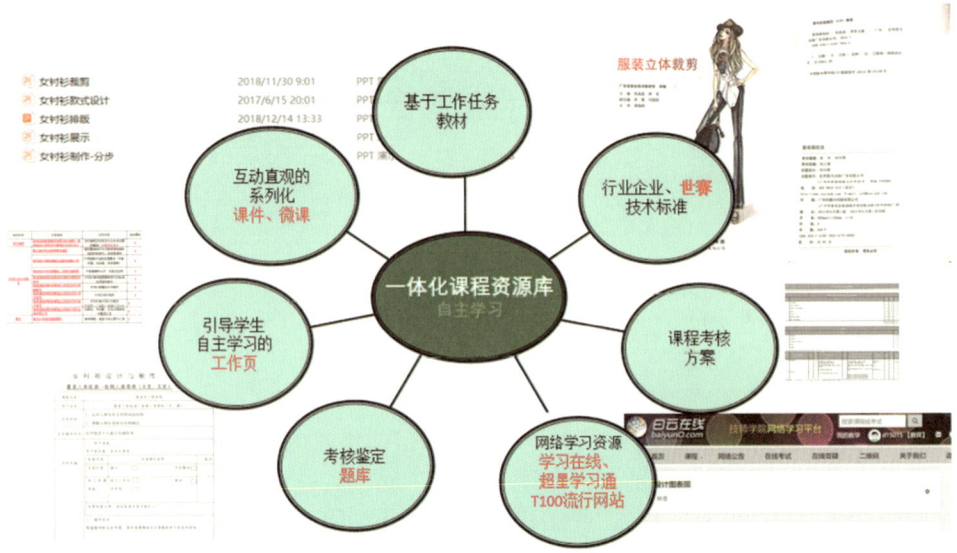

▲ 教学资源

五、课程师资

"服装设计手绘"课程共有 6 名专任教师，2 名企业兼职教师。多名教师为广东省技术能手，部分教师还兼任企业设计师、设计总监等职。为提升教师的课堂教学及教学管理能力，课程负责人主要从定期组织教师参加校内外培训、定期对团队教师开展听课指导、采用集体备课模式，开展课程团队公开课等方面进行师资队伍的建设。

六、课程场所

学院建有第 45 届世界技能大赛时装技术项目中国实训基地，与企业签订校企共建校外实习基地，与北京李建刚服装设计工作室建立校内大师工作室。教师团队运用世赛时装技术基地、服装研发中心实训室等场所开展教学。定期安排学生到合作企业采风绘图。

七、教学组织

教师根据学生认知特点与学习发展需要，采用项目化、工作流程式的教学方法开展教学。以真实工作项目为引领，采用情景模拟、案例分析、翻转课堂等混合式教学方法开展教学，采取项目过程考核和课程综合考核相结合的考核方式，考核标准依据企业岗位要求及世赛人才培养规格，融入企业、世赛元素，采用多维度、多主体、多元化的课程评价，全面深化课堂教学改革，构建立体化"三个课堂"并持续改进，有效实施综合育人。

▲ 构建"三个课堂"

八、课例研讨

在课程建设过程中，教师团队依据课程标准在校内开设公开课、系级示范公开课，开展教研室研讨会并进行课例研讨等，通过学生座谈会等方式收集学生评教反馈意见，依据学情动态调整课程的学习目标、学习内容，让学生在课堂上能够更好地融入职业角色积极完成学习任务，提高课程教学效率和教学效果。

九、课程效益

本课程师资及课程内容在各级各类时装技能大赛中发挥重要作用，师生均取得优异成绩。陈冬梅老师获得"全国技能能手"称号；钟雪、李少萍、陈冬梅老师获得"第45届世界技能大赛广州市最佳指导教师"称号。团队教师指导学生参加2019年大学生时装周首次获得技工类院校金奖；指导学生参加2019年大学生时装周指定面料大赛，首次获得最佳面料运用奖；指导温彩云同学参加第45届世界技能大赛时装技术项目获得金牌。

世界技能大赛提升师生发展

| 导 读 |

探索标准应用　促进师生成长

盘笑莲 [①]

　　素有"世界技能奥林匹克"之称的世界技能大赛,是世界各国和地区技能高手切磋交流、比拼学习的高水平国际竞技舞台。世赛对中国职业教育的作用是多方面的,在促进培养和选拔优秀技能人才的同时,能够引领教师通过专业发展促进专业技能学习和水平提升,推动职业院校专业建设与课程改革,促进学生创新创业能力提升,增进教师与学生间的互动。随着中国在世赛上的成绩不断取得进步,越来越多的师生借鉴世赛,通过引入世赛理念,对照世赛技术标准,改进教法与学法,积极转化世赛成果,以赛促学,以赛促赛,赛学相长,将世赛标准真正落实到课堂,为技能人才的创新培养筑牢根基。国内不少职业院校在创新创业的实践中融入世赛研究、科学备赛,掌握最新的科技动态、新方法、新工艺和新技术,提升教师创新素质,促进专业知识与创新创业知识的耦合,培养学生的思维、能力、意识和态度,促进学生的全面发展。自2011年起,广州市每两年举办一届技工院校教师职业能力竞赛。截至2023年10月,累计培养市级教学能手113人,班主任业务能手34人。此外,广州市还每两年举办一届技工院校师生创新创业大赛,截至2023年10月,累计遴选表彰双创项目1700余个。广州市技工院校教师职业能力竞赛和广州市技工院校师生创新创业大赛隔年交替举办,成为与职业技能竞赛并驾齐驱的赛事,并逐渐成为技工院校技能竞赛的一面旗帜,也成为技工院校师生探索

---

① 盘笑莲,女,广州市职业技术教育研究院(世界技能大赛中国(广州)研究中心)教研员,讲师。

世赛标准应用实践的展示活动之一。

本部分挑选在广州市技工院校教师职业能力竞赛和广州市技工院校师生创新创业大赛中与世赛项目相关的优秀教学设计和创新创业项目部分作品,展示广大师生转化世赛标准开展世赛在教学和创新创业过程的探索应用,鼓励更多技工院校师生探索将世赛先进的理念、标准规范等进行本土转化,并广泛应用,以促进中国技能事业整体水平的提升。

赛教融合,赋能教学能手辈出

教师职业能力竞赛是教师成长的必要环节,通过参加比赛,可让教师逐步实现"新手""熟手""能手""高手""专家"成长目标。借鉴世界技能大赛先进的技能理念、技术标准、评价体系,广州市技工院校教师在教师职业能力竞赛中创新发展,通过对世赛项目研究,将赛项技术标准转化到日常教学工作中,探索改进技能人才培养模式,真正实现以赛促教、以赛促研、以赛促建和以赛促创,着力提升专业人才培养质量。

例如,"羊城工匠杯"2019年广州市技工院校教师职业能力竞赛教学能手——王沿斌老师,通过结合世界技能大赛原型制作项目技术能力要求,设计了以培养符合手板模型行业CNC手板制作师为目标的学习活动,探索将世赛选手的培养要求和方法运用到原型制作技能人才培养中,取得良好效果,具有较高教育价值、学习价值、应用价值和社会价值。

专创融合,双创师生硕果累累

借助参与世界技能职业标准转化、参赛经验、集训基地和技能大师工作室的优势,广州市技工院校师生积极开展应用新技术创新创业项目。在广州市技工院校师生创新创业大赛中,探索将创新创业与世赛并行发展、联接和推广，促进融合发展。通过以赛促建，为学生提供良好的学习环境和发展平台；以赛促教，培养具有世赛经验的师资；以赛促研，开发专创融合课程，探索育人新模式；以赛促创，筑牢创新创业发展根基。

例如，王飞老师的创新赛项目作品"大型中央空调通风管道清洁智能机器人"荣获"羊城工匠杯"2020年广州市技工院校师生创新创业大赛金奖。依托世界技能大赛中国集训基地的良好平台，移动机器人项目教练团体带领竞赛集训学生经过大量的市场调研、详尽的产品设计与样品研制以及几百次的产品测试和上百次的实地应用反馈，最终开发出一款大型中央空调风道清洁智能机器人。该产品融合了机器人、人工智能及5G通信技术，凭借产品轻量化设计、扁平管道高通过性、智能、可视、多控等核心优势，实现了清洁效果2倍提升，智能化程度大幅提升。

又如，汪旭老师及其团队依托世赛园艺项目中国集训基地、国家技能大师工作室和园林继续教育基地等教育资源，在双创培育和竞赛经验的基础上将造园与盆景元素提炼融合到产品开发中，指导学生团队孵化出双创项目"古树说——情感治愈类自然体验产品"，提倡人与自然和谐共生，把自然教育、劳动教育和品德教育融会贯通，用"绿色技能"服务社会。

广州技工教育坚持以服务发展为导向，以创新发展为主线，以高技能人才培养为核心，逐步走出一条技能人才与就业、创业、产业紧密相结合的新路子。在世赛的引领下，广州市技工院校的师生在技能竞赛、双创教育征途上探索拼搏，依托世界技能大赛，深化校企合作，产教融合，优化课程体系建设，助力教师职业能力素质提升，助力学生创业就业，助力区域经济高质量发展，为经济社会发展打下坚实的人才基础。

世赛相关项目教师教学能力竞赛获奖作品

四轴无人机上盖壳体的正反面 CNC 加工 ①

王沿斌 ②

一、选题价值

1. 选题来源

原型制作是指在没有生产定型或没有开模具前提下，根据设计图先做出一个或几个用来验证外观或结构设计合理性的功能样板，是产品设计中的试制开发环节，处于制造业微笑曲线的高端上游，属于高附加值的制造产业。广州市技师学院（以下简称"学院"）培养的选手在第 44 届世界技能大赛中获得了原型制作项目的金牌。

为进一步促进世赛原型制作项目的成果转化，学院依据人力资源社会保障部《一体化课程开发技术规程》，开展原型制作行业企业调研，召开实践专家访谈会，并结合世界技能大赛原型制作项目技术标准（以下简称"世赛标准"）转化构建了原型制作专业一体化课程框架。

▲ 手板模型企业调研　　▲ 实践专家访谈会　　▲ 世赛技术标准

---

① 本作品荣获"羊城工匠杯"2019年广州市技工院校教师职业能力竞赛微教学能力竞赛金奖。

② 王沿斌，男，广州市技师学院教师，高级讲师。

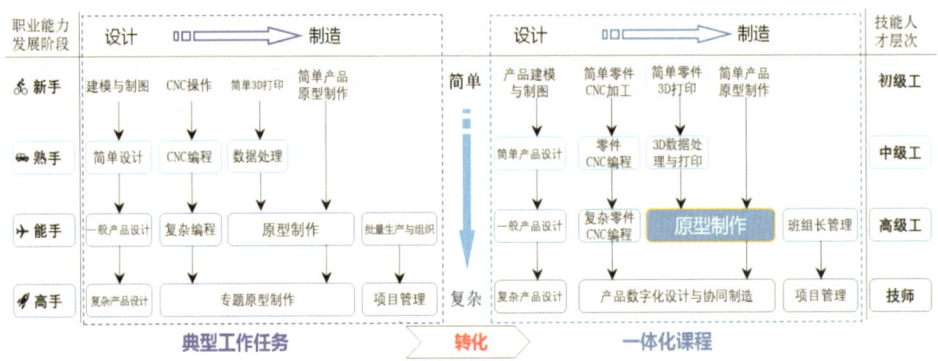

▲ 原型制作专业一体化课程框架

根据技能人才的认知与成长规律，遵循从简单到复杂，从单一到综合的教学原则，本门课程共有八个学习项目，其中第一至第五个学习项目为单一材料或单一制作工艺的模型制作项目；第六至第八个学习项目是难度递增的综合性项目，其中，项目八"四轴无人机模型制作"是本门课程中运用多种制作工艺的、最具综合性的学习项目。

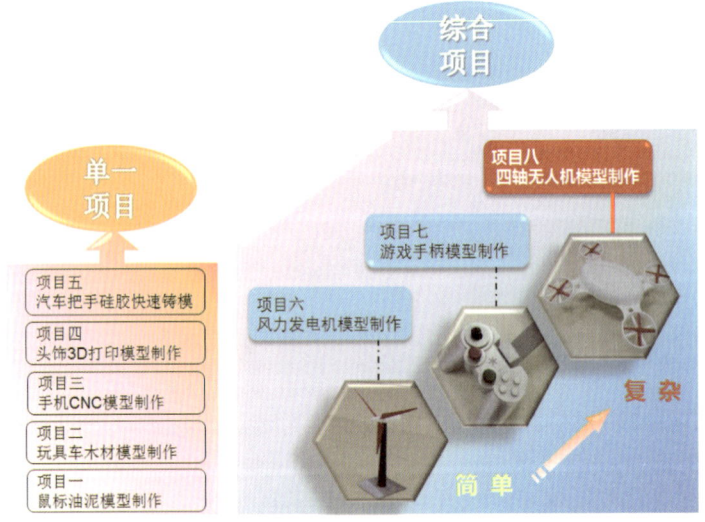

▲ "原型制作"学习项目构成

2. 学习任务价值

该任务改编自世界技能大赛原型制作项目选拔赛试题，来源于某无人机公司委托某手板企业的四轴无人机新产品研发项目，依照真实工作流程分为八个学习任务，本次课是第六个学习任务中的第三个学习活动。

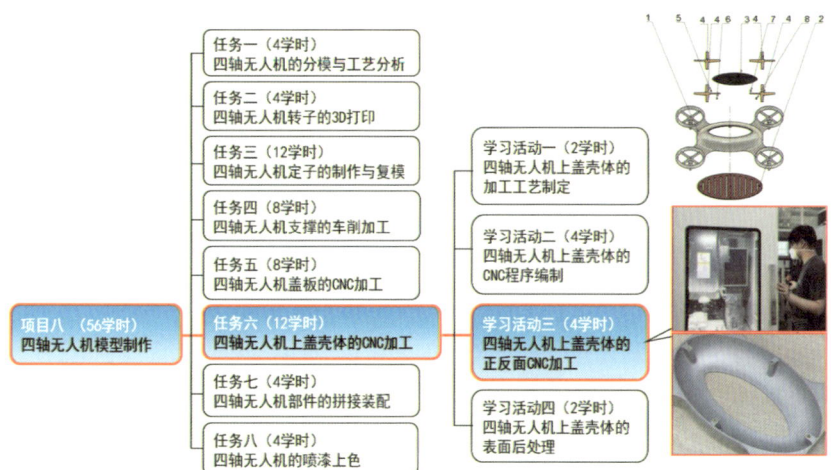

▲ "四轴无人机上盖壳体的正反面 CNC 加工"学习活动分析

其中，薄壁壳体零件的 CNC 加工极易产生零件变形、断裂崩边等现象，是手板企业实际生产中的工艺难题，是世界技能大赛的比赛重点考核内容之一，手板企业常用速凝石膏填充在零件型腔内部，石膏固化后即可起到加固支撑零件内壁的作用，提高加工外壁的刚性，避免加工薄壁发生变形等缺陷。此外，薄壁壳体翻面加工另一面需要重新安装定位和设置工件坐标系，常规寻边找正的方法很难实现，在企业实践生产中，形成了用四角治具定位来快速找正反面后工件坐标系的方法。

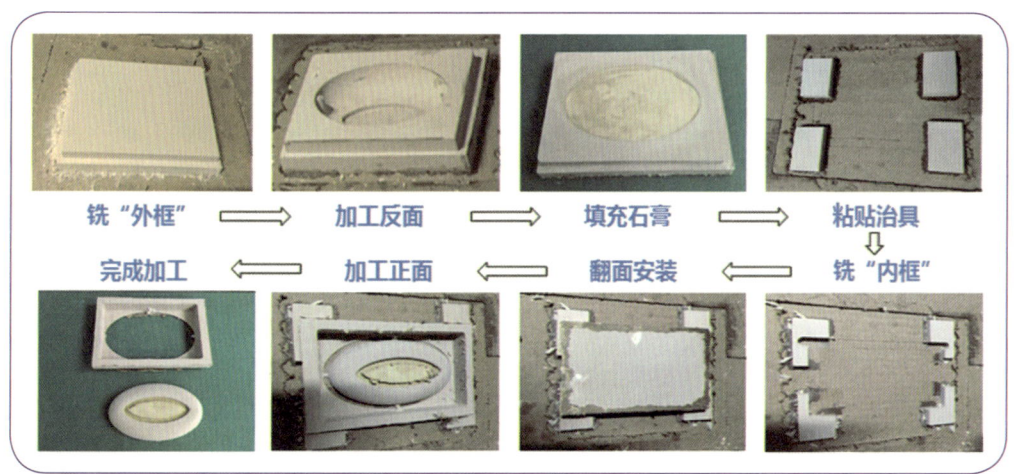

▲ 无人机上盖壳体正反面 CNC 加工工艺方法

二、学情分析

教学对象为 2016 级原型制作专业高技五年班，该班是初中起点，包括 19 名男生 1 名女生，共 20 人，平均年龄 19 岁，授课时间为第三年第二学期。为了深入全面地了解教学对象，从学习基础、学习能力、学习态度、学习兴趣、学习习惯和学习方法等六个方面进行学情分析。

▲ 学情分析图

三、学习目标

1. 课前目标

学生观看手板模型企业薄壁壳体零件支撑和定位的微课，在学习工作页引导下自学"石膏填料法"和"四角定位法"编写流程图，录制操作步骤简述语音。

2. 课中目标

（1）依据设备操作手册和工艺文件，在教师的指导下，小组合作运用"石膏填料法"和"四角定位法"，操作 CNC 机床在 160 min 内按图纸技术要求加工无人机上盖壳体。

（2）按照世赛原型制作项目的"组织管理、表面质量、尺寸精度"等评价标准和 6S 现场管理要求，培养学生认真严谨的工作作风、实事求是的工作态度、节约环保的工作意识和精益求精的工匠精神，养成良好的劳动习惯。

3. 课后目标

（1）借鉴世赛选手训练总结模板，从成绩分析、存在问题、改进方法和完善计划四个方面完成"任务总结报告"，反思课中所学内容。

（2）小组合作完成包含工序流程、刀具选择、切削参数的遥控车外壳加工工艺卡并上传云班课。

四、学习内容

（一）工作任务情境创设

某手板企业接受设计公司一款四轴无人机订单，生产部对四轴无人机外壳模型的生产进行了工艺分解，制订了各零部件的制作工艺方案和生产进度计划；CNC 加工部接到任务生产单和加工程序后，立即组织 CNC 班组进行生产。上盖壳体的 CNC 加工工时为 160 min，材料为代木，壳体顶部壁厚 0.8mm，毛坯尺寸为 185mm×135mm×25mm。

（二）学习活动内容分析

依照学习内容对接工作内容的原则，利用鱼骨图技术，以工作过程为主线，对四轴无人机上盖壳体的正反面 CNC 加工过程中涉及的主要知识、技能、素养等要素进行深入的剖析。

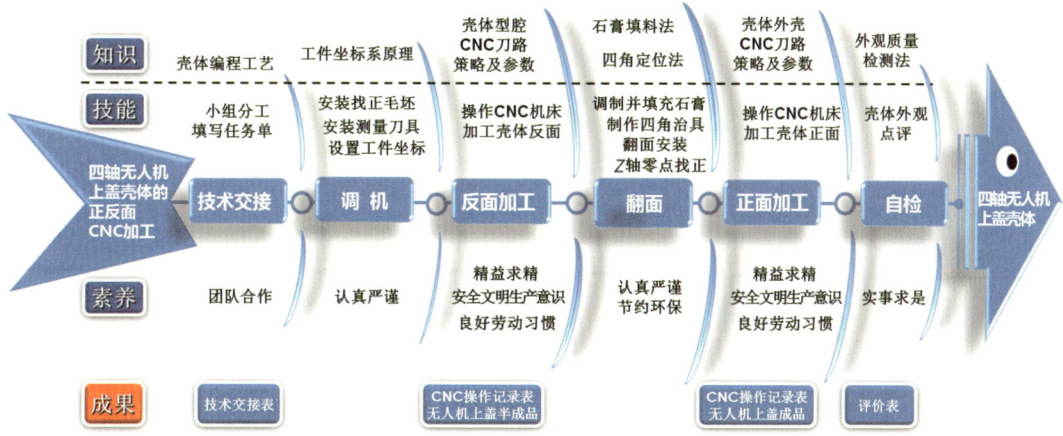

▲ 学习内容与工作内容对接分析

（三）重点、难点分析与突破化解方法

根据学习目标，结合学习内容及学生的实际情况，确定了本课题重点、难点的突破和化解方法，详见表 5-1。

表 5-1　重点突破与难点化解

学习重点		
重点内容	"石膏填料法"和"四角定位法"的操作方法	
确定理由	薄壁壳体类零件 CNC 加工是世赛的主要考核内容之一，其中石膏的调配填充和四角定位治具的制作是手板企业 CNC 加工岗位的关键技能	
重点突破	课前	（学）自主学习微课；（教）教师在线答疑；（做）填写学习工作页
	课中	（学）小组角色扮演，相互帮助学习；（教）教师示范关键步骤；（做）按工艺步骤和学习工作页指引逐步完成加工
	课后	（学）总结反思，举一反三；（教）在线点评，个别指导；（做）编写任务报告，完成拓展任务
学习难点		
难点内容	翻面后的工件坐标系设置	
确定理由	部分学生空间想象力不足，对"四角定位法"原理理解不透，翻面后习惯性地"分中找正"，容易弄错工作坐标系及 Z 轴零点位置	
难点化解	在真实工作情景下，充分运用工作页、微课等学习资源，结合教师讲解示范和差异化指导，让学生在实践行动中"做中学"	

五、学习资源

基于情境学习理论的教学要求，为学生提供了贴近原型制作真实工作环境的学习环境，体现问题引导下的数字化和非数字化的软件资源及满足"做中学、学中做"要求的硬件资源。

本任务的学习环境采用工学一体的原型制作学习工作站,该工作站参照世赛原型制作项目场地布局和设施设备而建设的,面积约 1 000 m²,设备总价值约 1 200 万元,由工位区、学习讨论区、工作区(普通加工区、数控加工区、3D 打印区、抛光区、喷漆区和工位区)、CAD 设计室/资料查询区和成果展示区等组成。

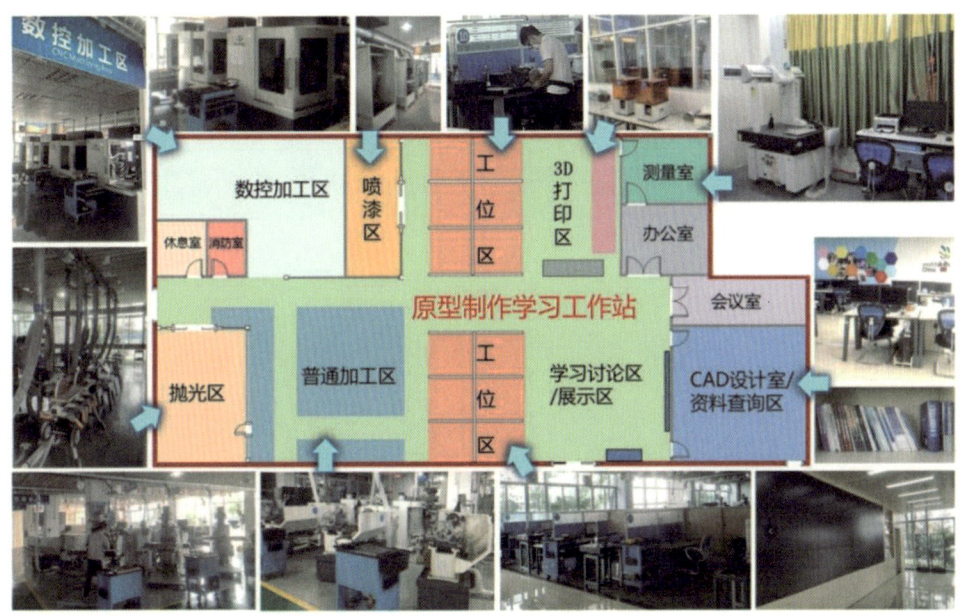

▲ 原型制作学习工作站

该场地除满足世赛选手训练和比赛需求外,还承担常规教学任务,是原型制作课程的主要学习活动场所,能提供 12 个工位供常规教学班的学生学习。普通学生可以在此"零距离"观摩世赛选手日常训练。从进入场地学习的第一天起,就能让学生沉浸在世界技能大赛的真实氛围中,无形中激发了学生的学习热情和学习主动性。

此外,该场地还配备了八类网线数字化资源和六种非数字化资源,开展混合式学习,将学习时空延伸至课前课后,提高学生学习兴趣和学习效率。

六、教学实施过程

教学实施过程中,设置了课前探究,课中内化,课后拓展等环节,具体实施过程详见表 5-2。

表 5-2 教学实施过程

课前探究		
教学环节	学习内容	学生活动
翻转学习（课前）	1. 企业生产工艺微课"石膏调料法"和"四角定位法" 2. "石膏填料法"和"四角定位法"工艺流程	1. 看微课：云班课上观看微课 2. 写流程：按工作页的指导，编写操作流程 3. 做测验：在云班课上完成课前测试 4. 说步骤：录制一段叙述石膏填料和四角定位的操作流程的语音上传云班课作业

课中内化		
环节一 技术交接（15min）	1. 无人机上盖壳体编程工艺 2. 技术交接的工作方法和要求	1. 分角色：小组内部进行程序员、操作员、安全员、监督员的分工 2. 换程序：小组之间相互技术交接，互换程序，明确加工程序，确认刀具、工件坐标系原点等技术要求、接收程序、填写 CNC 加工技术交接表并签字 3. 领材料：小组领取刀具、量具和材料
环节二 加工准备（15min）	1. CNC 加工的工件坐标系原理 2. 刀具安装、坐标设置、程序导入等 CNC 加工准备操作	1. 验刀路：仿真检验刀路有无干涉，确认程序原点，确定工艺顺序流程，明确坐标系和对刀方法 2. 验工具：检查 CNC 机床，整理刀具、工具和量具 3. 备加工：装夹毛坯、安装并测量刀具、设置 CNC 加工坐标、导入 CNC 加工程序
环节三 反面 CNC加工（30min）	1. 无人机上盖壳体反面 CNC 加工型腔刀路策略及切削参数 2. CNC 自动加工的操作	1. 观加工：操作员安全操作 CNC 机床，程序员监控程序运行，安全员检查操作步骤并拍照记录，监督员填写 CNC 操作记录表 2. 遵工序：小组合作按照技术交接表的工艺流程，正确编排加工顺序，调用刀具和程序，完成上盖的反面 CNC 加工，检查工件加工效果和外框尺寸

教师活动	教学手段	教学方法
1. 下任务：提前在云班课上发布微课和测试题 2. 答疑问：在线答疑、讨论 3. 查效果：统计测试结果，分析课前学习效果，预判课中操作环节需要差异化指导的学生	1. 云班课 2. 微课 3. 云班课测试 4. 微信群	引导文教学法
1. 讲安全：点评课前预习，开展安全教育 2. 说分工：讲解组内分工，明确程序员、操作员、安全员、监督员 4 个岗位职责 3. 说交接：讲解小组之间技术交接要求，明确加工工艺步骤、交接表重点交接内容 4. 评交接：检查各组分工和技术交接表填写情况，及时纠正小组交接中出现的问题 5. 发材料：发放毛坯、刀具和工量具等，宣布竞赛开始	1. 电子屏 2. 技术交接表 3. 图形工作站	课堂讲授法 角色扮演法
1. 查准备：巡回检查各组程序仿真验证和机床准备情况，观察记录各组成员团队合作情况 2. 纠规范：巡视，个别指导、及时纠正学生的不规范操作，强调 CNC 加工的安全操作规程	1.CIMCOEdit 仿真软件 2.Fusion360 软件 3. 图形工作站 4.CNC 高速精雕机及工量器具	项目教学法
1. 督加工：巡回指导，观察各小组上盖反面的加工情况，及时跟进点拨指导学生处理问题，记录各小组合作情况 2. 保安全：指导学生处置 CNC 加工时可能出现的异常情况（机床报警、电气故障等），保障人员和 CNC 机床设备安全	1. CNC 操作记录表 2. CNC 高速精雕机及工量器具	项目教学法

(续上表)

教学环节	学习内容	学生活动
环节四 石膏填料 (20min)	石膏填料法的操作工艺： 1. 先加水，再加石膏粉（水与石膏粉的配比约 2:3） 2. 搅拌均匀石膏浆粉 3. 向型腔填充石膏浆粉 4. 按照 6S 标准清理整顿工位区和机床台面	练操作：学生参照学习工作页或微课中石膏填料的工作步骤进行操作；填写工作页中的学习过程记录
环节五 翻面安装 (20min)	四角定位法的操作工艺： 1. 确定翻面坐标系 2. 粘贴四角治具板 3. CNC 铣削治具板 4. 清理剩余残料 5. 翻面安装，并用 502 胶水固定工件	1. 做治具：参照学习工作页或微课中四角治具制作的工作步骤进行操作，检查治具的内框形状尺寸，填写工作页中的学习过程记录 2. 悟原理：小组按照四角定位法的工艺步骤操作，讨论思考四角定位法的原理，完成上盖壳体的翻面安装，在工作页中简述四角定位的原理
环节六 正面 CNC加工 (30min)	1. 无人机上盖壳体正面 CNC 加工刀路策略及切削参数 2. 6S 整理整顿	1. 得成果：小组严格按照工艺流程顺序操作 CNC 加工正面，切割分离得到上盖壳体成品 2. 查卫生：清理整顿 CNC 加工区、工位区，小组互相检查 6S 整理情况
环节七 成果展评 (30min)	1. 小组学习过程评价标准 2. 外观加工质量检查标准 3. 尺寸精度测量方法	1. 评队友：小组线上相互评价学习过程中的表现 2. 展成果：交换展示加工成果，观察加工品质，并用专业术语点评 3. 互投票：观察上盖壳体外观加工质量进行投票 4. 看评价：学生观看世赛中国队获奖视频，观看世赛教练裁决评判、三坐标测量和教师总结
课后拓展		
课后 总结提升 巩固拓展	1. 线上教学评价 2. 学习任务总结报告 3. 遥控车外壳制作的工艺流程	1. 评课堂：学生通过手机扫码，完成本次学习效果调查问卷，反馈学习效果和意见建议 2. 写总结：编写学习任务总结报告 3. 拓本领：制订遥控车外壳的加工步骤，填写工艺流程卡

教师活动	教学手段	教学方法
1. 示标准：教师示范石膏填料的标准操作步骤 2. 查练习：教师巡回检查记录各小组完成石膏填料的工作情况 3. 纠错误：教师纠正个别小组的不规范操作，记录各小组的操作过程 4. 查卫生：教师检查小组石膏填料后，各工位区清洁情况	1. 微课"石膏填料法" 2. 学习工作页 3. 石膏填料的工具和材料（石膏粉、水等）	项目教学法 模拟教学法
1. 查练习：教师巡回检查记录各小组完成四角定位的工作情况 2. 破疑难：观察各小组翻面安装的正确性，针对翻面操作有问题的小组，引导学生开展小组讨论，运用虚拟仿真技术，结合现实上机操作体验，帮助学生领悟四角定位法的原理	1. 微课 2. 学习工作页 3. 仿真软件 4. 模拟动画	项目教学法 头脑风暴法 课堂讲授法
1. 督加工：巡回指导，观察各小组上盖正面的加工情况，记录各小组合作情况 2. 保安全：指导学生及时处理 CNC 加工时的可能出现的异常情况（机床报警、电气故障等），保障人员和 CNC 机床设备安全 3. 查卫生：教师检查各小组的工位区和机床的卫生清洁情况	1. CNC 操作记录表 2. CNC 高速精雕机及工量器具 3. 上盖壳体半成品	项目教学法
1. 评过程：组织各组展示上盖壳体成品，组织学生互评，评价各组的课堂表现 2. 评外观：播放中国在世赛的参赛历程和取得的佳绩，邀请世赛教练参照世赛表面质量评价方法，对上盖表面质量进行裁决评价 3. 评精度：使用三坐标测量上盖壳体关键尺寸精度 4. 公布小组竞赛成绩，点评各组课堂表现，布置课后总结和拓展任务	1. 问卷星 2. 电子屏 3. 白板、彩色磁贴 4. 三坐标 5. 上盖壳体成品	项目教学法
1. 验成效：汇总分析调查问卷反馈的信息；评阅学生的学习任务总结报告；检查学生完成拓展任务的情况 2. 助成长：开放原型制作技能工作室，指导学生参与校企合作项目，拓展提升学生综合职业能力	1. 云班课 2. 问卷星 3. 学习任务总结报告	项目教学法

七、学业评价

（一）学业评价整体设计

依据本任务学习目标和 CNC 操作工的岗位能力要求，参考世界技能大赛原型制作项目评分标准和手板企业标准，从课前、课中和课后各个学习活动时段提出了学业评价整体设计方案，充分发挥学业评价"促学、促教、促建、促改、促成长"的作用，如表 5-3 所示。

表 5-3 四轴无人机上盖壳体的正反面 CNC 加工学业评价总体设计一览

评价名称	权重分配	评价内容	评价标准	评价方式	评价方法	评价主体	评价功能
课前个人测验	10%	学生个人课前学习石膏调料和四角定位流程的效果评价	企业标准	线上云班课	测验法	教师	督促学生认真完成课前自学，通过线上测试题、语音自述石膏填料法和四角定位法操作流程提升学生自主学习能力；并为教师差异化指导预判提供数据
课中个人素养评价	30%	个人在小组学习过程中的职业道德表现等素养评价	企业职业道德标准	线上（二维码）	调查法	学生	促进学生爱岗敬业、团队协作、诚实劳动、遵守劳动纪律等职业道德素养提升
课中小组学习评价	50%	小组任务实施过程中的职业行为习惯等素养评价	worldskills 模块一	线下巡回检查	观察法	教师	促进学生安全规范、认真严谨、环保节约等良好职业行为习惯养成
		小组 CNC 加工的上盖壳体表面质量等能力评价	worldskills 模块二	线下教练裁决	观察法	世赛教练	将"追求完美、追求卓越"的世赛精神引入课堂，激励学生技能报国，培养精益求精的工匠精神
		小组课中 CNC 加工上盖壳体的尺寸精度等能力评价	worldskills 模块三	线下三坐标测量	检测法	世赛教练	促进学生养成认真严谨的工作作风、实事求是的工作态度，提高产品质量意识
课后个人作业	10%	个人课后学习总结报告和遥控车外壳工艺卡等效果评价	企业标准	线上云班课	测验法	教师	检查学生个人学习总结情况，督促学生巩固课中所学，促进学生"举一反三"的思维能力提升

（二）学业评价实施

1. 课前个人测试

学生通过云班课手机 APP 完成课前学习内容测试，进一步加深对微课内容的理解，为课中实践做好准备。教师通过分析成绩，检查学生自学情况，预判课中示范和差异化指导方向。

2. 课中个人素养互评（学习过程性评价）

学习过程性评价为问卷星线上评价，小组内部从学习态度、协作精神、爱岗敬业、创新实践、劳动素养等 5 个维度互相评分。

3. 课中小组学习评价（结果性评价、小组学习过程性评价）

参照世界技能大赛原型制作项目评分标准和裁决评价方式，考核内容包含组织管理、表面质量和尺寸精度等 3 个模块。依据上述评价模式，设计了小组学习评价表，如表 5-4 所示。

表 5-4　四轴无人机上盖壳体的正反面 CNC 加工结果性考核评价

第 ____ 小组学习评价表 （计入团队考核，满分 50 分）				
考核项目	考核内容	评分标准	配分	得分
模块一： 组织管理 （8 分）	操作不损害人身安全	Y/N	1	
	规范操作，不损坏设备	Y/N	1	
	设备和工位始终保持卫生整洁	Y/N	1	
	工位上工具、量具始终摆放整齐	Y/N	1	
	未发生刀具损坏或材料浪费	Y/N	1	
	工作过程不妨碍他人	Y/N	1	
	良好的团队组织纪律	Y/N	1	
	分工合作、全员参与	Y/N	1	
模块二： 表面质量 （17 分）	工件整体质量	工件完整性、品相手感 （小组代表投票）	5	
	表面过切、欠切	0 级：表面有 ≥ 8 处缺陷，不得分 1 级：表面有 5~7 处缺陷，得 2 分 2 级：表面有 3~4 处缺陷，得 4 分 3 级：所有表面均无缺陷，得 6 分	6	
	表面刀纹、震纹	0 级：低于行业标准，不得分 1 级：符合行业标准，得 2 分 2 级：高于行业标准，得 4 分 3 级：优秀的或卓越的，得 6 分	6	

(续上表)

第_____小组学习评价表 （计入团队考核，满分50分）				
考核项目	考核内容	评分标准	配分	得分
模块三： 尺寸精度 （25分）	壳体总长	公差范围内，扣0% 0<偏差≤0.15mm，扣20% 0.15mm<偏差≤0.20mm，扣40% 0.20mm<偏差≤0.25mm，扣60% 0.25mm<偏差≤0.30mm，扣80% 偏差>0.30mm范围内，不得分 （未注公差参考GB/T1804—2000）	5	
	壳体总宽		5	
	壳体总高		5	
	壳体顶部壁厚		5	
	壳体安装孔间距		5	

教师签字：_____ 教练签字：_____ 总分：_____

通过三个模块不同角度的评估，关注学生综合职业能力和职业素养的养成，充分发挥评价"促学、促教、促建、促改、促成长"的作用，培养学生精益求精的工匠精神，将"追求完美、追求卓越"的世赛精神引入课堂。

世赛相关项目师生创新创业竞赛获奖作品

大型中央空调通风管道清洁智能机器人[①]

王 飞[②]

一、项目摘要

1. 项目概述

依托世界技能大赛中国集训基地的良好平台，移动机器人项目教练团体带领竞赛集训学生进行大量的市场调研、详尽的产品设计与样品研制以及几百次的产品测试和上百次的实地应用反馈，最终开发出一款大型中央空调风道清洁智能机器人。该产品融合了机器人、人工智能及5G通信技术，凭借产品轻量化设计、扁平管道高通过性、智能、可视、多控等核心优势，实现了清洁效果2倍提升，智能化程度大幅提升。

2. 市场机遇与现状

我国中央空调通风管道清洁市场超3 000亿元，清洁机器人市场超100亿元。国家疾控中心调查的60多个城市中央空调通风管道卫生状况合格的仅占6.12%。国家相关政策要求通风管道每年至少清洁1次。市面上通风清洗98%以上还需人工钻入管道内进行清洁，存在极高的作业风险（触电、呼吸道疾病）。部分厂家的清洁机器人，尚有重量重、清洁效率低、效果差、高度高而无法进入扁平管道等痛点。

3. 产品和技术优势

基于市场痛点，项目团队经过多年的研发、3次产品迭代，成功研发一款集清扫、吸尘、消杀、除障于一体的大型中央空调风道清洁智能机器人。它由机器人本体、控制箱、

[①] 本作品荣获"羊城工匠杯"2020年广州市技工院校师生创新创业大赛金奖。

[②] 王飞，男，广州市机电技师学院技能培训鉴定处教学部长，讲师。

外置吸尘设备和消杀设备组成。机器人本体重量降至13.7kg，高度降到20cm，清洁高度达到60cm，能实现机械臂纵向45°俯仰运动，机身旋转角度270°。

产品基于四大技术创新：创新IHS（irregular hollow structure，不规则中空结构）机体结构设计、滑膜控制设计、清扫—吸尘—消杀—除障集成设计、WNN（小波神经网络波）模糊识别算法+自动拟合导向技术。在同类产品中实现重量更轻便，运转更灵活，清扫更干净，控制更智能等突出特点。产品现有多项相关专利和软件著作权。

4. 项目核心团队

项目团队成员共有12人，包括6名教师和6名学生。项目团队拥有世界技能大赛国手4人、全国技术能手5人、全国青年岗位能手3人、广东省技术能手4人。其中庞春和刘欢两位老师指导胡耿军2019年参加喀山世界技能大赛，获移动机器人项目金牌；指导梁灶容2017年参加阿布扎比世界技能大赛移动机器人项目获铜牌；指导许骏参加中华人民共和国第一届职业技能大赛，获移动机器人项目金牌。

二、项目背景

1. 中央空调通风管道卫生状况不容乐观

随着经济的快速发展，中央空调系统应用越来越广泛，其已成为主宰现代楼宇空气新陈代谢的核心器官"肺"。中央空调带给人们舒适的同时，也因长时间运行，其通风系统卫生状况令人担忧，其对人们的身体健康的影响及造成的能源浪费也日益加重。美国环保局、丹麦技术大学等机构在美国和欧洲调查结果表明，室内空气污染来自空调通风系统的占42%～53%。

基于此，中国疾病预防控制中心对国内60多个城市的空调系统卫生状况进行了调查，结果显示：存在严重污染的空调通风管道占47.11%，轻度污染占0.60%，中度污染的占46.17%，合格的仅占6.12%。空调通风系统卫生已成为一个不容忽视的问题。

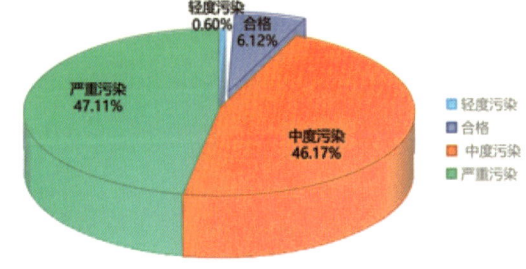

▲ 60多个城市的空调系统卫生状况

2. 国家政策要求定期清洗中央空调通风管道

2003年，卫生部（现卫健委）先后出台了《中央空调通风系统清洗规范》和《公共场所大型中央空调通风系统卫生规范》，对中央空调通风系统的清洗提出了明确的技术要求和法律责任。

2006年3月1日，卫生部颁布了《公共场所大型中央空调通风系统卫生管理办法》

及配套的卫生规范。法规规定，所有在使用的大型中央空调通风系统均应定期清洗（我国工业、卫生保健部门、大型商场、酒店等公共场所的通风系统，每年清洗1次，办公场所、居室每2年清洗1次）并达到国家规定的清洁标准，国家有关部门将进行定期检查。

中央空调通风管道清洗的必要性逐渐得到政府主管部门的重视，可以预见，政府将逐步把通风管道的清洗纳入正常的监督和管理工作中。

3. 中央空调风道清洗是家政服务的纵向延伸

大型中央空调通风管道清洗是传统保洁家政服务的外延伸，属于家政范畴。

中央空调清洁是一个上门服务产业，目前市场需求不断在释放，因为空调通风系统是最容易引起细菌和疾病传播的空间，一旦空气中有了细菌病毒就会从空调通风系统蔓延到整个室内环境，从而引起呼吸道疾病的发生。根据相关统计数据，目前，专门从事通风管道清洁的从业人员缺口达100万人，如何解决人力短缺的问题迫在眉睫。

4. 中央空调通风管道清洁现状

据前瞻产业研究院统计，我国数千万各类中央空调需清洗保养，而且每年正在以10%的速度递增，而这些中央空调大部分运行了20年以上却从未清洗。据北京青年报记者调查发现大城市中央空调清洗率不足1%。可见中央空调通风管道的清洁市场需求非常巨大。

目前现有的清洁方式主要有人工清洁和管道机器人清洁的方式。人工清洁存在明显缺点：清洁死角难度大、清洁效率低、成本高、安全性差、机械化、智能化程度低。管道清洁机器人能够进到密闭狭长的空调管道完成清洁任务，降低人员工作强度、提高工作效率，是一种较为理想的管道清洁作业辅助设备，但能适应我国复杂通风管道的管道机器人产品不多，因此，全部采用管道机器人进行清洗作业的情况较少，市面上主要是采用"人工+管道机器人"配合作业的方式。

因此，研发 款重量适中，适应扁平通风管道，清洁效率高，清洁效果好，作业稳定的管道机器人，是中央空调风管清洗行业能否实现高度机械化作业的关键，也是清洁市场的迫切需求。

三、项目产品

1. 产品介绍

（1）产品组成。

项目团队研发的大型中央空调通风管道智能清洁机器人由机器人本体、控制箱、吸尘设备和消杀设备组成。

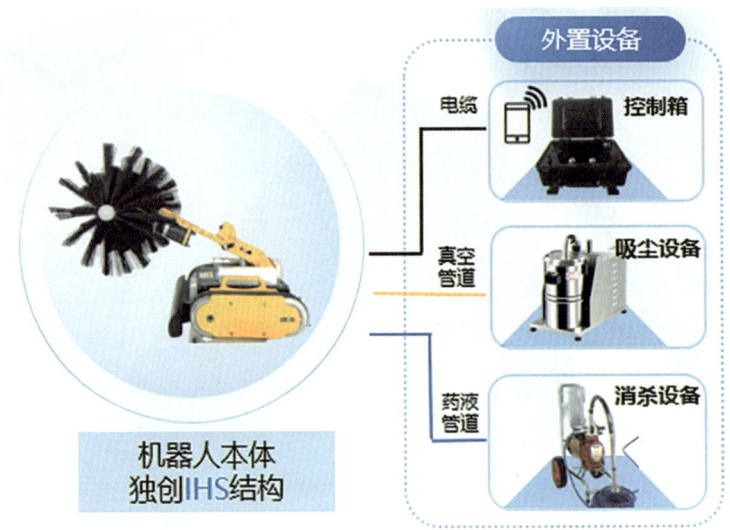

▲ 大型中央空调通风管道智能清洁机器人组成部分

机器人本体包含机身、行走系统、清洁与消杀系统、图像采集与照明系统。机身主要指连接各系统的机器人本体机械结构。行走系统主要完成机器人工作时随时根据当前情况调节行走速度实现前进、后退、加速、减速和原地转弯等各种运动，并且能实现坡度行走和一定的翻越障碍能力。行走系统由 2 个直流减速电机、2 条履带、2 个限位开关组成。清洁与消杀系统由滚筒式旋转清扫装置、清扫举升装置、除障与吸尘机构、喷洒消杀机构等部分组成。图像采集与照明系统，主要用于作业前、作业中及作业后的图像采集。清洁机器人本体后方拖动 2 条管线，一条为真空吸尘管道，一端与机器人后方的吸尘口连接，另一端外接吸尘设备；另一条为连接消杀设备管道，一端与机器人喷洒端口连接，另一端连接消杀设备，用户可根据实际作业需求，配置不同消杀清洁剂。其中产品参数如表 5-5 所示。

表 5-5 机器人本体性能指标

序号	项目	指标
1	车体尺寸	350mm × 280mm × 200mm
2	车体重量	13.7kg
3	连续作业距离	30m
4	最大行驶速度	10m/min
5	最大清扫高度	60cm
6	最大越障高度	5cm
7	最大爬坡角度	30°
8	清扫效率	$500 \sim 800 m^2/d$

（2）控制方式。

机器人控制方式有摇杆操纵精准有线控制和手机 APP 无线控制 2 种。有线控制系统是通过控制箱原有的摇杆 / 按钮发送功能指令，经传输线传输到 myRIO 控制器，再由 myRIO 控制器传输信号到直流电机驱动板，直流电机驱动板将信号经通信总线传输到车载系统，实现有线控制清洁机器人进行作业。无线控制系统是在原有控制箱的基础上拓展无线控制需求，通过手机 APP 的方式集成到移动设备上做到手机等设备都可以实现无线控制机器人进行清洗作业。

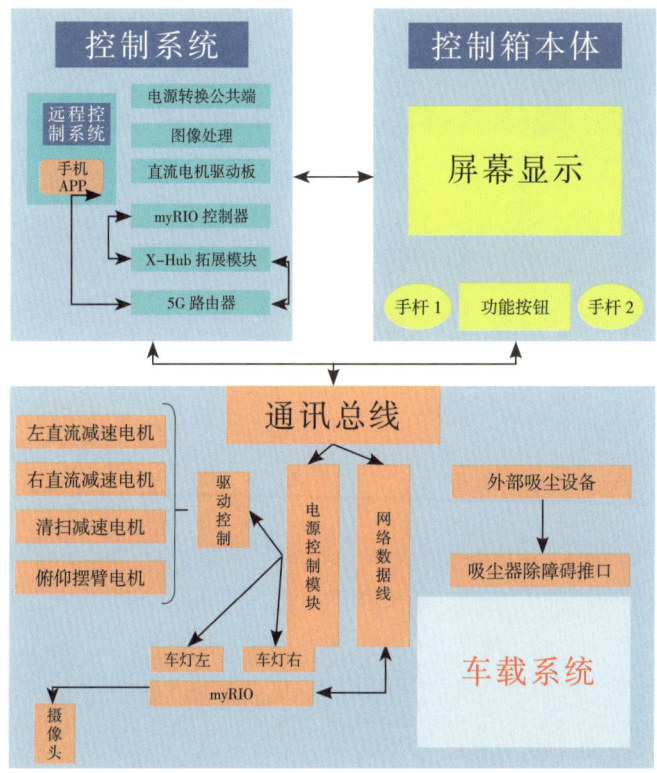

▲ 整机控制原理框图

（3）产品测试及应用。

项目产品在地铁、超市、医院等重要场所进行了测试和应用，获取了大量的现场测试数据和应用反馈，为机器人的技术升级和产品迭代提供了有力的支撑。经地铁客户反馈，机器人每小时可清扫 $100m^2$，相比人工清洁，效率提升 40%。且第三方检测报告显示，应用项目产品后，通风管道内的积尘量低于 $0.5g/m^2$，远低于国家标准规定的 $1g/m^2$。

2. 产品特点

项目产品具有清洁效率高、效果佳，环境适应性强，安全性高、稳定性强，可视化、智能化程度高等特点。

（1）产品清洁效率高、效果佳。

采用纵向俯仰二维运动清洁设计和滚筒螺旋轨迹自动拟合和自动导向清扫设计，拟合矩形清洁轨迹，解决机器人只能做毛刷一维俯仰运动造成的清洁死角问题；清洁刷头采用防静电碳纤维材料，可避免毛刷因静电导致灰尘聚集，吸尘更彻底。采用高清摄像头，为智能清洁提供基础图像数据支撑。经测试研发的机器人，清洗效果可达 $1000m^2/d$，远超过市面上的普通清洁机器人（约 $300m^2/d$），积尘低于 $0.5g/m^2$（国家要求标准要求 $\leqslant 1g/m^2$）。

（2）产品环境适应性强。

适用于薄壁管道、扁平管道、坡度管道。重量适中（13.7kg），既保证了机身的平稳性，又不会因过重造成管壁破坏（同类产品重量 >16kg）；产品高度 20cm（同类产品高度 >30cm），可用于高度低于 25cm 的管道清洁；采用防滑橡胶履带，能够在通风管道内灵活地实现前进后退而不打滑，可爬 30°坡（同类产品 <15°）。

（3）产品安全性高、稳定性强。

机器人动力采用 12V 电源，不会因电源线断裂造成管道带电，进而引起触电或其他事故；机器人具有清障机构和清洁同步视频传输，不会因死老鼠等污物造成机器人卡死在管道里面。

（4）产品可视化、智能化程度高。

采用"WNN 模糊识别算法 + 自动拟合导向设计"。全视频操控，带高清夜视功能的防尘防水摄像头，成像清晰，不积尘，采用 WNN 模糊算法智能识别污物。采用滚筒螺旋轨迹自动拟合和自动导向创新设计，机器人能实现自主巡迹清扫。采用有／无线双控设计，可实现远距离操控，精准设速，双控结合，提升控制的智能性、便捷性及可靠性。

（5）产品操作简单、易上手。

产品控制箱和手机 APP 的操作界面直观、操控简单、故障率低、维护方便，可以根据现场应用环境要求，采用 2 种方式结合的操控方式，一个普通家政人员经过半天培训即可上手操作。

四、项目技术

项目产品在机身重量、可视化信息采集、除障机构、高效清洁、结构设计、通过性、有线／无线控制等七个方面进行了创新设计，拥有多项目专利和软件著作权。

1. IHS 机体集约化结构设计

随着技术的不断发展，大量薄壁管道被应用到大型中央空调系统中，这对机器人的重量提出了更高要求。机器人重量过重，易损伤管壁镀锌层；过轻，高速旋转清扫时，容易侧翻。全新的 IHS 结构设计，优化了机器人内部结构，减轻了机体重量，既不会过重而损伤风道镀锌层，也不会过轻而导致工作时易侧翻；采用 2 个直流电机替换原有的 4 个普通电机，同时减少车轮与驱动电机间以及毛刷与驱动电机间的减速和动力传动装置，简化了设计降低了重量。研发团队经过拓扑轻量化设计和配重实验，优化内部结构，减轻了机体重量，最终使项目产品重量降至 13.7kg。

建筑物为获取较大的楼层净高，通风管道一般采用扁平形式，高度大多在 60cm 以下，这对机器人的设计高度提出了挑战。过高，无法进入管道；过低，电机等部件难以安装，高位的灰尘难以触及。为了降低项目产品自身高度，研发团队在电机等部件的选配和布置上下了很大的功夫，采用"集约化"结构设计，使机体更紧凑，高度降至 20cm；为了增加清扫高度，项目产品清扫机械臂采用纵向俯仰 45°运动设计，在保持机身稳定性前提下，清扫高度可达 60cm。

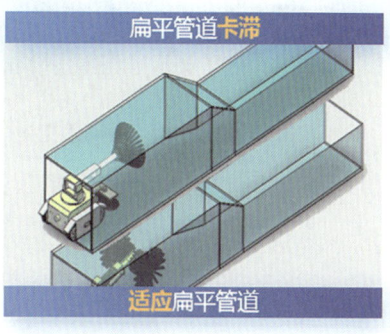

▲ IHS 设计图

2. 滑膜差速电机精准控制设计

由于通风管道管径大小不一，纵横交错，形成了多分支岔道，这对智能清洁机器人的转向等通过性能提出了更高要求。项目研发团队采用滑膜差速控制技术，对电机进行精准的差速控制，使该机器人转向灵活可靠。能顺利通过分叉管道、转弯管道和坡度管道。研发团队在设计产品时对机器人清扫过程进行运动模拟仿真，各部件运动无干涉，无卡滞，通过性能极佳，并采用机身 270°旋转设计，有效防止管线缠绕。

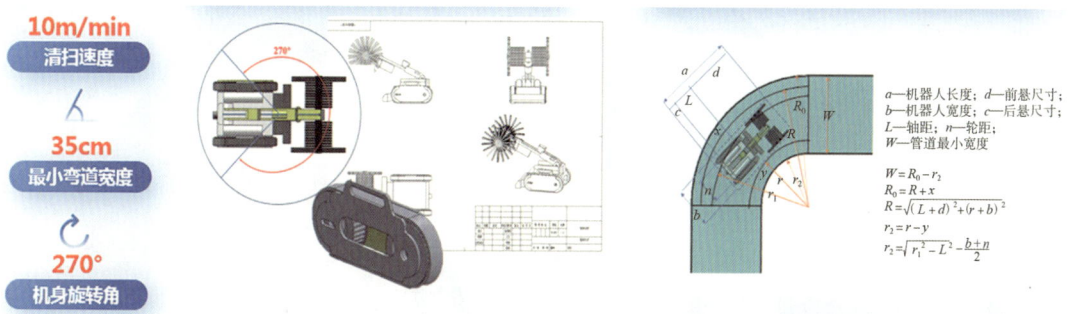

▲ 滑膜差速设计图

3. 高效清洁创新设计

现今市面上的清洁机器人多采用伞状式清洁机构，清洁效率低，且在清洁扁平管道时，易留下死角。该机器人采用圆柱形毛刷设计，实现了清洁由线到面的提升，大大提高了清洁效率；毛刷端面采用碗状曲面设计，可触及管道任意角落，真正做到清洁无死角。

通风管道内常存在老鼠尸体等较大污物，通过吸尘管道无法排出，易造成吸尘管道堵塞。该机器人采用除障机构将较大污物推出，可以成功解决以上问题。同时通过外接消杀设备，集成了消杀功能，可以有效消杀管道内的病毒、细菌。

✓ **圆柱**、**碗状**端面毛刷 ＋ 大功率吸尘 ＋ **消杀**功能

▲ 毛刷圆柱碗状端面设计图

4. WNN 模糊识别算法 + 自动拟合导向设计

该机器人采用三颗防尘防水摄像头，孔径只有 0.2mm，具有广视角（110°）高清夜视功能，而同类产品采用直径约 30mm 的摄像头，容易因积尘造成视频画面差。项目研发团队采用 WNN 模糊算法智能识别污物，创新设计滚筒螺旋轨迹自动拟合和自动导向，使得该机器人能实现自主巡迹清扫。通过可视化信息采集功能，可实现清洁过程全视频操作，降低了人员的作业安全伤害。

有线和无线 2 种控制方式相结合，增加了该产品的控制智能性、便捷性及可靠性。有线控制操作直观、可靠性高，无线控制可适应远距离操控，可精准设置速度，操作简单易上手。可自由切换手动 / 自动清扫模式，满足不同环境的清扫要求。一线操作人员可以自由选择现场应用环境特点，灵活选择操控方式。

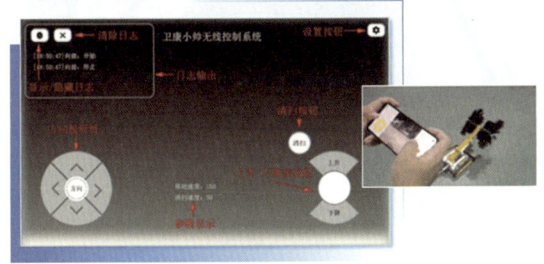

▲ 滑膜差速设计无线控制与智能识别图

五、社会效益

1. 社会价值

（1）引领教育。

本项目是基于世界技能大赛中国集训基地和技能大师工作室基础上，开展的师生应用新技术创新项目。该项目体现了精益求精、不断创新的工匠精神，对学院的专业建设起到示范带动作用。

① 促进专业建设发展。学校电气自动化（工业机器人）专业为人社部一体化课改牵头单位，并且建成移动机器人国家集训基地。

② 助力师资水平提升。学校5名专业教师参加国家一类大赛，获"全国技术能手"称号；10位教师获省级以上荣誉。

③ 促进技能人才培养。团队成员有5位全国技术能手，3位成员成为全国青年岗位能手，并且有35名学生获省级以上荣誉。

④ 辐射粤港澳大湾区。学校已与香港机电工程署签订合作项目，学校与新加坡建设局签署技能人才培养合作框架协。

（2）带动就业。

项目已在学校建立工作室，工作室作为校内学生的实习实训基地，通过参与项目实施，进一步提升学生的技术水平，实现高质量就业。

利用机器人清洗中央空调通风管道是家政的服务延伸，其有别于且高于传统的家政服务。清扫机器人操作简单易上手，通过培训，从业人员可以在半天内掌握操作方法。项目符合南粤家政理念，是一款促进大学毕业生、退役军人、新型职业农民、失业者创业就业的好帮手，其可以带动广泛的就业。

（3）社会影响。

项目团队积极参与社会志愿服务，公益清洁等活动，服务社会，培养团队成员的职业素养和社会责任感。2021年9月，项目团队赴顺德乐善居颐养院，进行中央空调通风管道清洁作业，获得好评。

（4）媒体报道。

项目及团队成员被中央电视台(新闻联播、新闻周刊)、学习强国、新华社、广东卫视、东南卫视、广州电视台、福建卫视、南方PLUS，新快报、南方都市报、广州日报、羊城晚报、珠江时报、人民网、光明网、中国青年网、搜狐网等超过20家媒体广泛报道。

2. 社会效益

（1）有利于实现碳中和。

空调是夏季的用电大户，据上海市统计，在夏季用电高峰期，空调用电约占全市50%。如果通风管道积尘太多，会造成空调制冷效果变差，能耗相应变高。据调查，以单一房间的中央空调通风管道为例，在清洗前，降至设定温度需10 min；而清洗后，降至设定温度仅需7 min，则压缩机可少工作3 min，从而节约用电30%。因此，及时清洗空调通风管道可以有效减少能耗，有利于城市碳中和。

（2）有利于降低作业风险。

机器人的大量使用可有效减少人工的参与，可大大减少发生作业人员触电以及造成作业人员感染呼吸道疾病等事故的概率。

（3）有利于学校专业实现供给侧改革。

随着项目的持续进行，行业将需要大量的自动化、机器人技术技能人才，这一变化势必将引起学校专业供给侧改革，大大促进自动化、服务机器人、工业机器人专业的迅速发展。

古树说——情感治愈类自然体验产品[1]

汪 旭[2]

一、项目概况

1. 项目概述

本项目致力于打造古树名木文创自然教育品牌。基于世赛园艺项目平台，项目团队通过前往世赛中国集训基地及国家高技能人才培训基地学习、参与中华人民共和国第一届职业技能大赛等赛事服务宣传、中小学植物科普推广、花艺竞赛、园艺社团等活动实践，探索植物育人新模式，开发系列古树名木文创教育产品、微景观营造设计和大树园艺营造场景模式，由古树—桌游、古树—微景观和古树—文化研学3个系列组成"古树自然体验体系"。该项目以生动有趣、贴近生活的产品呈现城乡中古树名木的生命状态与成长历程，以参与者的身份走进自然植物世界，促进青少年持续发展的"自然治愈"体验。润心启智，亲子共情，提升青少年对自然、生命的敬畏及感恩之心，增强主动探究及动手能力，种下生态文明建设的种子。

▲ "古树说"古树名木文创教育体系

2. 项目核心团队

项目团队成员共有15人，教师5人，学生10人。本项目拥有世赛园艺项目中国集训基地、国家高技能人才培训基地、岭南园林技能大师工作室、乡村振兴技能人才培养基

---

[1] 此项目为"广东技工"羊城行动——"羊城工匠杯"2022年广州市技工院校创业创新大赛创业项目获奖作品。

[2] 汪旭，女，广州市公用事业技师学院园林设计教研组组长，高级讲师。

地、园林继续教育基地等平台优势资源。拥有广东省及全国技术能手，园林设计与技术转化创新项目基础雄厚，具备技能培训、科普教育、产品设计、产品运营、合作研发文化创意产品的经验。

▲ 世赛园艺项目中国集训基地（广州市公用事业技师学院）

二、项目背景

1. 双碳目标下，城乡科学绿化引领，行业风向标

2018年，《中共中央国务院关于实施乡村振兴战略的意见》明确提出实施乡村绿化行动，全面保护古树名木，持续推进宜居宜业的美丽乡村建设。随着国家系列科学绿化、树木保护各项规定出台，加强城市建设发展中的绿化和树木保护工作，切实做好城市绿化和生态环境保护工作成为重中之重。

古树名木是不可再生的自然遗产，是森林资源中的瑰宝，被称为有生命的绿色"活文物""活化石"，也是一乡一村一城悠久历史的"见证者"，客观记录和生动反映了社会发展和自然变迁的痕迹。同时，古树名木也是无价的基因资源、难得的旅游资源、独特的文化资源，具有多方面的重要价值。

2021年12月8日，《广东省人民政府办公厅关于科学绿化的实施意见》正式公布，提出要切实加强古树名木保护，对濒危古树名木及时抢救复壮。同年11月，为贯彻落实《国务院办公厅关于科学绿化的指导意见》，切实加强城市建设和发展中的绿化和树木保护工作，广州市制定了《关于科学绿化实施意见》。

2. 关注青少年身心健康，自然教育迎新机遇

中国疾控中心数据显示，我国6～17岁儿童青少年超重肥胖率近20%，中国抑郁症发病率为6%，2019—2020年，有20%的中国孩子出现抑郁症状。这些数据反映出青少年身心健康问题在中国的普遍存在，需要多部门合作，包括家庭、学校、社会和政府等，共同关注和解决。重视健康教育，提供适当的心理健康支持和服务，建立积极健康的生活环境，都是促进青少年身心健康发展的重要措施。"大自然缺失症"一词描绘现代社会的孩子们与大自然缺乏联系的事实。很多医学专家认为自然环境中的居所减少是幼儿肥胖、注意障碍、抑郁的重要原因之一。"解绑"电子产品让孩子多走进自然，这是关于自然教育最好的契机。

随着双减政策的出台，带给我们的一个启发是，关注青少年身心健康，带领青少年去自然里探索，在劳动与美育中培养孩子。

3. "技能+思政"教育，培育创新复合型人才

在"互联网+"时代背景下，科普教育领域逐步向互联网发展，网络教学平台成为时下教育热点。家长们较多关心如何提升学习能力和分数，通过自然教育不仅仅是教会孩子们认识动植物，还会激发孩子更多的专注力和探索力，增强感知力和同理心。将自然教育与思政教育相结合，多元育人可以在以下几个方面促进孩子的全面发展：

（1）培养责任感和关爱意识：通过参与植物的养护和保护，可以体会到自己对植物生命的责任，并培养出关爱他人和生态环境的意识。

（2）培养耐心和毅力：观察植物的生长过程需要较长时间。通过亲自参与植物的养护和观察，可以培养出耐心和毅力的品质，学会面对困难和挑战，并持之以恒地追求目标。

（3）培养观察和思考能力：植物生长过程中的每个细节都承载着丰富的信息。通过观察和思考植物的生长变化、环境适应等，可以培养学生的观察力和思考能力，提升其科学素养和问题解决能力。

（4）培养团队合作和社交技巧：可以以团队活动的形式进行植物教育，学生需要与他人合作共同照料植物。这将促使他们学会团队合作和沟通，培养社交技巧和团队精神。

（5）培养美的情感和审美能力：植物的生长过程中，会呈现出美丽的花朵、多样的叶子和果实等。通过欣赏和体验植物的美，可以培养青少年对美的情感和审美能力，提升艺术素养和审美意识。

通过自然教育，增进孩子与同伴、老师、家长彼此的交流和联结，促进孩子全方面发展。

三、项目介绍

1. 项目目的

（1）基于城乡中古树名木的生命状态与成长历程，进行信息梳理，开发系列古树名木 IP 文创产品，创建以颇具潜力的广州古树名木自然习性、历史文化为根基的科普产业，构建自然与人的情感联结，建立一个可持续发展、能稳定营收的植物文创系列新创业项目。

（2）基于古树名木的生命状态与成长历程，将古树文创产品衍生为树桌游、大树微景观盆景实操、自然研学活动等系列成长型自然体验新模式，突破了传统体验式教学模式，实现亲子、师生的养成式沉浸式自然体验。关注人类亲子关系与自然生命，通过自然教育唤起植物保护意识，通过植物育人，治愈身心。最终打造成为国内古树名木文创 IP 与自然体验活动知名品牌。

2. 项目内容

（1）古树名木资料库整理与宣传。

通过调查，摸清所在区域古树名木资源底数，了解历史或社会上有重大影响的中外历代名人、领袖人物所植或者具有极其重要的历史、文化价值、纪念意义的树木、10 株以上成片生长的古树群，分析古树名木保护存在的问题，提出古树名木保护措施。深入挖掘中国十大古树名木形象与生长习性、古树的文化内涵，转化为科普推广文章与品牌。通过知名 APP、微信公众号、微信表情包等多网络平台进行宣传、销售获取点击量和表情包收益，同时使古树名木形象 IP 融入大众生活。

（2）古树名木文创产品研发与销售。

深入挖掘城乡中古树名木的生命状态与成长历程所蕴含的大树形象与自然习性、历史文化、寓意内涵，从中汲取设计灵感、元素。"治愈类自然体验产品"，让客户扮演游戏家、探险家和守护者三种角色探究自然生命，具体产品包括古树一桌游、古树一微景观等，将文创产品打包成系列产品并完善包装设计，通过线下活动展销和线上微店销售。

（3）古树名木自然研学活动组织与推广。

基于古树名木的生命状态与成长历程，开发系列自然教育研学活动等成长型自然教育新模式，实现亲子、师生的养成式及参与式自然教育。孩子从了解树的成长开始，认识保护大树以并获得成长力量，突破了传统体验式教学模式，加强了亲子沟通。同时，以古树名木传播平台建设与文创产品为敲门砖，利用岭南盆景大师工作室与园艺继续教育平台、技术指导老师提供的资源，积极寻求与相关企业、政府单位、古树名木景区宣传的相关活动合作为其设计产品包装，推动文化旅游与乡村振兴。

3. 项目亮点

（1）沉浸式体验（五感）寻访古树。

消费品"沉浸式体验"的未来已然到来。视觉、听觉、嗅觉、味觉、触觉，是人类敏感且本能的信息接收器，也是品牌塑造差异化认知和独特个性的触点。项目将五感体验单独拆分，再将古树生命历程融入每一个教育触点细节中，完成"原自然"概念的可视化。

（2）技术与艺术融合创新。

用户在中国古树名木巡游桌游、探秘古树生命立体书、微景观营造中既可以学习体验世赛园艺项目技术和植物营造，培养生态环保意识和动手能力的同时，也可以通过对材料运用、植物搭配、生命艺术等方面的引导，使客户在产品体验中感受园艺技术和艺术相融合之魅力。

（3）多角度（户外活动+户内产品）研习古树。

以自然切入自然，以人文走进人文，以历史助推未来。古树的生长景观风光、历史时间的积淀，以静物体现文化，从形态变化转入历史传说故事，深入倾听了解古树，为品牌文化资产赋能。

4. 产品简介

（1）古树—桌游。

挖掘全国古树名木，打造以积分和卡牌巡游古树景区的桌游套装，用户以"游戏家"身份，在互动和游戏中初步认知自然古树，了解其生长环境和历史故事等信息，激发探究热情。

《古树说：中国十大古树巡游桌游》
游戏地图 1　古树卡片×40　　　骰子×4
说明书×1　四季旅游专用票×16　古树立牌×10
▲ 中国古树名木巡游桌游套装产品

（2）古树—微景观。

依托世赛园艺项目中国集训基地材料库，岭南盆景大师及专业教师指导，多感官沉浸式深入探秘古树成长生命历程并参与微景观营造。用户以"养护家"身份，将个人的成长代入树的成长：种子—发芽—小树苗—经历风雨四季—花果叶—养护施肥—参天大树—变老（年轮），使孩子从了解树的成长开始，认识、保护、养护大树并获得生命成长的力量，从而加强自我认知。将树的成长经历迁移到自身成长中来，达到"筑根基、强技能、树品格"的多元育人效果。

▲ 古树微景观营造

（3）古树—文化研学。

面向中小学生及家庭设计古树巡游研学路线。在指导老师指导下，用户以"体验家"身份，自主组织、设计、动手实践的植物体验课程，旨在促进学生对于古树名木文化、城乡历史、植物保护和设计养护等方面的了解。

▲ 广州古树说研学地点及线路规划

四、市场分析

1. 自然教育市场概况

（1）创意元素开发市场空间大。

目前纪念品市场中的文化创意产品卖场中所售卖的文创产品以传统工艺品居多，诸如：葵叶扇、葫芦木头剑、牛仔帽、丝围巾等，没有真正把旅游"城市气候及生长纪念后备箱工程"做足。消费者对古树的延伸产品认同感较低，市场份额较少。

当下文化科普教育与文创产业盛行，受到极高的重视，呈现欣欣向荣的景象。产业固定资产投资规模逐年增加，市场规模不断扩大，产品增长率有所升高，文化产业影响力显著增强。

（2）文创产业主体小而散。

发展资金欠缺，严重制约了文创产品的研发和市场推广。设计者没有及时关注消费者的购物需求变化，产业园缺乏特色；同时，存在人才短缺、高质量内容和核心创意缺乏，产业链不完整、区域发展不平衡、相关政策不完善等问题。植物产业、自然教育产业的发展道路漫长。

随着人们生活水平的提高，对精神性产品的需求在总体上日益提升，需求量越来越大。国家对推动文化产业成为国民经济支柱性产业这一重大战略任务作出了全面部署，实施乡村绿化行动，全面保护古树名木，强调全社会做生态文明的实践者和推动者等国家政策的支持，非常有利于产业发展。

总的来说，自然教育市场是一个不断发展和壮大的市场，通过提供多样的教育形式和内容，帮助人们深入了解和关注自然环境，也为参与者提供了丰富的学习和体验机会。

2. 科普服务与科创产品输出策略

（1）科普内容"创意＋制作"设计服务。

应当充分挖掘省内各相关文化资源和古树价值内涵，结合周边地域、人文等设计元素特征鲜明的系列文创产品，不断提升文创作品的艺术性、纪念性、实用性、便携性，在产品开发设计科普推广的过程中融合环境艺术设计创意，加入动漫创意元素、新媒体产业创意元素、界面设计创意元素、产品设计创意元素，提升消费市场附加值，形成独特古树文创产品属性升级和品牌塑造。

（2）科普教育服务。

科普教育知识和课程作为科普文化的基石，在文化创新中发挥着至关重要的作用。文化平台衍生的文创产品之所以有了灵魂、温度、风格与个性，就是通过挖掘产品背后的文化、精神和内涵，把"知识"变成"产品"，与消费者建立起联系，并给予消费者崭新而惊喜的消费体验。

（3）出版发行及周边商品。

自然类图书、绘本、电影、电视纪录片、明信片、日历、摄影集、策展活动、周边实体商品等。

3. 目标客户

（1）追求精神和自然科普的亲子群体和学生群体。

亲子和学生群体能够接受产品价格的弹性较大，并且更加偏向于生动有趣、做工精美的产品。承载园林植物文化和形象的文创产品和自然教育项目可以一定程度满足该部分人群的精神享受。通过该部分人群喜闻乐见的方式进行宣传，加大对产品的宣传力度，同时也将缩短设计周期，保证产品的更新换代，目标客户不会流失。

针对该部分人群，对一部分产品延长设计周期，从产品走向研学活动，深入思考如何提升产品文化内涵，让产品更加精美、精致和贴近生活。

（2）有意向开展自然教育的中小学、职业教育学校与培训机构。

中小学和职业教育学校本着从实践的角度教授自然知识的同时，能够让学生身临其境、生动有趣地参与到大树的成长、大树的养护中。同时，职业教育竞赛项目可以通过购买微景观材料包及课程，并借鉴营造模式参与竞赛，进而提升学生的园艺专业技能。

（3）广州市老城区及乡村地区的政府单位。

广州市老城区如小洲村、沙面、陈家祠等古树名木特色片区，黄埔区南海神庙、增城区荔城街道、增城区小楼镇等规划建设古树公园相关的政府单位、村委会等也是目标客户。通过大树品牌包装乡村大树品牌,并同步销售文创产品与材料包,策划当地研学旅游,进而推动乡村振兴与历史城区更新。

4. 平台竞争优势

(1)立足于学校更贴近客户。

项目有专业老师进行指导,成员也对项目产品的相关知识有一定了解。更加清楚学校师生,特别是专业师生的需求,设计生产出更加满足需求的产品。

(2)文化新颖。

本平台的文创产品以古树生态和历史文化为特色,在上述文创市场的分析中可以看见,利用这两者作为文化的企业比较少,因此本项目的文化较为新颖,拥有更强的吸引力,在统一文化中的竞争力也较小。

(3)文化资源丰富。

本平台衍生于园林技术专业课程与盆景大师工作室,目前具有盆景传统技艺手艺人的资源,与手艺人的工坊形成了良好的合作关系,在推广植物保护与应用的同时生产产品,手艺人也愿意为项目提供教学体验。此外,项目成员多数为园林专业学生,对于园林植物的了解更深,能够更好地将园林植物生态和历史特性进行产品转化;指导老师具有世界技能大赛园艺项目赛事经验,能够给予平台发展更好的指导。

五、营销计划

1. 计划纲要

项目精准把握广州市古树名木和工艺紧密结合这一独特的产品优势,以及当下文化科普教育产业掀起空前热潮的适宜环境,将面对不同消费群体精心打造的各式多样的文创产品,通过线上线下多个途径进行大力宣传;通过以校园环境为销售中心,加大对外合作的主要方式来开拓广阔市场;在宣传和推广古树名木文化同时顺利地开展产品的营销。具体实施路径为以下几种:

室内探究:将文创产品作为室内教具套装,通过售卖产品套装,建立社群互动,客户可以进行角色感知自然,引发其走到户外体验的兴趣。

户外探究:引导客户来到户外,设置对应的古树村、景点、盆景基地、技工院校基地,参加线下课程,打造研学合作。

最后,在获得稳定收入同时,将产品融入盆景产业以及技工教育园林技术培育中。

▲ "古树说"项目推广与营销模式

2. 营销状况

(1) 科普教育产业市场发展空间大。

近几年,科普产业市场发展喜人,该产业以自然教育科普为主力军,青少年为主要消费群体。各大植物展馆、研究平台依据市场潮流与现代科技发展,推出体验课、文旅项目、衍生文创工艺品等。随着精神文化需求的增长,自然教育越来越受到年轻人与家长们的重视,科普产业的主要市场已经从特定人群转变成为一种大众消费。

(2) 网络教育平台成为教育热点。

由于教育方式和目标群体的多样化,网络文化科普教育传播平台在近几年发展迅速。本项目利用现有古树名木研究资源,打造园林植物专属课程平台,吸引感兴趣的客户以及中小学户外课堂,同时更好地宣传古树名木的生态和历史文化。

（3）产品状况。

本项目的产品以古树名木生态与历史文化为基础，以让广州户外的古树名木走进大众生活为目的。巧妙利用世赛园艺项目及植物应用专创融合课程学习成果，转化为更浅显易懂的宣传文创与科普课程。同时，结合古树名木外在形象、生长习性与文化内涵设计精美、实用、互动性强、科普性广的文创产品，达到传播乡土古树名木和岭南造园文化的目的。

（4）分销状况。

第一期利用古树名木生态属性设计古树主题的立牌、古树绘本、树叶拓印帆布袋、书签、胶纸、明信片等文具用品，融入校园环境中。此外，制作线上古树表情体验包与线下微缩景观等，深受广大学生青睐，尤其在一些校园文化节和植物节中宣传效果显著。第二期开展产品衍生及套装形式，按古树树龄设计的千年古树、百年古树套装以及广州千年古树互动桌游自然教育包已投入生产，通过与中小学合作开展自然教育的方式进行合作。

3. 营销目标

（1）人员发展目标。

通过项目的营销运行，促进项目成员各方面能力，使组织内部更加团结积极，工作有更高的效率，提高平台整体凝聚力和活力。

（2）产品营销目标。

短期目标：利用微信公众号、表情包等进行产品宣传，并利用校园大型活动如校园文化节、植物节等机会进行宣传，在校内获得一定规模的市场。同时，组织团队到中小学、古树公园进行植物科普教育活动，并进行文创产品和教育包套装进行销售，在校外获得一定规模的市场。

中期目标：在广州市寻求与企业或古树所在地政府的合作，通过设计赞助、开办展览、对外教学、活动摆摊等方式找到可行的营销渠道，在此渠道成熟之后，再全面推广到广州市场。

长期目标：在实现全广州推广的基础上，逐步开拓华南地区市场。

（3）文化传承目标。

项目产品承载着古树名木生态与历史文化，同时介绍了部分园林技艺知识，对植物文化与生态保护有较高的推广和传承作用。同时，通过对系列课程与衍生文创产品的营销，可以进一步对古树文化进行推广，使保护古树名木的影响由学校扩散至城市其他区域，最终实现社会效益与经济效益相统一。

4. 营销策略

项目团队整合广东本地各种资源，利用微信公众号、哔哩哔哩视频、微博等新媒体平台进行运营推广建立完善的销售网络。整合线上线下的资源,进行线上科普和线下文创产品宣传。用线上宣传带线下活动,线下活动推线上发展,实现了品牌价值的进一步发展和延伸。与此同时,开发线上电商店铺,主要售卖周边产品,将传统文化与商品紧密结合。

多媒体的共同传播发展使新媒体宣传和文创产品之间建立了更加密切的联系,不仅推广了产品本身的科普内容,还整合传播了品牌延伸链上的其他相关信息。

六、产品运营

1. 运营模式设计

本平台产品的生产模式为外包生产模式,与合作过的厂商达成协议,进行产品生产。在生产初期注意控制成本,以推广产品为主要目的,重心放在产品漏洞的检测上,使误差尽可能地降到最小,力求产品的高质量、高精度、高性价比,另外安排市场调研工作人员到使用了本产品的区域进行实地考察,调研实际使用情况,并将情况及时反馈给技术组;产品研发部人员开始新产品的讨论和研发;公司及产品达到一定知名度时,将扩大生产线,并将研发成功的新产品投入生产,丰富公司的业务范围与产品种类。

2. 运营开展阶段

(1)初创期:制作研发、产品推广、申请专利、初步产业化。

依托学校平台整合专业教育与社会教育资源,以学生主体为中心,联合传统技艺传承人、专家学者建立平台教学团队,发挥联合团队对园林植物传承教育与研究、生态文化产业创新设计的合作模式。

与岭南盆景大师合作,邀请盆景工匠分享个人学艺历程,讲解植物应用常识并进行现场操作演示,学生在匠师指导下体验操作技艺并进行课题研究。

联系中小学和古树所在地政府单位进行丰富的实地调研,并为古树名木的传承作出一定的推动,最终形成了可持续的良好合作关系,推动项目的发展和古树名木的保护与传承。

(2)拓展期:树立品牌形象提升品牌价值、拓展系列产品及研学游线。

项目的主要工作分为两条线,一个是古树生态和历史文化传承工作如制作宣传小册子,举办展览或开展教学等;另一个是围绕古树名木外在和内在属性进行文创产品设计。两条线的工作同时开展且互相交织,通过深入学习园林植物提升文创产品内涵,通过宣传古树名木推广文创产品。

(3)发展期:打造国家级古树文创品牌,继续拓展与基地加盟。

通过前期进行的专业研究,挖掘可以转化的自然属性和文化内涵,保证设计出的文创产品能够蕴含古树名木特性,具有比较高的经济价值、生态价值和文化价值。

七、社会效益

1. 社会价值

本项目是基于世赛园艺赛项目中国集训基地和岭南园林技能大师工作室基础上，开展的师生自然体系教育创业项目。项目体现了尊重自然本体，关爱青少年身心健康成长，引导青少年走近自然、感知自然，参与自然劳动、体验自然美好、珍惜自然资源、感受生命活力及技能创造美的价值。带动了学院园林专业专创融合课程开发，增强了学生的专业自信和创新意识。

（1）专业建设价值。学院建成世赛园艺赛项目中国集训基地、国家高技能人才培训基地、岭南园林技能大师工作室、乡村振兴技能人才培养基地。

（2）师资水平培养价值。团队教师具有丰富的企业工作实践和技能人才教育教学经验，获得南粤优秀教师、国家省级优秀教练、竞赛优秀指导教师、创业伯乐等省级以上荣誉50余项，均为高级讲师职称。

（3）人才培养价值。团队成员参加各级各类技能竞赛及双创竞赛屡获佳绩，获得"全国技术能手""广东省技术能手""最美羊城创新好少年"及"智慧好少年"称号等荣誉近百项。

（4）乡村振兴价值。团队成员通过景观设计、景观改造、植物科普教育等实践服务，积极推广岭南园林文化，助力美丽乡村建设。

（5）促进就业价值。通过项目实施和社会服务，提升了学生的技能水平和社会服务能力，学生进入全国500强园林企业任职，拓宽就业广度，实现高质量就业。

（6）宣传报道价值。项目团队成员多次参加各级各类竞赛、服务广州市中小学及社区植物科普活动、微景观及压花制作等技术推广、乡村振兴服务等方面均获得好评，并被学习强国、技能中国、广东卫视、广州广播电视台、广州日报、南方都市报、羊城晚报等媒体报道。

2. 社会效益

（1）有利于生态环境可持续发展。帮助青少年及家长们深入了解自然环境的重要性，培养青少年对资源的合理利用和环境的可持续发展的认识，增强对自然资源的保护意识和责任感。了解自然生态系统的运作和生物多样性的重要性，更好地认识到环境问题的严重性，减少对自然资源的消耗，并积极参与环保行动，推动社会向生态可持续发展方向发展。

（2）有利于促进身心健康。鼓励人们更多亲近自然，参与户外活动，享受自然的美好，学会倾听和倾诉。有助于提高身体健康，增强免疫力，减轻压力、焦虑和抑郁等心理问题，提高生活质量。

（3）培养美学意识和手工技能。通过植物艺术创作、微景观营造及园艺实践，更好地欣赏和创造具有自然美感的作品，提升个人实践能力、团队协作和社交能力。

（4）培养创新思维和解决问题的能力。通过观察自然现象，探索自然规律，可以获得灵感，激发创造力和想象力，提升观察力、思考力和解决问题的能力。

3. 示范作用

项目产品适用于青少年成长的不同时期，能培养青少年对自然和生态环境的关注和保护意识，同时也可以培养出有责任感、关爱精神和创造力等素质。这些素质对于个人的综合发展和未来的社会参与具有重要的意义，也对推动环境保护和绿色可持续发展具有积极作用。

世界技能大赛研究机制建设

> 导 读

厚植深耕沃土　协同创新机制

陈海洋　董其才[①]

"机制"泛指引起、制约事物运动、转化、发展的内在结构和作用方式，包括事物内部因素的耦合关系，各因素相互作用的形式，功能作用的程序以及转变的契机等。在世赛研究成果丰硕的今天，一个"好"的研究机制对于指引研究方向、规范研究流程至关重要。本篇从竞赛体系建设研究、竞赛组织管理两个方面分析世赛研究机制建设。

立足广州　彰显竞赛研究机制特色

针对竞赛体系建设，李宗国、杨敏等进行了深入研究。李宗国立足广州市技师学院，扎根世赛实践的土壤，对世赛成果转化效应开展深入研究，分析世赛成果转化的现实与机遇，得出世赛成果转化的"四个促进"。他详细分析了世赛竞赛体系对推动人才培养模式改革、课程改革、实训教学环境提升、"工匠精神"的培养、职业素养的提升等各个方面的影响。杨敏从国家、地市、学校和参赛主体四个方面深入分析获得世赛移动机器人项目金牌的原因，对我国在世赛移动机器人项目领域的各种优势进行了详尽梳理。

[①] 陈海洋，男，广州市职业技术教育研究院（世界技能大赛中国（广州）研究中心）教研员，讲师；董其才，男，广州市职业技术教育研究院（世界技能大赛中国（广州）研究中心）教研员。

产教融合　突出企业技术创新驱动

在竞赛技术管理方面，王艳凤、李坤媛和范云霞从企业视角介绍了世赛技术支持商的经验。以世赛信息网络布线项目技术支持商唯康教育公司为例，王艳凤、李坤媛总结自身竞赛技术支持经验，得出技能人才培养的三条经验：一是以深厚行业实力和成熟的标准进军世赛；二是申报世赛新项目，推动光电技术人才培养；三是以世赛经验助力人才培养标准化。范云霞从实践出发，得出世界技能组织全球合作伙伴支持交通行业赛教一体的四个"四"经验，包括校园海选赛—省市预赛—全国总决赛—国际赛的"四个阶段"、线下考培平台—理论考培平台—线上考培平台—办赛云平台的"四个平台"、教材—课件—资源—培训的"四类载体"、赛事组织的"四层架构"，助力竞赛融合考培一体的解决方案设计和实践验证。

关于世赛竞赛体系和组织管理的研究既离不开政府指导、学校联动，又需要相关行业企业的参与。这些企业作为世赛项目技术支持商，以先进技术为支撑探索竞赛组织管理的多种可行路径，技工院校作为竞赛效果的"试金石"检验以赛促教的成果。只有两者协同发展，才能建立一个良好的研究机制，以扎实的研究成果促进技能人才培养，从而为产业经济发展提供源源不断的高素质技能人才。

世赛研究竞赛体系建设

科学谋划　推进竞赛工作高质量发展

——2022年广州市职业技能竞赛工作报告

尹　伊　黄　耿　谢玉书[①]

一、基本情况

2022年，广州市按照人社部、省人社厅的统一部署，结合2022年广州市"羊城工匠"职业技能竞赛工作安排，大力推进各类职业技能竞赛工作有序开展并取得预期成效。

（一）认真贯彻上级工作部署要求，全力做好世赛备战参赛工作

全力做好世赛备战参赛工作是2022年广州市职业技能竞赛的重点工作任务。世赛特别赛于2022年9—11月在15个国家分散举行，共设62个项目，我国参加34个项目竞赛，参赛选手来源于本届世赛国家集训队首次阶段考核第一名的选手。早在2020年，按照人社部、省人社厅相关通知的要求，广州市在全市范围内开展选手选拔工作，选派164名选手参加全部55个项目的省赛角逐。经过层层选拔，共有15个项目19名选手入围国家集训队集中阶段性考核，同时承担16个项目的国家集训队集中阶段性考核工作。按人社部有关部署，广州市选派3名选手参加移动应用开发、网络系统管理、CAD机械设计3个项目的比赛。由于距离比赛时间不足3个月，参赛压力和任务十分艰巨。在市人社局的正确领导下，市职建中心主动作为，上下协调，积极与人社部和省人社厅沟通，专门成立了参赛工作领导小组，制订工作推进安排表，克服重重困难，及时协助解决集训基地的资金、外事、专用设备采购等方面的问题，为备战参赛工作提供了有力保障。参赛期间还专门成立了后方保障组及时关注竞赛动向，对参赛工作实行每日一报，及时沟通解决参赛前

---

① 尹伊，男，广州市职业能力建设指导中心主任；黄耿，男，广州市职业能力建设指导中心副主任；谢玉书，男，广州市职业能力建设指导中心竞赛管理部副部长。

方反馈存在问题，在前后方的共同努力下，最终广州市获得了1金1铜1优胜奖的佳绩，获奖率100%。至此，广州选手在历届世赛和相关国际赛事中累计获得7金3银6铜15优胜奖的佳绩，成绩位列全国城市首位。

（二）精心策划组织，全力做好第二届全国技能大赛广东省选拔赛广州市选拔备战工作

2022年9月以来，根据省人社厅印发关于做好第二届全国技能大赛广东省选拔赛的有关通知要求，市职建中心提高认识，精心组织安排，及时研究制订方案，全面开展动员部署，积极与市总工会、市教育局、市供电局、市民政局以及市各有关局委办、区人社部门等进行多头联动，全面发动全市各类行业企业、技工院校、职业院校和相关机构人员参加市选拔赛，参赛发动范围涵盖全市各类大型企业达2 000多家，市属技工院校和职业院校60多家，各类培训机构500多家，确保选拔出广州市各类行业技能精英参赛。由于广州参赛项目多、涉及面广、省赛报名时间紧等原因，工作有较大困难。按照省的通知要求，市职建中心积极与市赛承办单位、选手派出单位进行沟通与研究，加强与省竞赛组委会、执委会协调，顺利完成了第二届全国技能大赛广东省选拔赛设立的92个项目中的91个项目选手选拔推荐和参赛报名工作，全市共选拔推荐出103名选手代表广州市参赛。同时，指导各承办单位和专家做好赛前各项目技术文件的研究，并制订具体方案有序开展各项目参赛选手集训备战工作。

（三）深入实施三项工程，积极组织开展"粤菜师傅""南粤家政"竞赛活动

2022年上半年，广州市组织开展了广东省第二届"南粤家政"技能大赛广州市选拔赛暨第三届"南粤家政"羊城行动技能竞赛。共140多家单位400多名选手报名参赛，广州市选拔16名选手作为代表参加省决赛，共获得1个二等奖、3个三等奖、12个优胜奖，获奖率100%。下半年，成功举办2022年广州市广府风味小吃职业技能竞赛暨第三届"青年粤菜师傅"创新创业竞赛，全市11个区发动选手报名参赛，极大地调动了各区相关行业企业的参赛积极性，形成了较好的竞赛氛围；组织开展了第五届粤港澳大湾区"粤菜师傅"职业技能大赛备战参赛工作，并于2022年3月24—27日市职建中心顺利完成比赛任务，经过激烈拼搏取得了4个一等奖、3个二等奖、2个三等奖和3个优胜奖，一等奖数量和获奖总数均位居全省广府菜系第一。在以上各项赛事的选拔、备战和参赛工作上，市职建中心始终坚持统筹与指导并重，积极做好沟通协调，在赛事组织、技术指导、后勤保障、统筹协调等多方面齐发力，为各项竞赛工作的有序开展提供了有力保障。

（四）打造广州品牌赛事，持续推进广州市产业人员职业技能竞赛

2022年，围绕广州市数字经济新兴产业发展需求，按照市人社局的统一部署，市职

建中心积极组织开展了广州市"羊城工匠"第九届产业人员职业技能竞赛暨第三届"鲲鹏应用开发"竞技大赛。竞赛结合广州市新兴产业发展需求，设立了人工智能训练师、区块链应用操作员等新兴产业项目，积极发动各类大型企业、技工院校、职业院校和各类机构共 114 名选手报名参赛，已完成初赛并取得了良好反响。广州市产业人员职业技能竞赛自 2014 年起每年举办 1 届，至今已成功举办 8 届，历届赛事包括了传统产业、现代服务业、先进制造业及新兴产业近 30 个工种，累计参赛人员近 3 000 名，带动岗位练兵人数近 100 万人次。

（五）积极指导开展市级二类竞赛，推进各行业竞赛工作广泛开展

为推进全市二类行业企业职业技能竞赛工作深入有序开展，结合各区行业特色和发展方向，市职建中心积极指导和发动全市各区人社部门、行业企业和相关机构做好二类竞赛的申报工作，并加强统筹协调，进一步扩大了全市各行业企业参赛范围。2022 年全市有 10 多家单位组织开展了市级二类竞赛，涉及 22 个竞赛工种，涵盖广州市现代服务业、先进制造业和新兴产业，参赛人数达 5 000 多人。近 10 年来，广州市累计开展市级二类竞赛赛事约 200 项，参赛人员约 10 万人，带动岗位练兵人数 300 多万人次。

（六）积极落实上级有关部署要求，努力做好各类技能竞赛帮扶工作

2022 年，市职建中心按照市人社局对口帮扶工作的有关安排，积极做好相关帮扶工作。一是做好对口贵州省毕节市、黔南州、安顺市的东西部职业技能协作工作，协调落实局属各技师学院完成对毕节市、黔南州 21 个项目选手的线上集训和辅导，开展安顺市、毕节市两地相关机构申报贵州省级竞赛集训基地工作专题培训，通过一系列帮扶指导，助力贵州省毕节市、黔南州、安顺市三地选手最终在贵州省第一届职业技能大赛中获得了 2 金 5 银 1 铜 20 优胜奖的佳绩。二是做好清远市技能竞赛的支援工作。应广清对口帮扶指挥部的请求，市职建中心开展了支援清远市参加广东省第二届南粤家政技能大赛的参赛筹备工作，市职建中心负责同志多次带队赴清远指导工作，并安排业务骨干和专家对办赛工作进行指导。同时还安排了清远市参加省南粤家政大赛的选手与广州选手一同集训，并组织专家进行专门指导，助力清远市最终在省南粤家政技能大赛中获得了 6 个优胜奖的佳绩。同时还指导清远市开展了 2022 年首届"广清杯"清远"南粤家政"技能大赛，协助组织相关专家裁判对清远进行赛前技术指导，进一步提升了清远市"南粤家政"赛事技术力量和影响力。

二、主要做法和情况分析

2022 年，广州市在各类职业技能竞赛取得的成绩，得益于国家、省、市对技能人才

队伍建设的高度重视，得益于市人社局的坚强领导，得益于市教育局、市有关部门以及各承办实施单位的大力支持，凝聚了各方的智慧结晶和努力汗水。

（一）领导重视，多方协同，是坚强有力的组织保障

在广州市组织开展和参与的各类竞赛工作中，各级领导均予以高度重视和大力支持。市领导对世赛备战参赛工作做出"积极准备，赛出成绩，赛出风格"的批示，市人社局领导部署世赛特别赛和相关赛事的备赛参赛工作，多次到世赛特别赛和相关赛事广州集训现场慰问选手和专家，亲临"粤菜师傅""南粤家政"等省赛现场指导；成立了竞赛组委会，统筹指导全市职业技能竞赛工作。市教育局等相关部门积极动员和支持，各竞赛承办单位成立以单位主要领导为组长的竞赛组织机构，全力推进各类竞赛工作的实施。正是因为各级领导的高度重视和相关部门的协同奋战，广州市形成了以市政府统一部署，市人社局直接领导和政策支撑，市职建中心组织协调和技术指导，以承办单位为项目落脚点和具体组织实施的良好竞赛工作格局，为广州市各类赛事的备战参赛工作提供了有力保障。

（二）科学备赛，重在实干，是做好工作的重要法宝

技能竞赛不仅是选手们实力的考卷，而且也是行政和技术团队、后勤保障团队的"大考"。作为全市技能竞赛业务和技术指导部门，市职建中心在梳理以往经验的前提下，始终做到注重进行赛事分析，整体研判竞赛形势，做到高起点谋划，分类分步实施，从而有效实现了各项竞赛工作的科学化、专业化、过程化管理。如在选拔组织上，注重拓宽选拔渠道，推动技工院校、中（高）职院校、企业（行业）和各类机构等多方推荐参赛选手，确保真正推荐出各行业精英参赛。同时注重聘请经验丰富、有影响力的国赛、省赛项目专家组长担任市选拔赛专家组长，严格参照世界技能大赛标准统一规范技术文件，使竞赛选拔技术保持高标准。在集训上，注重依托世赛基地主阵地，及时研究掌握世赛标准和规则变化，科学制订集训工作计划，聘请有经验的专家担任教练，组建项目有力的技术保障团队，强化选手技术、技能、心理、意志、体能等训练并全面提高集训效果。同时注重组织各承办单位和专家做好广州市参赛选手和竞争对手的实力和水平研判，制订有效应对措施，为强化集训提升选手水平提供保障。在参赛上，注重强化组织领导，成立参赛代表队，明确分工合作，构建了多方联系工作机制，市职建中心专门设立项目联络员，建立参赛工作群，对每项赛事每个项目实行专人跟赛，并实行一日一报一分析制度，在参赛上做到充分发挥团队作战的力量，调动整合了前方和后方技术资源和力量，有效落实好技术训练、专业指导、仲裁评判、后勤保障等，从而确保能高质量落实好各项竞赛的备战参赛目标任务。

（三）加强协作，取长补短，是互促水平提升的主要手段

竞赛是竞技平台，也是交流平台。市职建中心始终注重加强与兄弟城市和单位交流合作，通过取长补短提升广州市办赛和技能人才水平，如通过持续开展的穗港澳蓉青年技能竞赛平台，不断加强与港澳和成都等城市的交流学习，使广州市职业技能竞赛水平得到了快步提升。在本次世赛备战中，市职建中心作为业务和技术指导部门，积极指导各集训基地和承办单位加强与国内乃至国外城市的选手进行集训或比赛交流，进一步开阔了广州市选手和专家的国际视野，助力选手熟悉掌握规则、精准把握世赛发展趋势及最新标准要求。在备战第二届全省"南粤家政"决赛期间，广州市在支援清远开展参赛选手集训备战的同时，也实现了两地专家和选手互相交流和促进，为参赛积累了宝贵的实战经验。在对接贵州省帮扶过程中，广州市与毕节市、黔南州、安顺市三地建立了良好关系，共同分享竞赛经验和收获。同时，市职建中心与广州日报、南方日报等专业媒体机构合作，携手市内主流媒体开展竞赛宣传，传播"工匠精神"和"技能成才"理念，营造崇尚技能、尊重技能人才的社会氛围，达到了对广州竞赛品牌的宣传效果。

虽然2022年广州市在各类竞赛中取得了不少成绩，但也存在一定不足，如职业技能竞赛管理体系制度建设上相对滞后、部分赛事组织实施的统筹力度上还有待进一步加强、在竞赛专家队伍的建设上有待进一步整合等，这都需要市职建中心认真做好总结分析。

三、下一步工作思路

广州市职业技能竞赛工作要按照国家和省市人社部门的部署要求，以抓好重点赛事为主线，以加强竞赛体系建设为基础，进一步统筹推进各项职业技能赛事出成效、出亮点，实现广州市职业技能竞赛工作高质量发展。

（一）强化组织实施，全力做好第二届全国技能大赛备战参赛工作

做好第二届全国技能大赛备战参赛工作是年度竞赛工作的首要任务。一是要做好广州市参赛选手的集训备战工作，提高集训效能。要进一步加强与各竞赛集训基地和承办单位的沟通指导，制订科学的集训计划，严格执行世赛标准，不断提高广州市参赛选手集训的针对性和有效性。二是要做好广州市参赛项目分析研判，实现精准发力。要指导各集训基地、承办单位和专家做好广州市参赛选手和竞争对手的优劣势分析，努力采取有效举措和对策，进行精准发力。三是强化专家队伍培养，做好省赛国赛的统筹跟进。要加快广州市专业水平高、大赛经验丰富、影响力较大的专家队伍培养，使广州市在省赛、国赛担任裁判长和裁判的专家实力不断壮大，从而使广州市在省赛、国赛中继续保持领先地位，争取广州市更多选手入选国家队征战世赛并取得优异成绩。

（二）加强统筹协调，努力做好全年各类职业技能竞赛办赛备赛参赛工作

要进一步加强统筹协调力度，继续做好粤菜师傅、南粤家政、乡村振兴等全省和全国有关赛事的组织备战工作，争取各项竞赛成绩走在全省和全国前列；全力做好第十二届穗港澳蓉青年技能竞赛的办赛和参赛工作，加强参赛选手选拔集训，做好办赛谋划，争取办出一届富有特色、成效显著的赛事，实现办赛和参赛双丰收；继续组织开展好第九届广州市产业人员职业技能竞赛暨第三届"鲲鹏应用开发"竞技大赛决赛，不断扩大赛事的品牌效应和影响力；继续指导各区、企业、行业协会和各类机构开展好全年市级二类竞赛，结合各区行业企业发展重点，不断扩大竞赛覆盖面，努力营造以赛促训、以赛促学、技能成才的浓厚氛围。

（三）努力夯实基础，不断提高广州市职业技能竞赛工作水平

进一步加强和完善广州市各项职业技能竞赛机制建设，出台广州市职业技能竞赛管理办法，从竞赛的组织架构、分类管理、组织实施、表扬奖补、技术保障、经费保障等多方面予以制度化，不断规范各项职业技能竞赛活动，提高竞赛工作水平；要进一步加强广州市职业技能竞赛专家队伍建设，努力培养一支职业道德素养好、专业技术水平高、竞赛经验丰富的专家队伍，用以指导广州市在办赛、备赛和参赛工作上多出成果、出好成果，为推进广州市职业技能竞赛高质量发展创造条件。

世赛对技工院校内涵发展的促进研究

——以广州市技师学院为例

李宗国[①]

一、研究的背景与意义

2019年9月22日，习近平总书记对我国技能选手在第45届世界技能大赛上取得佳绩做出重要指示，劳动者素质对一个国家、一个民族发展至关重要。技术工人队伍是支撑中国制造、中国创造的重要基础，对推动经济高质量发展具有重要作用。要健全技能人才培养、使用、评价、激励制度，大力发展技工教育，大规模开展职业技能培训，加快培养大批高素质劳动者和技术技能人才。要在全社会弘扬精益求精的工匠精神，激励广大青年走技能成才、技能报国之路。

2018年5月，中共中央国务院出台《关于推行终身职业技能培训制度的意见》（国发〔2018〕11号），要求建立以企业岗位练兵和技术比武为基础、以国家和行业竞赛为主体、国内竞赛与国际竞赛相衔接的职业技能竞赛体系，大力组织开展职业技能竞赛活动，积极参与世赛，拓展技能人才评价选拔渠道。

广东省人社厅印发《广东省技工教育创新发展行动计划（2016—2020年）》要求，为发挥世赛引领作用，扶持15个以上办学基础好、承办竞赛经验丰富、竞赛成绩优异的技工院校建设成为示范性世赛集训基地。建立技工院校职业技能竞赛长效机制，对照世赛标准，制订并完善实训标准和技能竞赛标准。

广州市人社局《2017年广州市技工教育工作要点》提出，强化竞赛引领，深入研习世赛规则和评分标准，注重世赛成果转化应用，实现世赛技术标准向技能人才培养标准、参赛选手培养路径方法向技能人才培养路径方法的"两个转化"，逐步实现技能人才培养与国际接轨；积极参加全国、全省职业技能大赛，通过竞赛促进学院专业建设、品牌塑造、教学改革和内涵发展。

各级的要求，对广大劳动者素质和技术工人队伍建设，尤其是大力发展技工教育提出了新要求；而如何实现世赛成果的转化，则为新要求、新目标的实现提供了新路径和新契机。

[①] 李宗国，男，广州工程技术职业学院副院长，助理研究员，高级人力资源管理师。2015—2020年担任广州市技师学院院长。

二、实现转化的现实与机遇

创办于 1952 年的广州市技师学院（以下简称"学院"），距今已有 68 年办学历史，是广州技工教育的发祥地；由于广州毗邻港澳，在早期穗港澳三地劳动就业部门组织的青年技能竞赛中较早了解了世界技能组织和世赛竞赛评分规则。中国加入世界技能组织后，学院就借助模具设计与制造专业师资和设备优势，率先在 2010 年底组建了 CAD 机械设计项目的教练团队，并由此拉开了世赛的征程。历经该项目第 41、第 42、第 43 届各级选拔和派员进入国家集训队的磨砺，到第 44 届世赛终有机会代表国家出征原型制作和 CAD 机械设计 2 个项目的角逐，经过黄枫杰、陈启佳 2 位同学的奋力拼搏，最终在阿布扎比夺得了 1 金 1 银的辉煌战绩，为广州市技工院校夺取了世赛首枚金牌，实现了广州冲击世赛金牌"零的突破"。

从担任广州市职业技能竞赛统筹部门——广州市职业技能鉴定指导中心主任到后来担任该学院院长，以及第 44 届世赛广州市观摩团原型制作和 CAD 项目技术保障组组长，笔者深深体会到：赛场上选手之间较量的背后，其实是选手输出国家和地区、集训基地和院校之间的强有力挑战和竞争。第 44 届世赛恰好是学院作为高级技工学校完成国家中职示范校建设任务后不久，学院又获得了第四届"黄炎培优秀学校"殊荣等荣誉，整个学院发展呈现迅速上升势头。得益于一竞赛佳绩，学院被广东省人民政府予以"记大功"等。这些振奋人心的消息，以及随后应接不暇的全国各地同行前来考察交流，都为学院世赛后如何实现成果转化，进而实现创新发展提出了崭新要求。

为大力推进我国世赛成果转化工作，明确世赛成果转化的目标、对象、内容，探索转化工作的技术路径，为全国转化和应用世赛成果提供范例和方法。2019 年 5 月，人社部职建司委托广州市人社局属下广州市职业技术教研室和广州市技师学院开展"世赛成果转化课题研究"，旨在通过系统梳理我国参加世赛成果，调研国内部分地区世赛成果转化工作现状，借鉴发达国家的成功经验，高质量开展研究，提出前瞻性、创新性的方法和路径。

作为承接该课题的单位之一，如何通过世赛促进技工院校专业建设，促进技工院校学生工匠精神培养和职业素养提升，进而促进学院管理水平提升和技能文化在院校普及的认识，越来越成为学院实现成果转化的共识。结合 2019 年"不忘初心、牢记使命"主题教育，学院专题开展了世赛备战及成果转化调研及报告撰写，经过与广州市职业技术教研室团队赴北京、华东等地区调研，组织问卷设计、发放及回收分析和梳理，邀请国内知名竞赛成果转化专家的专题培训和辅导，进一步梳理出学院在世赛成果转化促进内涵发展方面的思考，以做到可复制、可推广。

三、转化的初步成效和成果

10年间，学院一如各参赛院校和集训基地，经历了对世赛最初的朦胧认识到今天更为深入、全面了解的过程；由原本为参赛而参赛，为夺牌而出征，到今天借助世赛促进学院内涵发展，尤其是综合办学实力和水平的提升，可谓感慨和收获良多，至少目前已初步实现成果转化的"四个促进"。

（一）促进技工院校专业建设

1. 促进校企合作纵深发展，推动人才培养模式改革

世界技能组织的宗旨是，通过成员之间的合作，促进青年人和培训师职业技能和能力水准的提升，并积极推广职业技能，加强各国在职业技能领域的合作与交流。

世赛的竞赛内容紧跟世界行业发展的步伐，贴近企业岗位和社会的职业需求，代表了当下该项目在世界范围内技术发展的潮流和最高的技术标准。与世赛的要求相比，我国的技能竞赛、技能鉴定在贴近行业企业岗位标准和用工需求上，还存在相对滞后和差距的一面。因此，借鉴世赛先进的理念、竞赛标准、评价体系等等，能促进技工院校人才培养模式的改革，提高技工院校技能人才培养质量，培育支撑中国制造、中国创造的高技能人才队伍。

前主席杰克·杜塞多普说："职业技能教育就是从实干中学技术，在实践中通过不断观察、练习、改进和创新来学习职业技能。"世赛有众多国际知名企业参与，正是由于企业的广泛参与，促进了职业教育与企业的实际需求相衔接，使得世赛为技能人才培养提供了目标与标准。而且，世赛的竞赛项目与产业发展对接、竞赛内容源自于企业的真实生产任务和实际案例，竞赛标准按照行业的最高标准实施，因此，技工院校应进一步加强校企融合的力度，引进知名企业、龙头企业甚至是世界知名企业的职业标准、工作任务、生产环境、评价体系等，共同开展专业建设、课程开发、师资培养、实训场地建设等校企合作工作，深入实施校企双制、工学一体、产教融合的人才培养模式。

2. 通过世赛项目，大力推动课程改革

参与世赛，是提升技工院校教学质量的强有力手段，也是选拔和培养高技能人才的重要途径。

经过10年时间的世赛参赛选拔和集训，我们越来越意识到，将世赛项目转化为专业或专业方向的建设，将世赛标准转化为教学标准，对于整体推进学校教学改革和专业建设都大有益处。作为世赛金牌项目的原型制作，就是借助学院原有的模具设计与制造专业基础推出的工业设计（原型制作方向）新专业，经过几年的建设，原型制作已经成为学院品牌专业。学校只有不断推陈出新，增强专业和市场的契合度，才能全面提升专业建设质量，才能全面提升教学质量，才能造就更多符合市场需求的高技能人才。

世赛依据行业及企业标准开展，竞赛的评价方式也是依据企业的评价标准，而且竞赛项目本身就是很好的实践教学和项目教学的范例。因此，我们在专业建设中，要大胆引入世赛标准，制订相关专业的一体化课程改革方案，将竞赛内容、竞赛标准向课程标准转化，将竞赛课题向实训课题或一体化教学项目转化，将竞赛训练方式向教学实训方式转化，将竞赛评价方法向教学评价方法转化，将竞赛场地布局向实训教学场地转化，并开发配套的教材、学材、数字化资源库等等。

3. 推动实训教学环境建设向世赛标准靠拢

世赛竞赛场地的规划、设备配置等均按照当今世界范围内行业最高标准或主流标准设置，因此，通过参与世赛活动，不管是实训室还是一体化工作站，技工院校实训教学环境建设都有了较高的参考标准。以世赛标准建设的实训教学环境，能更好地适应世赛的要求、能更好地满足企业的要求，为培养高技能人才提供必备的、高标准的实训场所。

学院原型制作项目集训基地从规划之初就借鉴了巴西圣保罗举行的第43届世赛该项目的竞赛场地建设标准，并结合了学院教学组织实训的要求，由此成为承担第44、第45届世赛该项目国家集训任务的牵头基地。几年里，先后承担了世赛该项目全国机械行业和广东省选拔赛、全国选拔赛和中国集训队集训任务；结合第44、第45届世赛国际交流活动，在此举办了多国专家和选手研讨、交流活动。尤其是在第44届国际交流活动后，根据国外专家的建议，适时对集训基地进行了新的规划调整，不仅在场地布局、功能区分等方面进行了优化，还结合第45届世赛需求添置了新的设备。该基地不仅仅作为竞赛集训，还作为学院原型制作专业学生综合实训的场地。在这样的实训教学环境下学习的学生，比较全面地学习了专业技能，能更好地适应未来企业岗位的需求。

4. 促进高素质教师的培养

参与世赛，比拼的不仅仅是选手，更是各国各地区教练团队训练方法、水平的比拼，选手的专业水平、技能水平、外语程度、职业素养、身体体能、心理调适等等，都需要在教练团队的指导下学习和提升。在此状况下，教练团队中每一位教练的能力和水平都对选手赛场上发挥程度起着决定性的影响。因此，具有丰富的企业工作经验、竞赛经验、很强的综合素质和能力的教师担任教练，是参加世赛取得优异成绩的必要条件。

例如，学院参加世赛夺金的原型制作项目教练团队中，既有模具专业的专业带头人，又有在手板企业多年工作经验的专业教师，还有曾经获得过"全国技术能手"称号的数控加工专业教师和来自企业的技术人员等。

正如前面所说，技工院校作为培养高技能人才的重要阵地，不仅仅是要培养一两位世赛选手，更重要的是培养一批能够达到或接近世赛选手水平的技能人才，那么，就需要更多的能够达到或接近世赛教练水平的教师，这无疑需要我们以世赛标准来开展教师队伍的建设，让我们的教师了解世赛的理念，了解和掌握世赛的规则、标准，并能达到世赛的技能水平。

（二）促进技工院校学生工匠精神的培养和职业素养的提升

1. 促进学生"工匠精神"的培养

世赛特别强调任务完成的精度和质量，而且每一届都有不同程度的提升。就原型制作来说，第 44 届世赛就增加了数控铣削加工和 3D 打印；第 45 届世赛又增加了数控机床的操作等考核内容。这一不断赋予竞赛新内容、提升技术标准和要求的做法，也是世赛得以不断延续和扩大影响力的原因所在。我们要继续参与世赛的活动，就必须按照这种趋势去进一步提高训练的标准和要求，这势必对我国技工院校技能人才质量的培养产生深远影响和重要意义。

时任国务院总理李克强在政府工作报告时说，鼓励企业开展个性化定制、柔性化生产，培育精益求精的工匠精神，增品种、提品质、创品牌。工匠精神不仅体现了对产品精心打造、精工制作的理念和追求，更是要不断吸收最前沿的技术，创造出新成果。

如前所述，世赛比拼的就是对产品精度和质量的极致追求，这恰恰是对我国提倡"工匠精神"的最好落脚点。

近年来，学院结合"工匠精神"课程，在课堂上引导和培养学生要有精益求精的"工匠精神"，但单纯地以课堂讲授形式传递"工匠精神"还是很难让学生形成内化于心的行为习惯。世赛的这种竞赛标准，使我们培养学生的"工匠精神"有了可以量化的指标。只要我们持之以恒地按照这种方式进行训练，相信能对学生形成潜移默化的影响，树立和培养学生的质量观意识，形成追求较高精度标准、质量标准的行为模式或行为习惯。

2. 促进学生职业素养的提升

世赛竞赛标准严格，充分体现了对青年技能人才专业技术水准和职业素质的全方位检验，世赛标准引入教学过程中，也会对提升学生的职业素养大有裨益。

第一，世赛对参赛选手的操作规范有严格的要求，如安全操作规范、环境保护、场地卫生等，若没有养成良好的操作习惯，稍不留意，就会导致扣分。第二，世赛要求选手要有较强的复合技能，选手要根据现场的情况选择不同的设备、采用不同的工艺来进行加工。第三，世赛要求选手要有很强的心理素质。现场时刻面临着不同的困难和问题，完全需要靠自己去思考和解决。第四，要求选手要有强壮的体魄，以应对高强度的工作任务。因此，通过参与世赛的组织，引入世赛标准，能够很好地促进技工院校学生工匠精神的培养以及职业素养的提高。

（三）促进技工院校管理水平的提升

在参与世赛活动的组织过程中，尤其是承担了中国集训基地的组织工作，对学院管理能力和工作质量的提升有很大的促进作用。

以学院承担的原型制作项目中国集训基地的集训工作为例。由于我国是第一次参加原型制作这一比赛项目,对该项目的竞赛内容、竞赛方式等都不是很了解。为了能尽快了解并熟悉原型制作项目的竞赛内容,学院邀请项目相关首席专家进行指导,并在承办省和全国选拔赛的过程中给予指导;我们组织世赛标准研讨会,请来了瑞士、印度、日本、巴西的专家进行比赛标准研讨会;承办中国集训队的集训工作、组织中国和巴西选手交流赛、中国和日本选手交流赛、中国集训队国内异地训练和交流等,做好这些境内外的交流、学习和研讨工作,对学院的组织能力、管理能力提出了新的要求和新的标准。

学院通过与世赛工作的接轨,把世赛的工作标准作为自己的工作标准,全面重新启动质量管理体系和内控管理制度建设,面对不同的国家、地区,不同的语言、不同的文化背景,促使相关人员不断学习和实践,尽可能做到了国际化、规范化和精细化,这也有力地推动了学院在组织能力、管理能力、沟通能力、协调能力、应急能力甚至工作的品位等方面有较大的提升。

(四)促进技能文化在技工院校的普及

学院通过这几年世赛活动的参与,已逐步形成了"以赛促学、以赛促教、以赛促研"的风气,在师生中全面掀起"比学赶帮超"的积极向上氛围。在2019年"羊城工匠杯"广州市技工院校教师职业能力竞赛中,学院7名教师被授予"教学能手"称号,1名班主任被授予"业务能手"称号,5名教师获教学能力竞赛金奖,其中,获"教学能手"称号占比全市50%,获金奖占比全市55%,位居市属各技工院校榜首。而在学生方面,在第44届世赛夺得金银牌之后,各级政府和学院的奖励、电视和报纸等媒体的持续报道,对学生触动很大。想不到,技工院校的学生也能像奥运会选手一样夺得世界冠军,获得上百万元的奖励,技能成才、技能成就梦想成了看得着的现实!不少学生踊跃报名,要求参加原型制作、电气装置、CAD机械设计、汽车技术、计算机网络等专业世赛精英班培训。在第45届世赛中,学生文俊凯夺得原型制作项目优胜奖;赴学院参加训练的港澳选手,夺得电气装置项目优胜奖等。

而在学院方面,获得世赛金银牌这一优异成绩,让全国各地交流团队纷纷前来学院考察交流,大大提升了学院师生的文化自信。在此基础上,学院也借此契机提出了全面推动广府工匠文化建设的理念和实施计划,结合与广东省广府人海外联谊会联合办学,帮扶广府后裔学子助学的同时,在学院全力倡导广府人"慎终追远,开拓奋斗,包容共济,敢为人先"的精神,梳理出了学院"揽天下英才,育广府工匠"的办学理念,确立了"创办多科并举、综合性技师学院"的办学愿景,以及"修身广济,精技厚生""求真、务实、惟精、立新"的校训、校风和"业精于勤,行胜于言""笃学勤做,敏思精干"的教风和学风,在学院内建设了"羊城工匠馆""广府文化大师工作室""粤剧大师工作室""广府文化长廊"等一批体现广府文化精髓的平台,广州市老市长黎子流,著名书画家应祚智、吴优友和粤剧大师倪惠英、何笃忠作为广府文化大师应邀前往学院指导师生,促进了学院文化特质体系的构筑，实现了精神文化与物质文化的融合发展。学院借助广府文化交流和粤港澳大湾区建设，积极推动与港澳地区的合作交流，2019年成功承办了香港机电工程署委托的电气专业见习技术员培训，学院成为穗港世赛电气装置项目联合集训基地。一批恪守初心、善于创新的好老师获得了各级奖励，其中由学生成长为青年教师的黄枫杰荣获"2019年全国向上向善好青年"和"广东省五一劳动奖章"殊荣，赵晓霞老师被授予"广州市优秀共产党员"和"感动广州最美教师"称号，谭婉虹老师被评为"广州市优秀教师"，学院荣获2019年广州市技工教育高质量发展工作优秀单位。

世界技能大赛获奖经验分析与思考

——以广州市机电技师学院为例

杨 敏[①]

从第 40 届世赛到第 44 届世赛的 10 年间，连续 5 届世界技能大赛移动机器人项目的金牌一直都是被韩国垄断。但是，在第 45 届世赛上，这一历史被中国队改写。

2019 年 8 月 28 日清晨，从俄罗斯喀山第 45 届世赛传来消息，广州市机电技师学院学生胡耿军与云南技师学院学生郑棋元代表中国队，一举夺得移动机器人项目金牌。他们 2 人迎难而上，配合默契，挫败了韩国队在世赛移动机器人项目上试图六连冠的目标，一举夺得移动机器人项目金牌，实现了我国在该项目上金牌"零"的突破。

在此之前，2017 年，在阿联酋阿布扎比举行的第 44 届世赛上，广州市机电技师学院选手梁灶容荣获移动机器人项目铜牌，实现了我国在该项目奖牌"零"的突破。

面对这些成绩，作为学院院长，感到非常荣幸，但并没有完全沉浸在获得金牌的喜悦之中，而是在思考：这块金牌为什么是中国的，为什么是广州的，为什么是技工院校学生的，为什么是广州市机电技师学院的？

这枚金牌为什么是中国的

这次大赛我们能够获得移动机器人项目的金牌，的确令人振奋。这一次，我们能够战胜强手获得金牌，不仅是因为选手优秀、教练和专家水平高，同时也标志着我国在先进制造业领域技术的发展和进步。

当前，智能制造已经成为中国制造强国战略的主攻方向。"智造"撬动生产方式变革，传统产业"老树发新芽"，新兴产业生机勃发，而中国工业化的发展，是先进制造业、新兴产业领域高质量发展的结果。在推动制造业高质量发展的关键时期，产业机器人的发展势头尤为强劲，政府出台了《机器人产业发展规划（2016—2020 年）》一系列文件，在国家的大力支持下，我国机器人技术与产业都迅猛提升。

世赛移动机器人项目是集精密制造、物联网和人工智能技术相融合的高度机电一体化的比赛项目，从设备制造到程序设计和操作控制，都体现了中国工业化的先进水平。我们用几十年时间走完了发达国家几百年的工业化历程。伴随着快速工业化进程和工业化阶段的飞跃，智能制造产业成为助力中国高质量发展的"生力军"，而移动机器人的兴起则是

---

① 杨敏，男，广州市机电技师学院原党委书记，世界技能大赛中国（广州）研究中心学术指导委员会专家，正高级讲师。

其中的一个代表。

移动机器人项目代表着机电一体化成就的最高集成，是涵盖环境感知、路径规划、动作控制等多功能于一体的综合系统。比赛内容包括机械设计与安装、传感技术、电子技术、控制技术、计算机工程、信息处理、人工智能等多学科理论知识和操作技能。在工业4.0发展进程中，以机器人为代表的智能制造产业地位日益突显。

对于中国来说，虽然参加世赛移动机器人项目的比赛较晚，经验不多，但是，因为有强大的先进制造业的支持，有科学的训练和高水平的专家队伍，成绩也慢慢在赶超世界先进水平。第44届世赛上，中国选手就摘得移动机器人项目铜牌，吸引了更多人才从事移动机器人的研究和开发应用，推动了移动机器人行业的发展。通过此次参赛，我们对世界各个强国的移动机器人发展水平有了更深刻了解，世赛也为国内移动机器人项目指明了方向。同时，这个成绩离不开国家对世赛、高技能人才队伍的重视和支持，近年来，国家出台了一系列高含金量的加快高技能人才队伍建设的政策，前国务院总理李克强亲自接见第44届世赛选手，人社部领导亲自到机场迎接第45届世赛中国代表团凯旋，技能人才的社会地位日益提高。

这枚金牌为什么是广州的

广州是中国技工教育的"小蛮腰"：第45届世界技能大赛中，中国代表团获得16枚金牌，其中四分之一来自广州；第41届世赛以来，广州选手累计获得6金3银5铜14优胜奖，尤其是第45届世赛上，广州市12名选手参加了11个项目比赛，百分百获奖，获得4金7优胜奖的历史佳绩，奖牌总数占全国的22%、广东省的55%。

其实，这些奖牌榜的背后，是广州经济高质量发展、现代产业体系的不断完善，以及技工教育"广州模式"的先进性。目前，广州市技能人才总量达262万人，其中高技能人才82万人，占比31.3%，居全国前列。

学院移动机器人项目能够在世赛取得金牌，也与广州日益蓬勃的产业经济发展需求相关。正是这些需求，催生了大批掌握精湛技艺的高技能人才，也促进了移动机器人技术的发展。学院也是因为要满足这一市场需求设计了服务机器人专业。广州的人工智能、物联网等相关产业蓬勃发展，一些企业与学院合作，提供了技术支持，保证了学院教授的技术能够与世界先进技术接轨。

广州是参与世赛最早的城市。世赛文化早已在羊城传播开来，有良好的氛围。加上又赶上了粤港澳大湾区建设的好时机，人才资源在广州迸发出巨大的力量。世赛移动机器人项目参赛队伍较多，竞争较为激烈。在此之前，广州仅在第43届世赛中观摩过这个项目。但是，移动机器人项目的比赛，最早是在"穗港澳蓉青年技能竞赛"中引入的，并且广州选手2次获得这个项目的金牌，成为国内移动机器人项目的霸主城市。后来，广州选手在第 44 届世赛上代表中国移动机器人项目首次亮相，就获得了铜牌，甚至超过德国、英国等工业制造强国，与日本等机器人技术领先的国家成绩相当。所以，广州选手获得这个项目的金牌，并击败连续 5 届该项目的冠军霸主韩国队并不是偶然的，而是厚积薄发的结果。

这枚金牌为什么是技工院校学生的

这枚金牌为什么是技工院校学生的？这跟技工院校的办学模式、人才培养方式以及广州技工教育整体实力密不可分。校企合作是大部分技工院校基本的办学模式和人才培养模式。可以说，这次金牌的取得与技工院校长期坚持的校企合作是分不开的，与校企合作培养出优秀选手是分不开的。

从第 44 届世赛备战之初，学院便与国内 2 家知名移动机器人企业合作，共同建设世赛集训基地；依据最新的技术要求，共同研制竞赛设备。同时，深化产教融合，共同制订人才培养方案，共同开发培训教材，共享师资资源。学院还主动面向产业、行业、企业"开放"，多主体深度合作，达到了利益共生、互惠共赢的效果，为世赛选手的培养奠定了良好基础。学院曾经的竞赛选手，大多被这些企业高薪聘用。

技能人才高质量发展离不开一个良好的成长生态环境，金牌能在技工院校产生，离不开广州技工教育这片沃土。广州全市共有 27 所技工院校，其中技师学院 7 所、高级技校 2 所、普通技校 18 所，教职工 5411 人，全日制在校生 10.93 万人，办学规模、质量水平和整体实力在全国处于领先位置，采取"结对子、强带弱"的方式，7 所技师学院引领其他学校共同发展，实现专业和功能互补，共同打造广州技工教育品牌，形成了梯队结构和战略纵深，特色发展。广州把技工院校作为培养高技能人才的主阵地、主力军，形成了"政校企、工学评、技艺道"一体的技工教育"广州模式"，如此扎实的技工教育实力，为技工院校的师生们指明了奋斗的方向，提供了多层次的保障和支持。

这枚金牌为什么是广州市机电技师学院的

这枚金牌为什么是广州市机电技师学院的？这有赖于学院坚守和传承具有机电独特性格和气质的"初心文化"。

近年来，学院始终坚持首任校长曾志关于"学校要为产业发展需求服务，为工业化发展进程服务"的办学初心，牢记"办学就是办专业"的宗旨，着力打造机电技能人才。伴随着共和国工业的发展，学院由开办之初的机械、电气、铸造、金属切削 4 个专业，发展到今天的 6 个大类、33 个专业，始终围绕"机"与"电"进行积累和沉淀。

移动机器人、无人机、巴哈赛车等都是高度机电一体化的产物，近年来，学院能够在国际赛事上占领一席之地，得益于61年来不忘初心，紧紧围绕制造业的产业链进行专业群建设。同时，围绕先进制造产业链，以制造自动化技术与装备为龙头，现代设计与制造技术为核心，生产性服务技术为支撑，构建了凸显"机""电"特色的专业结构体系。6个系重点建设的专业及其辐射带动的专业群似韧性的弓弦，对接位于先进制造产业链的上下游产业所形成的弓臂。同时，以"人文与技能并重、专业能力与职业素养并举"的人才培养目标为箭羽，确保学院沿着工业1.0、2.0、3.0到工业4.0的道路一步步升级，培养时代需要的高技能人才。他们紧跟智能制造产业发展趋势，超前规划，提前布局，在2010年率先开设机器人专业，经过近9年的建设，成为品牌专业，为高技能人才的培养和技能竞赛打下了坚实基础。

"初心文化"润物无声。近几年来，学院有60多名师生在全国比赛中斩获奖项，其中14名选手在全国大赛中获得金牌。学院毕业生就业率一直稳定在98%以上，毕业生大多在日立电梯、格力等知名企业就业；工业设计专业毕业生进入跨国企业蔚来汽车担任数字化曲面设计师，年薪40多万元；2017年，华为公司在学院顶岗实习招聘会现场加薪争抢学生，4名学生入职不到4个月就代表华为斩获东莞市现代制造技术职业技能竞赛职工组一、二、三等奖，其中数控铣工项目实现二连冠；人才培养质量获得格力、华为等知名企业的一致好评。面对成绩，我们常常把自己"归零"，回归初心，期待突破。

第44届的世赛移动机器人项目的铜牌选手梁灶容从阿布扎比获奖归来后，意识到自己知识与技能的单薄和不足，放弃了许多科研院所、高新企业高薪聘请的机会，沉下心来，走回课堂，以599分的高分考入天津职业师范大学深造学习。学院竞赛团队在第44届世赛载誉归来后，立刻就投入了紧张的备战，立志取得更大突破，终于在第45届世赛上取得好成绩。

移动机器人项目获得好的成绩，还离不开方方面面的团结协作，这也是学院的文化。移动机器人项目选手2017年在世赛舞台首次亮相时，就打破传统，与兄弟院校重组队伍，强强联合。第44届世赛上，学院与本省技工院校组队，取得了该项目的铜牌；第45届世赛上，又与云南选手联合，获得了金牌。从跨校到跨省，选手充分借助世赛的交流平台，以合作共赢的胸怀，进行优势互补，达到了共赢的目的。除了校与校合作外，他们还充分利用平时与企业良好的合作关系，进行世界技能大赛的合作。合作企业为选手提供最先进的设备，选派优秀的技术人员作为技术保障进入教练团队，为选手夺金提供了强有力的支持。同时，也打造出了"合作、竞争、拼搏"的技能竞赛文化。

世赛研究竞赛组织管理

探究企业依托世赛平台促进技能人才培养的经验
——以广东唯康教育科技股份有限公司为例

王艳凤　李坤媛[①]

广东唯康教育科技股份有限公司（以下简称"唯康教育"）2012年涉足世赛，连续4届担任信息网络布线项目世赛广东、国家选拔赛的设备和技术赞助商，2017年成为中国赞助第44届阿布扎比世赛信息网络布线项目的企业；2018年2月，唯康成为中国首家、全球第19家"全球产业伙伴"成员。2019年12月，在人社部的指导下，唯康教育作为项目发起方、设备和技术依托企业的，以重庆市人力资源和社会保障局为项目申报主管部门，开启申报第46届世赛新项目"光电技术"之路。作为一家民办企业，唯康教育从世赛中学习技术标准，并将其具体运用于企业生产和职业培训中，同时转化推广世赛成果，设计新项目新标准，为新领域人才培养服务。本文将从几个维度探究唯康教育如何利用行业实力赞助世赛；发现契机，申报世赛新项目，实现产业人才培养标准国际化，服务国家产业战略定位等，留下了具有唯康教育特色的世赛足迹。

经验一：以深厚行业实力和成熟的标准进军世赛

唯康教育创办于20世纪90年代，是一家集研发、生产、销售一体的通信行业（智能楼宇综合布线系统、光电技术方向）设备提供商。2003年企业进入职业教育，并逐渐参与并赞助省级、国家级技能比赛。2012年第42届世赛广东选拔赛，2014年第43届、2016年第44届世赛广东、国家选拔赛，唯康教育都是信息网络布线的设备及技术赞助商。

---

① 王艳凤，女，广东唯康教育科技有限公司总经理，世界技能大赛中国（广州）研究中心学术指导委员会专家；李坤媛，女，《中学生报》原总编。

信息网络布线项目早于 2005 年就被列入世赛项目，其发起者是日本的菊池拓男教授，他也是世赛这个项目的首席技术专家。在中国，唯康教育早于世赛 2 年，就开始为职业院校开发网络布线实训设备和课程标准体系，企业产品也远销国外，具有一定的知名度，这些都是唯康教育的基础。

在第 44 届世赛之前 6 届的世赛信息网络布线项目赛场都是由各个国家临时搭建的，技术水平、材料参差不齐，这不符合世赛需要一个统一的国际标准的宗旨，世赛组织希望能有一家企业能提供符合世赛标准的设备及技术支持。2016 年唯康教育向世赛组织提出成为项目赞助商的申请。经过对唯康教育产品的一系列考核、谈判，第 44 届世赛承办国——阿联酋终于确定唯康教育成为该届世赛信息网络布线项目核心赞助商，唯康教育为大赛提供 21 套比赛平台和比赛材料，并提供技术支持，总赞助价值达 200 多万元人民币。

签约后，唯康教育根据世赛信息网络布线项目首席专家菊池拓男的要求，对竞赛设备可靠性、高度设定、面板颜色、配件规格、模块化等都做了新的设计和标定。同时，根据以往竞赛设备存在的问题，唯康教育还向菊池拓男提出修改机柜布局的方案。最终，唯康教育攻克了比赛机柜固定墙体的技术难关，经改造后的新一代机柜出现在第 44 届赛场上。

唯康教育成功成为世赛赞助商的经验有三：一是近 30 年综合布线系统行业背景，所生产的设备在国内外均被认可和广泛使用，开拓国际市场并建立了全球销售体系，具有一定的行业国际知名度。而行业背景是世赛组织选择合作伙伴的关键要素之一，世赛项目设置均以企业或行业为主导，企业或行业实质性参与赛项设计、组织和实施，且多个赛项的主导企业是世赛的主要参与和支持单位。二是近 20 年技能人才培训经验。唯康教育从 2003 年开始就与番禺理工学院（现名"广州番禺职业技术学院"）合作，建立起国内第一家综合布线实训室，并逐渐成为职业院校网络专业建设中极其重要的企业力量。此后，唯康教育陆续开发了完整的综合布线实训室建设方案、第 N 代综合布线实训室和更多的教学实训装置，并与广东省乃至全国的职业院校合作，开展技能人才培训。三是掌握成熟的并高于行业标准的国际标准。世赛的评分标准，都是以行业为基准。评分时，先定义行业标准，高于行业标准的才是世赛标准。唯康教育不仅在综合布线方面形成完整的行业标准，还通过请教该项目世赛首席专家，研究国际标准，并用于比赛设备改造上，为世赛提供了国际标准的比赛装置。

经验二：深谙人才症结，申报世赛新项目，推动光电技术人才培养

转化世赛成果，更多的是将世赛标准运用于我们的技能人才培养。对标世赛，运用世赛技术标准、工作内容、技术要求、环境设施和评价指标等转化并成为职业院校和企业技能人才培养的方式方法。唯康教育在涉足世赛后，并不是简单地转化世赛成果，引入世赛标准，而是根据世赛项目设置规则和标准制订原则，站在企业角度审视国内外通信行业技

能人才现状，于 2019 年 12 月作为设备和技术支持方，以重庆市人社局为项目申报主管部门，向人社部提出申办"光电技术项目"新赛项，借此推动国内通信行业技能人才标准落地，促进国家光电技术人才培养。新赛项的提出和申报，唯康教育的定位非常明确，其目的有三：遵循绿色技能、服务产业人才培养、畅通行业标准升级为国际标准的路径等。这也是唯康教育进军世赛收获的又一经验。

（一）遵循绿色技能

第 45 届世赛开赛的第一天，世界技能组织开启"什么是绿色技能？理解绿色经济"的主题会议，会议共议在全球气候变化引起的全球性环境问题下，绿色节能刻不容缓的背景下，推动绿色产业链，探讨新兴产业人才缺口等问题。会议提出绿色技能岗位对环境的保持和修复具有积极作用，减少能源和原料的损耗，限制温室气体的排放，减少浪费和污染，保护生态系统，将对减缓全球气候变化对环境的影响起到积极作用。

光电技术项目就是基于对绿色技能的理解和支持而设置的。唯康教育发起的光电技术项目，将以 LED 行业发展与应用为方向，关注温室气体排放源、能源消耗及对气候的影响，打造升级全新 LED，引领绿色照明新时代；吸引和培养 LED 等光电产品的生产、应用开发设计、工程应用设计等工程领域，在生产、服务及管理第一线从事产品的生产、测试、应用技术、工程设计、安装调试、销售服务等工作的技能型专业人才，使其成为行业发展需要的优秀技能人才。唯康教育希望借此促进整个人才培养过程，不但通过教育体系，广泛推广绿色节能意识，响应联合国教科文组织国际职业技术教育培训中心提出的职业教育绿色建设，而且着力于绿色技能植入，使这些人才懂得通过技术革新达到节能环保的效果。

（二）服务产业人才培养

21 世纪以来，世界光电产业发展迅速。目前全球光电产业产值已突破 5 000 亿美元，到 2022 年将达到 8 000 亿美元。国外光电子产业主要在美国、西欧和日本。根据英国光子学领导小组（PLG）和知识成果转化网络（KTN）的最新分析，英国的光电产业每年为英国的经济增长贡献 129 亿英镑，年增长率超过 5%。中国光电技术产品市场十几年来始终保持在两位数的高速增长速度，信息技术、激光加工技术、激光医疗与光子生物学、激光全息、光电传感、显示技术等光电技术的快速发展以及光电技术与数字技术、多媒体技术、机电技术等领域的结合与渗透，我国已经形成市场可观、发展潜力巨大的光电产业。

（1）光电产业熟练技术人才奇缺。光电技术是通信行业的一部分，是智能楼宇综合布线系统集成方案中的关键环节之一，技术难度高，专业性极强，同时还要体现节约能源的作用。新加坡是亚洲光电技术发展较快，也是高度重视节能的国家，新加坡在 20 世纪 80—90 年代就开办技工学校，培养光学技工，提供光学工厂员工技术培训，为跨国光电企业提供熟练技工。在新加坡教育体制中，大专类光电教育学校有 5 所，初级学院（类似高中）都建立光学 / 光电实验室，逐渐引入光电类新课程进入理工学院（类似大专），是一种趋势，而这些理工学院为新加坡光电企业输入初级技术人才。在中国，光电技术人才培养呈现一头大一头小的状况，具有科研和设计能力的研发人才多，而熟练技术工人少。开设光电技术（含通信行业）的高校近百所，每年培养了大量具有科研和设计能力的本科生、研究生，但全国只有 5 所高职院校开设此类专业，仅有寥寥可数的技工院校从去年起开设这个专业。相对于高校，职业院校更多培养的是熟练技术人员，因此，在光电技术人才链条里，施工、安装、线路布置、线材生产等技术人员严重缺乏。

（2）世赛是推动人才培养的最有力平台。导致人才缺乏的原因不是培养意识问题，最主要的是缺乏培养能力和人才培养标准。世赛正是解决这些问题的有力抓手。世赛的宗旨从来不是举办一个脱离行业现实的高精尖比赛，因此，世赛的评分标准，都是以行业标准为基准。近几届，世赛组织也取消了脱离行业实际的赛项，并逐步增加全球性新兴产业。世赛技术标准兼顾了企业生产和社会生活需要的大多数技能项目，既反映全球培训情况又反映实际操作情况，对选手能力检验，直接对接着产业和技术工人的素质标准，因此，竞赛内容也反映出对复合型技能人才素质的要求。世赛命题原则是来源于生产实践，高于生产实践，对选手的要求不仅要有扎实的理论基础，熟练的操作技能，灵活的应变能力，还要有丰富的生产实践经验。选手必须能够完成综合任务，不是单一岗位操作者，是能解决多方面技术问题的复合型技术人才。因此，申办世赛新项目，正是推动光电产业复合型人才培养的最佳契机。

2020 年，光电技术新赛项国际邀请赛宣告推迟，人社部随之提出"一项一策"要求。"一项一策"顾名思义就是一个新赛项对应一个政策，"一项一策"的出台，其核心已不仅仅是世赛，更多的是带动我国产业发展，带动行业标准设定，带动复合型人才培养，带动光电产业创新研发，为国家"追光"战略做贡献。

（3）唯康教育抢占先机。光电技术是通信行业里的一分子，也是极其重要的一部分，特别是随着 5G 时代的到来，光电技术运用范围无限广阔。唯康教育在通信行业已有 26 年历史，办有工厂，是产品供应商，行业标准积累和实践多年，更重要的深谙光电产业中人才问题的症结所在，这也是唯康教育做到先知先行，率先提出申办新赛项的底气。第 45 届俄罗斯喀山世赛的赛场外，世界各国企业在各自展位上进行产品核心技术性能掰腕，唯康教育带去参与争夺眼球的就是光电技术产品和世赛成果转化 MR 系统软件项目，引起世界技能组织官员和各国企业的高度关注。

世赛结束后，唯康教育马上进入"光电技术项目"新赛项的申办工作。2019 年 10 月，唯康教育 2019 年世赛新申报赛项"节能光电技术"与"MR 系统软件"项目技术研讨会成功召开，世赛技能组织竞赛副主席兼竞赛委员会 Stefan Praschl 主席、世赛技能组织竞赛委员会 Dr Michael Fung 副主席以及人社部、国内职业教育专家等与会研讨；2019

年 12 月,"光电技术技能国际邀请赛"于重庆电子工程职业学院举办,大赛邀请了中国、俄罗斯、墨西哥、泰国、巴基斯坦、德国、南非、加纳、孟加拉国等 9 个国家 12 支队伍参与比赛,唯康教育是唯一技术支持单位,比赛项目包括光电应用终端的制作、光电应用系统的实施、节能光电应用系统的故障排查、维修及优化等内容。比赛设置了 5 个模块:光电应用终端制造、LED 全彩大屏组装与信息处理、LED 照明灯饰产品制作与调试、智能照明控制系统组装与调试、照明工程安装实施与调试等。

研讨会与国际技能比赛就是从技术标准和实践检验等层面将国内的行业标准与世赛标准实现同频对接,赛项设计融入国际标准,也体现国际化理念。

(三)畅通行业标准升级为国际标准的路径

根据第 44 届世赛采用裁判组评分方法,其要点是先定义出行业标准,然后才定义"好于行业标准"和"达到专家级水平或世界级水平"等级。这说明世赛评判方式以行业标准为基础,而行业标准才是企业用人标准。引入世赛后,我们培养的人才,包括少数达到世赛标准的选手和众多达到行业标准水平的技能人才,这些技能人才以用人企业为导向。

唯康教育经验的逻辑是先有行业标准,并在世界技能组织的技术指导下,融合光电产业先进国家技术标准,从而形成世赛标准,在这个过程中,我们可以并能形成可运用的国际标准,这个国际标准将成为企业走向国际化,培养他国技能人才的通用标准。全球范围内,光电技术产业发展较快的集中在美、英、欧洲等国家,亚洲以及"一带一路"国家多数处于初级建设阶段,中国光电企业走出国门,不仅为这些国家带去产品,更多的是要带去技术和标准,世赛新项目的出现,无疑对倒逼行业标准升级为国际标准起到积极的推动作用。唯康教育希望以光电技术新赛项为桥梁,搭建一个技能人才培养国际化平台,用标准助力国家战略定位,掌握产业话语权。

举例而言,中国光电技术企业(通信行业)输出产品设备到有需要的国家,为更好地形成命运共同体,并提升输入国家的技术水平,为输入国家开展职业技能培训成为必需,此时人才培养国际标准就成为关键,这个标准经由世赛技术标准转化,将最具说服力和适用性。

经验三:以世赛经验助力人才培养标准化

唯康教育通过世赛办赛的经验收集,参与了项目的设计、标准的制订、竞赛的评判,提供竞赛设备和材料、培训等,构建面向市场、服务发展、对接产业链的专业技能培养体系,从而实现了职业教育与企业的实际需求相衔接,让世赛为技能人才培养提供了目标与标准。

(1)世赛技能标准转化融入技能培训体系。唯康教育参与世赛之前,就已经拥有职业技能培训十几年的经验,参与世赛后,唯康教育将世赛新技术、新标准引入已经构筑的企业职业培训体系，服务国内的技能竞赛，实现从简单的理论加技能培训到统一标准的技能实践。唯康教育还依据世赛标准，提升企业实训环境，完善原有的培训手段，为更多的院校提供世赛仿真竞赛环境。唯康教育还以世赛为桥梁，构筑国内职业院校与世界技能组织成员院校之间的合作通道，目前已经在阿布扎比、赞比亚、菲律宾、俄罗斯、法国等地建立专业人才培训基地，国内职业院校师生均可进入他国培训基地学习，以此强化实践能力，提高学生的技能竞争力。

（2）推动世赛经验进职业院校。推动世赛经验进职业院校是唯康教育参与世赛，转化成果的主要工作之一。唯康教育借力世界技能组织专家资源，结合世赛新技术、新标准以及竞赛方式等人才培养体系，协助院校对课程建设进行科学规划，将新标准引入课程标准，新技术引入课程内容，以此形成国内职业院校人才培养的全新的课程体系。

职业教育不是单一的理论教育，其对人才实践能力提出更高要求。技能教育不只是让工人能够操作和监控机器，他们需要有发展高层次认知技能的机会，包括解决问题、决策和团队合作等，必须能够将他们的所学从一个工作岗位转移到另一新的工作岗位，这意味着，技术人才要具备更多地参与和解决工作中多方面挑战的能力。一直以来，职业院校的人才培养缺乏标准，或者过于单一，达不到复合型技能人才培养标准，唯康教育推动世赛经验进校园，还着力于推进院校实践基地建设。以信息网络布线为例，唯康教育提供作为世赛比赛使用的设备，其技术已达国际标准，并已得到世界技能组织认可，因此，将已经掌握的赛场标准引到日常教育实践基地建设，搭建先进技术、标准和全球同步的实践操作环境，就目前而言，只有唯康教育具备实力。

（3）搭建国际化交流平台。参与世赛，不仅仅是拿奖牌，享荣誉，更多是通过这个平台促进中国技能人才培养，促进人才国际化，人才培训标准化，世赛只是一个桥梁。唯康教育作为一家较早涉足世赛的中国赞助企业，从一开始将自身定位为这座桥梁的一分子。参与4届世赛以来，唯康教育发挥桥梁作用，使我国技工院校与其他国家的行业、企业结成伙伴关系，推动我国技工教育与世界职业教育的理念、模式、标准相对接，并通过举办竞赛、培训、学术论坛等方式，实现人才交流、人才流动和供需对接，共享人才资源、就业机会等。参与4届世赛的8年中，每年唯康教育开展的培训近百场，作为技术支持单位参与省市、国家、国际级别竞赛年均20场，举办的国际性学术论坛十几场，为提升专业建设和人才培养的职业教育国际化水平迭代升级做出了积极贡献。

唯康教育经验，说到底就是转化世赛成果，实现引入标准、转化标准、运用标准的经验。人才培养标准正是我国技能人才培养的关键所在，也是中国企业走出国门，融入世界的基石。作为一家企业，唯康教育在实践中摸索发现人才培养的症结所在，并勇于尝试、开拓、创新，其已形成的经验或于未来，被更多企业所迭代，但这并不重要，重要的是在包括政府、企业和院校的共同努力下，我国技能人才培养走出一条具有中国特色的人才培养之路。

四个"四",全力支持交通行业职业教育赛教一体

——以郑州捷安高科股份有限公司为例

范云霞[①]

2015—2022年,8年办赛实践,我们发现目前技能竞赛全员化、全球化组织存在三方面的问题:一是院校方面,尚未形成一套行之有效的技能竞赛和院校学期教育(竞赛成绩换算为学分)教学(竞赛辅导时间换算成课时)结合、与学生和教师的评优评先关联的机制,院校组织起来存在各种掣肘,有畏难情绪;二是市场方面,目前国内各级各类赛事"云集",院校疲于应付,没有精力系统化做好竞赛和教培的无缝衔接;三是技术方面,就我们自己的赛事而言,目前基于线上竞赛的平台技术研发投入高,导致平台成本较高,而目前院校的机房配置不足以支撑院校大规模集中教培(竞赛)。基于这三方面的核心问题,我们进一步探索了"赛教一体"的课程设计与研发,包括对应的平台技术攻克,同时也通过轨道车辆技术这个赛项的全球化推广,落地我们的赛事组织规范化团体标准的撰写和国际化培训教材的编写工作,致力于提供全流程体系化的赛事组织工具包及支撑教、培、考、练的好产品,同时做好职教人智慧管理的好帮手。

▲【智慧管理平台】—实训基地综合管控中心

第一,建机制、促运营,我们设计了"四个阶段"。依据职业教育发展规律,结合目前职业院校学生的学期学制,我们设计了校园海选赛—省市预赛—全国总决赛—国际赛层层递进,环环相扣的四个阶段,这个体现在组织设计的相关通知文件中,包括参赛对象、竞赛平台、组织流程、表彰奖励等内容,其中校园海选赛的初衷和目的就是要真正实现"赛教一体",全员性竞赛和学期期末考试一体化设计,这样学生的竞赛练习就和学期教

---

① 范云霞,女,郑州捷安高科股份有限公司市场总监。

学计划同步起来，同时注重校园海选的结果应用，除了与学期考核同步外，还打通了晋级通道，组织海选赛的院校，参与省市预赛的名额倍数增加，在省市预赛中晋级决赛的概率也相应增大了，以此类推，以高规格全国性甚至国际性赛事为牵引，可最大程度上提高学生技能掌握的质量，促进高质量就业。尤其值得一提的是，我们不是为了赛而赛，而是依托竞赛这种比赛形式和口碑宣传，来促进日常的教学实训，比如近三年，职业院校的学生实习实训的机会有所下降，影响了正常的理论教学效果，我们目前提供的线上竞赛平台就可以实现云端部署，远程教学，学生足不出户即可开展线上实操实训课程学习和考评，这种方式将在一定程度上提高学生专业知识的积累和技能的提升。同时，四个阶段的赛事，层层递进式地提高了本学院在校学生的视野，与自己专业的同学比，与区域内兄弟院校的同学比，与全国范围内各区域的佼佼者比，与一带一路暨世界范围的国际同龄人比，在"基座式专业人才"高质量培养的前提下，逐级遴选和选拔出了"精英式专业人才"，院校通过"以点带面""榜样力量"为将来行业的"大国工匠"培育苗子。

第二，搭平台、作支撑，我们研发了"四个平台"，"四个平台"分别是中英文双语化的"线下考培平台""理论考培平台""线上考培平台"和"办赛云平台"，其中第一个"线下考培平台"，是基于岗位工作过程开发的面向操作流程和操作标准化的线下竞赛平台，最大限度还原工作现场，让学生未就业就提前熟悉岗位技能操作标准化要求和要点要领，缩短岗前培训时间，我们这个平台也是同时在运营单位用于职工岗位培训的常规平台，这个平台是我们持续发展的核心，是校企同台竞技的标准化平台，是岗位人才培养和培训的根本。第二个"理论考培平台"是我们公司积累多年的教培资源，通过各专业国内权威的专家组研讨确定下来的符合该专业建设和人才培养需求的结构化试题，非常适用于学生碎片化时间的利用，可以辅助老师进行职业素养培训，行业环境发展认知以及岗位操作平台和工具认知。第三个是"线上考培平台"，这个平台最大的作用在于满足院校平时实训教学和竞赛如期组织，同时也是学生在一年级和二年级上学期的重要实操平台，可解决院校线下实操工位少的问题，同时还可以将行业"大思政"对应岗位典型人物的事迹通过口述视频记录的方式融入日常教学，培养学生的职业自豪感和荣誉感。最后一个"办赛云平台"，是集大赛报名、审核、回执确认、练习和模拟考试账号分配、赛事组织自动化分组，无人为因素干扰的裁判匹配、竞赛成绩以及获奖证书查询、竞赛各环节组织工具包共享等为一体的"云平台"，最大程度上节约各赛事组织的人力占用，且能高标准办赛；基于以上"四个平台"的打造，全员全球化竞赛及教学易如反掌。

▲【线上考培平台】信号维修—转辙机道岔检修

▲【线下考培平台】车辆技术赛项—屏蔽门检修模块

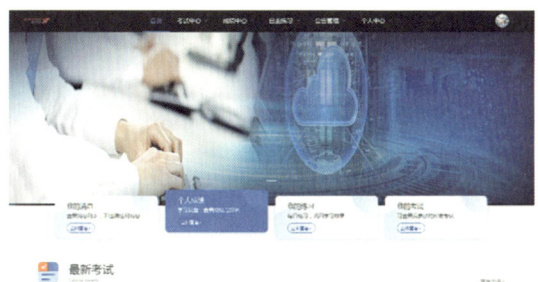
▲【理论考培平台】个人成绩查询

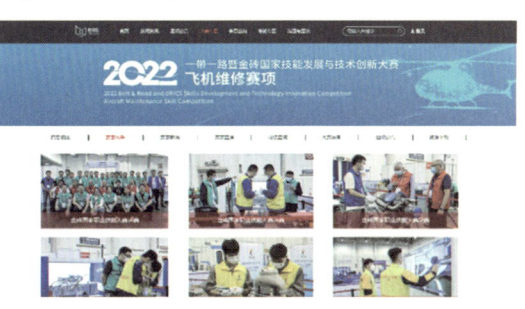
▲【办赛云平台】飞机维修赛项—赛事风采

第三，编教材、做课件、配资源、做培训，我们开发了"四类载体"，全方位支持教学计划实施。上述四个阶段匹配学生在院校的四个学期，附以四个平台的支撑，我们继续深入教学一线的需求，编撰活页式教材，平台使用课件，数字模块化教学资源，定期举行寒暑假师资培训和赛前集中培训，目的就是要方便院校和教师推行新的教学计划，构建真正的职业院校面向工作岗位的人才培育新模式，确保"赛教一体"的落地，助力"三教改革"顺利推进。

已编撰轨道交通专业教材如下：

《轨道交通车辆技术实训指导》（5册）

《铁道机车运用与维护实训指导》（4册）

《铁道供电技术实训指导（一）变电所》（1册）

《铁道供电技术实训指导（二）接触网》（1册）

《轨道交通运营管理实训指导》（5册）

《铁道信号自动控制实训指导》（2册）

第四，我们成立了"赛教一体化"推进组织、搭建了"四层架构"，为有效落地"人人参与技能大赛，人人出彩技能人生"的美好愿景，我们精心进行制度设计、平台研发，但最终的开花结果还需要各阶段赛事的落地实施，需要对应的组织架构来保障，对于校园层面的培养和选拔，需要院校的四层架构去保障，对于区域人才培养质量较量，需要区域赛事的四层架构来保障，对于全国的人才质量角逐，当然也需要全国的组织架构来保障，比如第一层架构是由全国轨道交通行业知名影响力人员挂帅，第二层架构由来自全国省、自治区、直辖市交通类院校主要领导组成的大赛执委会机构，第三层次是对应执委会成员由各区域赛事承办院校负责教学或技能大赛的主管领导组成，第四层次是对应承办赛事的各院校相关专业二级学院负责人，院校宣传和活动主要负责人。

郑州捷安高科股份有限公司以"大赛"为突破口和支点，通过赛事的影响力来助力院校的教学改革，让赛事从成果惠及整个行业的人才培养和培训，专注于高端复杂行业人才培养解决方案的设计和实施，致力于中国培训装备标准走出国门走向世界，输出"中国标准"和"中国方案"。

世界技能大赛学术研究探索

> 导 读

聚焦世赛研究　助力人才培养

董其才[①]

"夫源远者流长，根深者枝茂。"广州是最早参加世赛的省会城市，参赛历史悠久、底蕴深厚。广州市挂牌1个国家级世赛研究中心、8个高技能人才培训基地、16个世赛中国集训基地，自2011年参加第41届世赛以来，广州市共斩获7金3银6铜15优胜奖，赢得广泛的赞誉。在深厚的参赛实践基础上，广州的世赛研究更是百花齐放、百家争鸣。从世赛标准对标职业标准研究、世赛标准转化课程研究、专业建设到世赛参赛模式研究、世赛培养选拔机制研究等，广州的世赛研究成果丰硕、内涵深邃，如"灯塔之光"照亮技能人才培养之路，为全国世赛研究贡献了宝贵的广州智慧。

世赛成果转化为技能人才培养路径

在新时代培养更多的"大国工匠""能工巧匠"关乎我国产业结构优化和经济转型发展。而技能人才培养涉及方方面面，包括宏观政策环境、培养主体、培养对象和培养模式、手段等。在研究技能人才培养路径的过程中，陈李翔全面系统地研究了世赛对我国技能人才培养的启示，从专业设置、培养目标、以赛促课和榜样力量四个方面分析世赛对我国技能人才培养潮流和趋势、培养方案和路径、测评标准等影响。杨代友分析了广州参与世赛的优势、短板、挑战和机遇，从而提出了促进技能人才培养的6条对策建议。董韵捷、颜婉彤在分析世

---

① 董其才，男，广州市职业技术教育研究院（世界技能大赛中国（广州）研究中心）教研员。

赛健康和社会照护项目职业能力要求的基础上，归纳出技能人才培养路径。

世赛成果转化为技能竞赛训练模式

技能竞赛是世赛运动六大领域中影响最为广泛的部分，世赛不仅为广大技能人才提供了展示实力的舞台，还成为综合反映各国各地区职业技术教育成绩的窗口。部分学者通过总结其他国家地区参赛组织的管理经验，得出了有利于我国技能竞赛的些许经验。谢晓红、谢思明通过研究发现奥地利参加世赛的选手主要来自公司和企业，这主要得益于奥地利独具特色的双元学徒制培养，这对我国特色企业新型学徒制和技能竞赛具有启示作用。董其才、朱然雨、姚尔津基于二语习得监控理论系统科学地分析了世赛备赛选手英语能力提升的方法和路径。基于监控理论的"沉默期""语法干扰期""提高期""上升期"，得出选手英语培训的若干方法。

世赛成果转化为专业课程教学标准

世赛成果转化至学制课程教学，是世赛由"精英式培养"转为"普惠式教育"的重要途径。在规划专业、构建课程的过程中，世赛的技术标准和评价指标为其提供了宝贵经验。徐伟雄主要研究将平面设计技术项目转化为国家技能人才培养标准及一体化课程规范，促进院校平面设计专业建设和技能人才的培养，梳理出平面设计岗位群、世赛项目竞赛模块、专业课程之间的关系，将世赛平面设计技术项目技术标准运用至技能人才职业技能的训练和职业素养的养成。罗伟、梁嘉朗、董其才在分析我国技工院校世赛资源转化现状的基础上，研究出世赛资源转化"岗课赛证"的全方位育人模式，包括1条主线、2个转化链、3种培养模式及3个转化场景。罗伟、吕俊流基于世赛项目介绍了培训课程开发的ADDIE模式。蔡北勤以世赛标准为切入点，研究世赛标准的内涵、解析世赛技术文件结构、深入开展世赛标准转化与应用分析，找出了世赛标准转化与应用的 4 条转化路径。吴洪东从世赛视角探索技能人才培养新机制，总结出广州市机电技师学院在世赛标准促"训学教改"、产教融合建设专业产业链、校企合作培养国际化技能人才等三个方面的经验。

广州的世赛研究样板众多，技能人才培养走在前列，蓬勃发展，随着世赛成果转化研究不断结出硕果，广州的技能人才培养将如虎添翼，焕发新的强劲生机！

学术研究

技能中国的潮流和趋势
——世界技能大赛对我国技能人才培养的启示[①]

陈李翔[②]

我国参加世界技能大赛以来，不断获得优异成绩，向全世界展示出我国青年技能人才的实力风采。技能人才的价值被更多的人关注和重视。随着人们对世赛的了解，我们发现这一国际技能竞赛活动的相关标准和技术方法对我国技工教育和技能人才培养有着许多重要启示。笔者从世界技能组织《竞赛规则》（9.2版）（以下简称《竞赛规则》）和各竞赛项目的标准、试题与评估方案入手，做了一些粗浅的比较和分析。

一、专业设置：应对技术发展的潮流和趋势

技术的变革正在深刻地影响人们的生活、学习和工作方式，这一变革对人力资源市场供求关系形成前所未有的挑战。世界技能组织在竞赛项目的选择上一直试图积极地应对这一挑战。

《竞赛规则》中宣示：世界技能大赛已经延续了数十年，在这数十年中，劳动力市场、经济和社会已从稳定转变为动态，从可预测转变为不稳定。新技术对工作的本质和工作未来的准备提出了多方面的挑战。因此，世赛现在需要灵活、反应迅速、情报为主导的方法来选择和组织其竞赛项目。世界技能组织强调竞赛项目的选择应关注技能的流动性、连通性和可优化性，还引入国际劳工组织的职业分类框架来确定项目的分类。

为了使竞赛项目对技能世界产生更加广泛的影响力，《竞赛规则》提出世赛的竞赛项

---

① 本文发表于《中国培训》2022年第6期。
② 陈李翔，男，中国职业技术教育学会副会长，世界技能大赛中国（广州）研究中心学术指导委员会专家。

目分类基于以下综合的职业领域：结构与建筑技术、创意艺术与时尚、信息与通信技术、制造与工程技术、社会与个人服务、运输与物流。这些领域包括了具有广泛适用性的工作和职业项目。

在我国的职业教育体系中，从学科教育中移植或延续过来"专业设置"这一做法，仍然是开展职业教育和培训的基础，但以学科分类为逻辑起点的专业设置已经无法反映技术变革带来的工作多样性和技能不确定性的挑战。为了适应这种变化，学科世界也发展出越来越多的边缘学科和交叉学科；技工教育在专业设置上强调要更加灵活地应对市场的变化，但也未能摆脱学科分类基底的藩篱。同理，尽管专业群设置越来越向供应链生态的方向发展，但由于受学科分类逻辑的影响，仍然难以直接而有效地反映技术变革对工作方式特别是劳动组织形式的影响，从而难以界定工作领域技能的范围和技能流动的方式。

借鉴世界技能竞赛项目选择的思路，采用职业领域和工作项目来表达我们对职业教育专业设置的理解，可能会更容易将职业教育与工作世界、职业生涯之间建立起有效的联系，也能更直接地反映出技术世界对工作世界、技能世界的影响。所以，从人力资源市场的供求变化出发，基于工作情境和工作过程，充分利用国家职业分类框架，以"职业领域"替代"专业设置"，来界定技术技能型人才的培养领域和学习目标，将是职业教育特别是技工教育的"专业设置"改革的趋势，以充分而直接地反映技术变革浪潮对工作世界特别是技能世界越来越广泛的影响，增强职业教育适应人力资源市场的结构性变化。

二、培养目标：注重职业能力的综合性发展

今天，在教育和工作的领域里，关于能力发展的讨论越来越广泛而深入。面对日益不确定的技术世界和经济世界，人力资源的能力建设越来越具有挑战性。在所有这些讨论中，代表工作世界的综合职业能力发展以及关键技能对职业能力形成的作用，逐步成为职业教育乃至整个教育在培养目标方面的共识。

《竞赛规则》引入了"跨领域技能"的概念来反映技术和经济世界对"关键技能"的理解，强调"自2013年以来，每项竞赛项目都包括了跨领域技能，以符合经济合作组织（OECD）的指南"，这些技能包括工作组织和（自我）管理、（信息）沟通和人际技能、解决问题、创新和创造力。《竞赛规则》强调，尽管职业领域的能力差异必然存在，但工作世界的实践证明这些跨领域技能对于从业人员的业绩有着重要的基础性影响。在所有竞赛项目的设计上都将这些跨领域技能融入具体的工作内容和工作过程之中，并通过具体的工作行动进行有效的评价。

在工业化的发展进程中，特别是技术变革浪潮对工作方式的冲击过程中，传统的以生产职能和单一岗位为基础的具有垂直性的专业技能范畴正在解体，社会化大生产逐步向定制性生产、网络化生产等智能生产方式发展。生产组织的团队化、工作方式的数字化、垂

直技能的横向融合和过程技能的有效性,这些跨学科、跨部门、跨职业的技能,正在深刻地影响产业现场对劳动者的能力的要求,职业素养的内涵也随之发生改变。如何在工作过程中有效地发展这些跨领域技能已经成为职业教育教学改革的重要趋势。当然,关于关键技能的讨论必须与综合职业能力的发展相联系,关键技能并不是独立于职业能力之外的,而是运用职业技能完成任务和胜任工作的策略和方法。

《竞赛规则》及各项目的竞赛标准和评价规则等技术文件所形成的赛项设计思路,为教育和培训课程的设计与开发提供了基础。《竞赛规则》明确:"每个竞赛项目都有一个世界技能职业标准(WSOS)。它规定了构成技术和职业在工作中表现的国际最佳实践方法的知识、理解、技能和能力。"同时,引入"测量(measurement)"和"评估(judgement)"两种测评方法,"测量用于评估可以被客观测量的准确度、精度和其他表现,用于必须避免歧义的场合。评估用于评估在对照外部参照标准的情况下可能存在表现水平的微小差异。测量和评估,二者都必须表明他们的评测和打分是基于最佳行业和商业实践中得出的明确的外部参照标准。任何授予分数的基本要求是达到可接受的行业标准。"

例如,"工业4.0"是一个团队竞赛项目,其竞赛标准完整地展示出其工作的具体要求(见表7-1),包括跨领域技能、专业工作项目以及产出、评估和反思。通过考察这一竞赛项目的职业标准、竞赛试题和评分细则,我们可以发现:

(1)竞赛项目以企业工作实践中具有完整工作过程的典型工作任务为基础,不把职业活动再切割成若干工作模块,避免工作任务的碎片化。

(2)按照企业的实际工作要求,对选手的工作进行全面评估,包括内容标准、过程标准和价值标准等多个维度,而不只是考查知识点、技能点的习得。

(3)通过真实性工作任务考察解决专业问题的能力,反映选手对复杂工作的理解和把握程度以及相关实践经验。

表7-1 竞赛标准工作的具体要求

分项	权重/%
1. 工作组织和(自我)管理	5
2. 沟通和人际交往能力	5
3. 设计、装配和调试	20
4. 软件设计和实现	20
5. 网络和网络安全	20
6. 测试、维护和故障查找	15
7. 增强和优化	10
8. 分析、评估和报告	5

在世界技能大赛各项目的评估方案和具体评分过程中，我们还看到，竞赛中强调理解工作对象、工作组织和管理要求是理解工作任务和胜任工作过程的基础，对这些要求的测试和评估是通过具体工作的行动过程、规则和程度表现出来的。知识和理解的测试则主要通过竞赛项目的工作绩效来进行评估，详见表7-2。

表7-2 竞赛项目的工作绩效评估内容

工作组织和（自我）管理（5%）	
知识和理解	技能要求
• 集成自动化生产的原则和参数 • 他们在集成自动化生产中的特定角色 • 项目管理的原则、应用、责任和技术 • 广泛而具体的安全工作实践的原则和应用 • 设备、设施和材料的用途、使用、保养和维护 • 组织、控制和管理工作及其结果的原则和方法 • 他们在分配的角色、项目和任务方面的个人优势和局限性	• 建立并保持安全，清洁和高效的工作区域 • 保持适当的准备状态，并准备好有效和安全地接收、安排和处理请求和任务 • 根据制造商的说明和公认的良好做法，订购、选择、使用和保养所有设备，设施和材料 • 小心谨慎地进行自己的所有操作，并考虑其他人员、成本效率和环境 • 在个人权限范围内，通过合理的流程监控进度，修改或改变计划与方法 • 完成任务，并将工作区恢复到准备状态，以备将来使用 • 作为持续专业发展的一部分，反思并审查他们的个人表现

上述观念与"工学一体化"课程的学习设计及其原则高度相似，并为我们设计和开发学习情境提供有效的样板。在"工学一体化"课程的设计与开发的实践中，许多教师难以理解关键技能是如何在专业工作过程中表现出来的，他们对工作过程的完整性也缺乏认知。借鉴世赛的竞赛标准、试题设计和评估方案等技术文件，特别是其项目设计的原则和方法，可以增强我们对"工学一体化"课程学习的理解，并对综合职业能力的发展和评估有具体的认知。

同时，这一团队项目由相关技术人员和技能人员共同完成（见表7-3）。这一设计充分地展示了工作现场真实的劳动组织方式。在实际工作中，技术人员和技能人员是项目团队的组成部分，其工作不是相互独立，而是高度融合、互为条件的。强化技术人员和技能人员的差异，显然不利于从业人员的技能发展。这一发现，使得我们必须关注至少在数字技术应用的领域里，高技能人才的培养必须通过工作过程的完整性来弥合技能与技术的鸿沟。

表 7-3　技术人员和技能人员共同完成工作情况

日期和时间	上午	下午	竞赛标准分项
第 1 天	设计、装配、连接、调试（ME） 设计、编程（IT）		1、2、3、4
第 2 天	安全（IT+ME）	智能维护（IT+ME）	1、2、5、6
第 3 天	优化（ME） 安全（IT）		1、2、5、7
第 4 天	分析，评估和报告 （IT+ME）	系统联网 （所有选手）	1、2、8

一体化学习需要营造具有工作现场特征的学习环境，确保学生在类似真实工作岗位的学习条件展开学习过程。如何营造这一环境，既能确保具有真实工作的现场感，又能友好地展开教学过程，对于教学机构而言是有一定挑战的。世赛的场地布置、设备与工具安排等规则和方法也为我们营造工作现场的学习环境提供了范例。

三、以赛促课：强化世赛资源的有效转化

世赛的技术资源已经在我国各类职业技能竞赛中得到借鉴和应用。但竞赛从来不是目的，只是手段，鼓励和引导更多职业院校学生和青年技工参与世赛，可以帮助职业院校和企业更广泛地理解全球范围的职业技能标准和技术应用的趋势，并充分利用世赛资源改善和提升我国职业教育的课程体系和教育教学。

一是开展世赛标准与我国职业技能标准对照研究。对世赛项目所涉及职业的技能标准与世赛标准进行对照，将研究成果应用到相应的国家职业技能标准编制和修订之中，有助于使我国职业标准与全球技术应用的趋势保持一致。

二是将世赛资源应用于一体化课程改革。由各竞赛选手训练基地院校牵头，组织各技工院校参与，将世赛标准和历届竞赛试题进行汇集，并收集我国相关企业的典型工作案例，开发相关的技能人才培养方案和课程标准。鼓励各技工院校将世赛项目作为学习项目融合到"工学一体化"课程的教学之中。

三是借鉴世赛项目的测评方法，发展综合职业能力测评和职业技能认定的方法和技术。组织力量研究世赛项目的试题设计、评估方案和评分细则，总结其评价方法和原则，并将应用于技工院校学生的综合职业能力测评，亦可向相关社会职业技能认定机构推介，以改善我们的能力测评方案。

当然，我们也应鼓励更多的行业专家有机会参与世赛技术文件的编制和修订，并将我国的职业技能标准向国际同行推介，扩大我国人力资源开发体系的全球影响力，以提升我国产品和教育服务的国际竞争力。

四、榜样力量：充分发挥世赛优胜选手的作用

鼓励青年在职业生涯中发展工作技能是新时代人力资源开发的具有重要意义。特别是面对新技术浪潮对人力资源的挑战，更新和提升青年劳动者的职业技能，是促进经济高质量发展的关键措施。我国青年学生和技工在世赛中已经展现出雄厚的实力，应当发挥他们的榜样作用，进一步营造全社会尊重劳动、尊重技能、尊重创造的氛围，引导广大青年立志走技能成才和技能报国之路。

持续发挥世赛选手的示范作用。让优胜选手参与新生世赛选手的训练，带领更多青年人参与世赛的技能展示和技能竞争；鼓励优胜选手在院校和企业建立技能工作室，并引导企业为此建立技术攻关项目和技能训练项目；组织世赛优胜选手参与技能大师工作室的相关工作，与技能大师结对子，进一步提升其职业能力水平。运用全媒体手段组织各类活动，分享世赛优胜选手的事迹，特别是分享学习和工作方法。

利用世界技能博物馆的资源和互联网技术，支持有关世赛研究中心广泛收集世赛选手和技能大师的工作案例，按照世赛项目、院校专业和技能评价项目等进行分类，运用数字化手段进行加工和分享，使之成为技能人才和职业院校的学习资源，并通过平台技术发展成技能人才学习资源库。

总结参赛经验,促进技能人才培养
——广州参加世界技能大赛的现状分析和对策建议

杨代友[①]

摘　要:本文从广州取得世赛的成绩入手,分析广州参与世赛的优势和基础、短板和潜力、挑战和困难、机遇和动力,从而提出了要加大投入力度,进一步建立完善集训基地体系,推动技能人才教育迈向世界前列,集聚产业发展亟须的优秀技能人才,提升粤港澳大湾区技能人才整体水平,促进技能人才教育开放发展,推进技能人才教育与产业发展深度融合的技能人才培养对策建议。

关键词:世界技能大赛;现状;技能人才培养;对策建议

一、世界技能大赛概述

世界技能大赛是由世界技能组织举办的最高层级的世界性职业技能赛事,每两年举办1次,举办机制类似于奥运会,被誉为"世界技能奥林匹克",是世界技能组织成员展示和交流职业技能的重要平台,其竞技水平代表了当今职业技能发展的世界先进水平。

目前,世界技能大赛比赛项目共分为六大类,分别为运输与物流(7项)、结构与建筑技术(13项)、制造与工程技术(21项)、信息与通信技术(8项)、创意艺术和时尚(6项)、社会与个人服务(8项),共计63个竞赛项目(表7-4)。

表 7-4　世界技能大赛比赛项目分类

类别	项目
运输与物流	飞机维修、车身维修、汽车技术、汽车喷漆、重型车辆维修、货运代理、轨道车辆技术(7项)
结构与建筑技术	砌筑、家具制作、木工、混凝土建筑、电气装置、精细木工、园艺、油漆与装饰、抹灰与隔墙系统、管道与制暖、制冷与空调、瓷砖贴面、建筑信息建模(13项)
制造与工程技术	数控铣、数控车、建筑金属构造、电子技术、工业控制、工业机械、制造团队挑战赛、CAD机械设计、机电一体化、移动机器人、塑料模具工程、原型制作、焊接、水处理技术、化学实验室技术、增材制造、工业设计技术、工业4.0、光电技术、可再生能源、机器人系统集成(21项)

[①] 杨代友,男,广州市社会科学院现代产业研究所所长,世界技能大赛中国(广州)研究中心学术指导委员会专家,研究员。

(续上表)

类别	项目
信息与通信技术	信息网络布线、网络信息系统、商务软件解决方案、印刷媒体技术、网站设计与开发、云计算、网络安全、移动应用开发（8项）
创意艺术和时尚	时装技术、花艺、平面设计技术、珠宝加工、商品展示技术、3D数字游戏艺术（6项）
社会与个人服务	烘焙、美容、糖艺/西点制作、烹饪（西餐）、美发、健康和社会照护、餐厅服务、酒店接待（8项）

资料来源：世界技能大赛中国组委会官方网站。

世界技能大赛自开办以来共举办了45届，以及2022年世界技能大赛特别赛。2011年10月，第41届世界技能大赛在英国伦敦举行，我国第一次派出代表团参加了这一赛事。之后每一届都有参加，包括2022年世界技能大赛特别赛在内，到目前为止，我国连续参加了6届比赛活动。

二、广州参加世界技能大赛的主要成绩

2011年，我国首次派出代表团参加第41届世界技能大赛，也是广州首次选派队员参赛。在这一届比赛活动中，我国参赛队员取得了开门红的良好成绩，派出6名选手参赛，获得1枚银牌、5个优胜奖，其中2枚奖牌是由来自广州的参赛选手获得的。在之后的几届比赛中，广州参赛选手取得的比赛成绩越来越好，充分展现了广州技能人才教育的成果，也充分体现了广州技能人才队伍建设是适应产业迈向高质量发展的方向的，不断推动产业结构高级化、产业技术高端化和产业体系现代化。

（一）奖牌数量不断增多，获奖质量持续提升

自选派出优秀技能人才组队代表广州参加世界技能大赛以来，各届竞赛成绩都相当突出，获得奖牌的数量和质量不断提升（见表7-5）。从获奖数量来看，2011年首次组队参赛获得2个优胜奖，而后获得奖项的数量逐届提升，到2019年第45届增加到11个奖项，获奖数量增长非常明显。从获奖质量来看，2013年第42届实现铜牌的突破，第43届突破银牌，接着第44届突破获得2枚金牌，再后来，2019年第45届进一步把金牌数量扩大到4枚，获奖质量提升十分突出。

表 7-5　第 41～45 届世界技能大赛和 2022 年世界技能大赛特别赛广州参赛获奖情况

届别	奖牌类别/数量		奖牌总数	获奖项目
第 41 届	优胜奖	2	2	CAD 机械设计、网站设计
第 42 届	铜　牌	1	5	制冷与空调
	优胜奖	4		CAD 机械设计、网站设计、信息网络布线、机电一体化
第 43 届	银　牌	2	5	制冷与空调、CAD 机械设计
	铜　牌	1		信息网络布线
	优胜奖	2		网站设计、网络系统管理
第 44 届	金　牌	2	8	原型制作、砌筑
	银　牌	1		CAD 机械设计
	铜　牌	4		移动机器人（双人项目）、制冷与空调、网络系统管理
	优胜奖	1		精细木工
第 45 届	金　牌	4	11	砌筑、混凝土建筑、移动机器人、时装技术
	优胜奖	7		重型车辆维修、木工、精细木工、制冷与空调、CAD 机械设计、原型制作、网络系统管理
2022 年特别赛	金　牌	1	3	移动应用开发
	铜　牌	1		CAD 机械设计
	优胜奖	1		网络系统管理

（二）参赛项目不断增多，参赛优势领域相对集中

广州自 2011 年首次参赛以来，选派队员参加世赛在获得参赛资格项目数和优势领域具有明显的特点。一是参赛项目不断增多。从参加比赛项目的数量来看，经过广东省和国家的选拔，广州市获得参加竞赛项目的数量不断增多。从 2011 年第 41 届的 2 个项目增加到 2019 年第 45 届的 11 个项目，已增长到占世界技能大赛全部比赛项目的 23%。

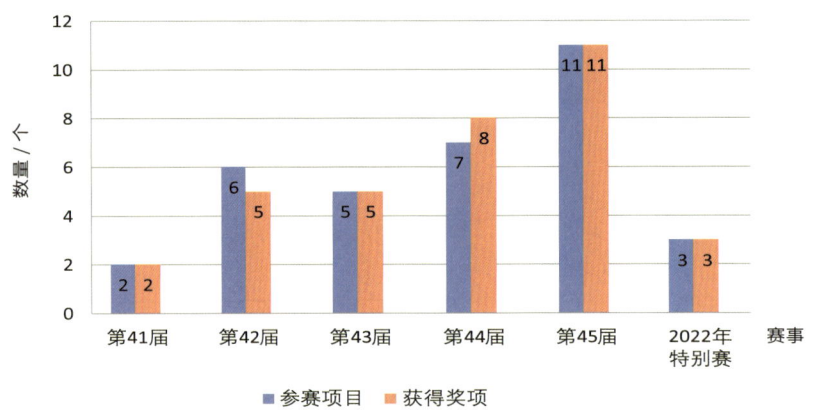

▲ 广州参加世赛项目和获得奖项数量变化情况

二是参赛项目获奖率高。从上图可以看出，从第 41 届到第 45 届，除了第 42 届有一个项目没有获得奖项外，其余各届的所有参赛项目都获得了奖牌，而且，第 44 届的一个项目获得 2 枚奖牌，这说明了广州选派队员的技能水平在参赛选手总体达到世界前列水平。

三是参赛优势项目相对集中。从历届参赛项目来看，广州市选手的优势项目主要集中在制造与工程技术（CAD 机械设计、移动机器人、原型制作）、信息与通信技术（信息网络布线、网络系统管理、网站设计）、结构与建筑技术（砌筑、精细木工、制冷与空调）三个类别。

四是参赛实力在全国具有明显的支柱地位。就参赛选手占比来说，第 41 届只有 6 名选手来自 2 个省份代表国家参赛，到第 45 届参赛选手 63 人来自 13 个省（直辖市）。在参赛选手不断增多的趋势下，广州参赛选手占全国比重虽然有下降，但在第 45 届仍然达到 19% 的较高比例。从获得奖牌数量占比来看，也呈现同样的特点，在参赛选手增多，我国获得奖牌数量增多的趋势下，广州参赛选手获得奖牌数量占比也稍有下降，但在第 45 届仍然保持 22% 的高比例，见表 7-6。综合来看，不论是参赛选手占全国的比重，还是获得奖牌的数量占全国的比重，广州均高于除广东以外的其他各省和直辖市，位居全国前列，主导优势地位突出。另一个突出的特点是，除首次参赛外，广州在各届获得的奖牌数占全国比重均高于参赛选手占全国比重，这表明广州选手的获奖率高于全国平均水平，体现了明显的支柱作用。

表 7-6 广州参加各届世赛的参赛选手和奖牌数占全国比重情况

项目	第 41 届	第 42 届	第 43 届	第 44 届	第 45 届	2022 年特别赛
奖牌数占全国比重 / %	33	33	17	19	22	9
参赛选手占全国比重 / %	33	27	16	15	19	8

（三）参赛促进技能人才综合能力素质大幅提升

世界技能大赛中国（广州）研究中心的跟踪研究表明，经过世赛的历练和打磨，参赛选手综合能力素质得到了全方位提升。一是政治思想觉悟更加进步，参赛后中共党员、预备党员数量大幅增长，分别增长 218.0%、110.0%。二是学历和职称不断提升。近年来硕士研究生学历增长 75.0%，本科学历增长 183.3%，大专学历增长 45.1%；中级职称增长 450.0%，高级职称增长 1 500.0%，正高级从 0 增加到 5 人。这说明参赛对选手学历和职称促进作用较大。三是技能等级持续提升。高级及以上职业资格等级呈日益增加，高级技师职业资格等级增长 433.3%，特级技师从 0 增加到 4 人。这体现了社会对世赛职业技能提升的高度认可和重视，让获奖的选手更快地实现自身行业和领域的技能等级提升。四是综合能力得到充分锻炼。绝大多数世赛选手从事与参赛项目相关职业的工作，60.4% 的调查对象认为自己的技能水平比较能适应岗位技术要求，29.0% 的调查对象完全可以胜任当前岗位技能要求。

（四）参赛示范带动效应得到体现

世界技能大赛中国（广州）研究中心的研究发现，参赛促进了技能人才的培养，产生了积极的示范带动效应，对院校学生产生了积极影响，促进了青年技能人才的成长。一是世赛精神激发了学生技能报国理想。世赛获奖消息的传播，极大地鼓舞了学生学习技能的热情，各地刮起了"向世赛获奖选手学习"的热潮，学习技能不仅能有利于就业，而且可以像其他优秀的人才一样，通过竞技的舞台站上更高的领奖台，彰显自己和国家的实力。二是世赛故事激发了学生学习技能兴趣。世赛之后，世赛一个又一个经典的小故事被发掘出来。转发、讲述、报告会、见面会等一系列丰富多彩的形式，将世赛文化与技工院校学生成长进行有效融合，旨在激发学生内心深处的竞争因子，让其在世赛文化的熏陶下对技能学习产生浓厚的兴趣，从而逐渐开始向往技能。三是竞赛选拔促进了技能梯队建设。竞赛选拔的目的，在于让更多优秀的技能人才能够脱颖而出。在竞赛过程中，许多技工院校学生能够积极主动地钻研技能，不断提升自己的职业素养，无形中促进了技工院校中技能梯队的有效建设，为产业发展和社会发展提供源源不断的高质量技能人才。

三、广州"以赛促技"面临的主要形势

参加世界技能大赛，一方面可以加强与国际技能人才的交流，了解世界技能发展态势；另一方面可以"以赛促技"，推动技能人才队伍建设不断进步。基于进一步提升的考虑，我们既要认清自身的优势和短板，也要了解面临的挑战和机遇，综合研判发展形势，明确新时期提高参赛成绩，促进技能人才队伍建设的努力方向。

（一）优势和基础

一是有相对丰富的参赛经验。广州是国内最早选派队员参加世界技能大赛的少数几个城市之一。自从 2011 年首次参赛以来，已经连续 6 次参加世界技能大赛，在选手培养、竞赛组织、集训管理、后勤保障、专家团队建设等方面积累了丰富的经验。

二是集训基地建设不断推进。近年来，为了提高参赛选手的技能竞技能力，广州加大投入力度，以依托技工院校不断推动竞赛集训基地建设。到目前为止，广州市 9 所技校，建设有 16 个世赛项目集训基地，包括 9 个主训基地和 7 个辅训基地，覆盖世界技能大赛的 6 个竞赛领域。

（二）短板和潜力

一是从参赛结果来看，获得奖项出现分化断层现象。从第 41 届到第 44 届的获奖情况呈现获奖等次不断增多的态势，到第 44 届获得的奖项有金、银、铜和优胜奖项，获奖等次比较均衡，并呈梯次发展格局；而第 45 届打破了这一格局，虽然获奖总数有增加，但获奖等次只有金奖和优胜奖两个等次，缺乏银奖和铜奖，显示在参赛成绩上出现两极分化、缺乏中间梯队的现象。

二是从获奖项目的技能领域来看，与推动广州产业高质量发展的要求相比还需要进一步努力。广州产业结构体系完整，拥有 41 个工业大类中的 35 个，世界技能大赛的 63 个项目在广州均有行业相对应。综合历届获奖项目来看，传统产业项目领域占有较大比例，而代表新一代信息技术、人工智能、数字经济等技术技能领域还需要加大重视程度，优化调整培训专业，加大力度培养与数字经济发展要求相适应的技能人才，并争取在今后的世界技能大赛参赛中获得优异成绩。

（三）挑战和困难

一是面临科技革命和产业变革的挑战和压力。新一轮科技革命和产业变革方兴未艾，新一代信息技术、数字技术、新能源、新材料等新技术的快速进步，推动产业新业态、新模式、新装备、新产品的持续变革，不断迈向高端化、智能化发展。在这一背景下，广州要加快科技创新，推动产业优化升级，对技能人才培养客观上也提出更高要求，需要进一步解放思想，更新观念，迎接挑战，在优化提升技能人才培养体系上下功夫，包括调整专业课程、强化师资队伍、更新培训内容、优化培养模式等等，把挑战变成推动技能人才队伍建设高质量发展的契机。

二是面临国内其他城市奋力追赶竞争的挑战。从我国派出参加世界技能大赛选手的地区来源看，第 41 届来自 2 个省，到第 45 届扩大到来自 13 个省（直辖市），这意味着能够代表国家参赛的省市越来越多，这也是我国产业高端化发展的需要。为了加快产业转型升级、推动高质量发展，全国各城市和地区越来越重视技能人才的教育和培训，各个领域的高技能人才脱颖而出。这对广州进一步提高技能人才的整体教育水平,进一步培养拔尖的高技能人才带来不少困难和挑战。而广州也只有正视这种困难和挑战,充满信心地迎接和面对竞争,才能够在更高水平上推动技能人才队伍建设,才能够在今后的世界技能大赛上巩固优势和取得更好的成绩。

(四)机遇和动力

一是国家重视技能人才培养和发展的良好机遇。我国经济已由高速增长阶段转向高质量发展阶段,而高质量的发展需要高水平的人才,因此,党的二十大报告提出要"加快建设国家战略人才力量,努力培养造就更多大师、战略科学家、一流科技领军人才和创新团队、青年科技人才、卓越工程师、大国工匠、高技能人才"。技能人才的培养和发展成为国家战略的重要组成部分,广州要抓住这一机遇,更加重视技能人才培养和发展,围绕适应和引领产业升级的需要,加大对技能人才培养的资源配置投入力度,推动广州技能人才队伍建设不断迈向新台阶。

二是广州提出"产业第一、制造业立市"对技能人才培养具有促进作用。2022年广州市政府工作报告中首次提出"产业第一、制造业立市"。制造业是实体经济的主体,也是技术创新和技能应用的重要平台载体,是技能人才学有所用、施展才华、实现价值的舞台。"产业第一、制造业立市"的提出将引导更多资源向产业,尤其是制造业倾斜,对技能人才的供给也将有更高要求,从而客观上为促进广州技能人才的培养和发展提供了良好环境。

四、进一步提高参赛成绩,促进技能人才培养的对策建议

参赛的目的是通过参加竞赛促进技能水平的提高,适应产业转型升级对技能人才的需求,以高水平技能人才引领产业高质量发展,加快形成高技能人才和高质量产业相互促进的发展格局。

(一)加大投入力度,进一步建立完善集训基地体系

集训基地作为选手开展集训的场所,通过提供训练相关设施设备,组织实施技能训练和生活保障,对于保证选手集训选拔、备赛、参赛等环节的顺利开展非常重要。要获得更多的参赛资格,提高参赛成绩,广州要从战略的高度,统筹规划广州市技能人才集训基地体系建设。综合考虑世界技能大赛竞赛领域和广州产业发展实际需要,在目前16个集训基地的基础上进一步加大投入力度,扩大基地覆盖领域、增加基地数量,提高建设质量,建设专业覆盖广泛、功能齐全、保障有力的集训基地体系。为了节省资源、避免重复建设,要综合考虑不同需要,把集训基地建设成为集世赛集训、中国技能大赛集训、广东省

技能大赛集训等多层级集训功能于一体的集训基地体系。

（二）以世赛为标杆，推动技能人才教育迈向世界前列

世界技能大赛是世界劳动技能领域最高水平的比赛活动，各参赛团队通过比赛展示出来的综合技能代表了其所在国家和地区的最高水平。与世界各国同行同台竞技给我们对标先进找差距短板提供了良好机会。我们要充分利用世界技能大赛这个标杆不断促进技能人才教育上水平。一是要从世赛活动中总结经验，改进教学方式。通过考察其他国家和地区参赛队员的技能演示，领悟总结其中的知识技能展示方式，创新选择更加有效的技能教育方式，促进提高技能教育水平。二是以世赛技能展示水平为标杆，加大对技能教育师资队伍的培训，加快推动提升师资队伍的整体质量。三是要强化提高技能院校学生的实训水平。可以参照世赛的技能比赛展示场景，在日常实训教学课程中，尽可能打造模拟场景，以世赛的要求开展实训课程。

（三）利用赛事渠道，集聚产业发展亟须的优秀技能人才

世界技能大赛及我国国内举办的不同等级的技能大赛是优秀技能人才汇集的活动，也是发现优秀技能人才的良好机会。参加技能大赛活动，不仅是与优秀技能人才交流竞技的机会，广州也可以借此机会吸引和集聚优秀人才为广州发展服务。一是要重视并利用赛事活动这一渠道，与国际国内的优秀技能人才广交朋友，建立联系，通过人员互访、技能交流、经验介绍等方式，营造吸引优秀人才的环境氛围。二是可以借此机会宣传推荐广州，组建专门人才发掘团队，吸引和引进优秀技能人才到广州创新创业。三是可以通过柔性引进的方式引进和利用高等级技能人才。例如，技工院校可以通过邀请某一领域的国际顶级技能人才选手来广州做教学访问学者；大型企业为提高员工操作技能，可以邀请某一领域的顶级技能人才进行短期工作交流和员工培训，采取灵活多样的方式吸引利用优秀技能人才。

（四）加强技能教育合作，提升粤港澳大湾区技能人才整体水平

新时代背景下，推进粤港澳大湾区技能教育一体化发展，不仅是粤港澳大湾区经济社会和科技创新发展的重要支撑，也是推动共建现代化产业体系，增强国际竞争力的现实需要。作为粤港澳大湾区重要核心城市，广州要在大湾区技工教育合作中发挥主导作用。一是要推动建立资源开放利用机制。通过大湾区技工教育资源的合理配置、开放共享及高效利用，以及湾区技工教育合作体制机制的突破创新，逐步形成大湾区技工教育发展共同体，成立湾区城市间技能院校合作联盟，架起技工院校间沟通交流与合作发展的重要桥梁。二是要构建相互促进的技工教育发展格局。在共建人文湾区、国家政策支持等作用和影响下，通过扩大技工教育合作，实现优势互补、技能学科共建与资源共享等功效，逐步

实现大湾区技工教育多元化、多样性、多层次的相互促进的发展格局。三是要破除要素流动障碍，形成集聚效应。进一步推动粤港澳三地建立完善的沟通机制、协调机制及信息共享机制，消除要素流通障碍，促使粤港澳大湾区技工教育形成集聚效应，不断推动深化粤港澳大湾区技工教育一体化进程。

（五）完善交流渠道，促进技能人才教育开放发展

开放发展是新发展理念的重要内容之一。营造一个开放的环境氛围对于推动实现技能人才教育高质量发展是非常有必要的。我们派出选手参加世界技能大赛的目的之一，就是要通过与世界各国的选手竞技交流，汲取经验来提升自己。因此，新时代要进一步加强技能人才教育的国际交流，在开放中促进技能人才教育。一是要加强会议交流。举办或者参加国际国内技能教育与人才交流论坛，通过会议活动与国内外技能人才专家进行经验交流，促进提高技能人才教育质量。二是要参加或者组织举办各类与技能相关的展览活动，如工艺展、工业装备展等，通过参加展览活动了解新设备、新技术、新工艺，从而激发学生技能学习的激情和动力。三是可以在技工学校之间开展相互访学的活动，访问活动可以是在国内，也可以与国外技工院校开展互派访问学生。通过形成制度化的访学活动，加强国际技能交流，形成相互促进的技工教育发展格局。

（六）强化目标导向，推进技能人才教育与产业发展深度融合

人才是第一资源。推动技能人才教育发展，就是要加快建设知识型、技能型、创新型的人力资源队伍，为产业高质量发展培养提供强大的人才资源支撑。参加世界技能大赛的目的之一就是希望借此推动提高技能教育水平，培养高技能人才，促进产业高质量发展。因此，就广州来说，要进一步强化这一目标，把技能人才教育与产业发展要求紧密结合起来。一是从总体方向上，要按照2022年广州市政府工作报告提出的"坚持产业第一、制造业立市"的战略要求，改革创新技能人才培养方式，让技能人才与产业发展同频共振，走出一条培养适应和引领产业高质量发展的高素质技术技能人才新路。二是在培养方式上，要按照党的二十大报告提出的培养更多卓越工程师、大国工匠、高技能人才的要求，强化与产业、企业和项目的融合，深化推动人才培养与企业需求对接、课程内容与职业标准对接，通过产教融合、校企合作，助力一大批技师、工艺师、制造工程师快速成长。

技工院校世赛资源转化的"岗课赛证"综合育人研究[①]

罗 伟 梁嘉朗 董其才[②]

摘 要：世界技能大赛（简称"世赛"）被誉为"世界技能奥林匹克"，代表着当今世界最高级别的职业技能水平。技工教育是我国职业教育的重要组成部分。本文通过总结我国技工院校参赛选手的获奖情况，分析我国技工院校世赛资源转化的现状，总结出技工院校世赛资源转化"岗课赛证"实现人力资源转化人力资本的途径及其融通机制，从而推论出"岗课赛证"综合育人对提升技工院校提升人才培养质量、带动就业，以及促进企业技术革新、提升世赛参赛水平、推动院校专业建设、推进院校产教深度融合起到的正面作用。

关键词：世界技能大赛；技工院校；资源转化；岗课赛证

世赛是全球瞩目的技能精英竞技舞台，技工教育是我国职业教育的重要组成部分，技工院校是培养技能人才的摇篮。借助世赛平台，以就业为导向，把世赛成果与资源有效转化为"岗课赛证"综合育人优势，是促进技工教育提质培优、培养与国际接轨的技能人才、拓宽技工院校毕业生就业面、提升就业质量的一个重要途径。

一、我国技工院校参加世界技能大赛情况

2010年10月，我国开启征战世赛的新征程。截至目前，从2011年的第41届到2022年的特别赛，我国共参加了5届世赛以及1届特别赛，取得了骄人成绩。

（一）我国技工院校参赛人数及成绩

2011年，我国第一次参加世赛，技工院校参赛选手2人，参加项目2个，获得2个优胜奖。10多年来，随着我国参赛规模不断扩大，参赛人数和项目不断增加。

来自技工院校的选手从第41届2人参赛到第45届36人参赛，参赛人数保持逐年递增的趋势。虽然近2届技工院校参赛选手人数占比有所下降，但依然占总参赛选手人数的一半以上。技工院校的师生一直是我国世赛选手的主力军，其中又以在校生为主。

我国参赛选手屡创佳绩，获奖数量稳步提升。在2015年第43届世赛中，我国实现金牌零的突破，获得了5枚金牌，其中4枚金牌来自技工院校选手参加的项目。在近4届世

[①] 本文发表于《中国培训》2023年第3期。
[②] 罗伟，男，广州市职业技术教育研究院（世界技能大赛中国（广州）研究中心）副院长，高级实习指导教师；梁嘉朗，女，广州市交通技师学院教师，讲师；董其才，男，广州市职业技术教育研究院（世界技能大赛中国（广州）研究中心）教研员。

赛中，我国技工院校选手的获奖率稳步提升，不论是金牌数还是奖牌数，均占我国获奖数量的一半或以上。这既体现出技工院校在我国征战世赛过程中所做出的突出贡献，也充分说明我国技工院校在培养高质量高技能人才方面的实力和水平。

（二）我国技工院校参赛选手职业生涯发展状况

根据《世界技能大赛参赛选手职业发展情况调查研究》，参加世赛对选手日后的职业发展影响较大。

（1）参赛选手综合能力素质得到全方位提升，如第 45 届世赛移动机器人项目金牌获得者、广州市机电技师学院学生胡耿军，获奖后被保送到天津职业技术师范大学攻读学位，大学二年级时毅然奔赴军营，成为一名中国人民解放军。

（2）参赛选手职业发展环境得到大幅度改善，如第 44 届世赛机械装调项目金牌获得者、我国第一位被授予阿尔伯特·维达大奖、江苏省常州技师学院教师宋彪，获奖后，江苏省人民政府对其记个人一等功，当选共青团江苏省委委员，获得中国青年五四奖章、"江苏大工匠"、全国向上向善好青年等荣誉称号。

（3）参赛选手初期生涯发展得到高度认可，第 43 届世赛美发项目金牌获得者、重庆五一高级技工学校学生聂凤，获奖后成立国家级技能大师工作室，积极推进美发专业中、高级工的理论教学和实训教学，致力于培养更多跟国际接轨的技术技能人才，推动职业教育和行业的发展。

经过世赛的打磨，选手们的职业技能和综合素养得到大幅提升，职业前景更加广阔。把世赛成果及资源进行转化，惠及普通在校生，对提升技工院校学生技能水平，促进学生就业起到至关重要的作用。

二、技工教育综合育人的特点

没有一流的技工就没有一流的产品。技工教育作为我国职业教育的重要组成部分，为我国建设制造强国输送大批高技能人才。

（一）类型教育定位

2022 年，新修订的《中华人民共和国职业教育法》首次从法律层面上明确职业教育是和普通教育具有同等重要的教育类型。明确"国家大力发展技工教育，全面提高产业工人素质"。2021 年人社部、国家发改委、财政部共同印发《关于深化技工院校改革，大力发展技工教育的意见》，明确提出"技工院校发展成为开展学制教育和职业培训服务技能人才成长的重要平台、中国特色现代职业教育体系的重要组成、构建技能型社会建设的重要载体"。技工教育在具备职业教育一般特征的基础上，培养满足经济社会发展需要的具有一定政治文化素质，面向生产、技术、管理、服务第一线的初、中、高级技能型、技术应用型的人才。

（二）就业导向鲜明

就业是职业教育人才培养的主要关注点，以就业为导向是技工教育的显著特征之一。技工院校在培养一线产业工人、为产业发展和经济转型升级提供技术工人时是以市场需求为立足点，其人才培养需时刻考虑就业市场对劳动力的需求类型、需求紧缺程度等。

（三）校企合作显著

校企合作既是技工院校发展的方向，也是技工院校的一项基本办学制度，更是技工教育发展的生命力所在。政府强调技工院校办学主体的多元化，鼓励社会企业力量以多种途径参与技能人才的培养，从而实现"校中厂"和"厂中校"的校企合作良好局面。

（四）工学结合一体化人才培养模式

2022年3月，人社部印发的《推进技工院校工学一体化技能人才培养模式实施方案》，要求以技师学院为重点，全国技工院校大力推进工学一体化培养模式。强调以"做"为主线贯穿教学全过程，学生通过"在工作中学习、在学习中工作"，实现学习和工作的融会贯通，从"要我学"变为"我要学"，既培养综合职业能力，又提高就业能力和综合职业素质。

（五）职业岗位证书对接岗位需求及技能

技工教育以就业为导向，教学过程中融入职业资格（职业技能等级）考核的相关流程和评价要求。各技工院校突出能力本位，着力提升技能人才的技能实操能力，深入推行技能导向的"双证书"制度，把获得职业资格证书、技能等级证书作为学校教学质量评估和学生培养评价的重要指标。

三、我国技工院校世赛资源转化的现状

借鉴世赛竞赛理念、技术标准和评价体系，结合我国技能人才培养的实际需要，推动世赛标准推广应用和成果转化，对提升我国技能人才培养质量、提高技工院校学生就业对口率和满意度具有深远意义。

（一）国家高度重视和支持，成立专门世赛研究机构

为了加强对世赛各个领域的理论研究和技术支持，人社部分别在天津、上海、广州、重庆设立世界技能大赛中国研究（研修）中心。广州中心自2020年成立以来，积极搭建"校企研"三方平台，围绕世赛技术推广与应用、技能文化推广与交流、世赛选手集训与发展等，开展多个世赛成果转化课题研究，推动技能人才培养与世赛接轨，提高技能人才

培养国际化、专业化、创新性水平，为技能人才培养高质量发展提供智力支撑。

（二）各院校借助世赛资源，增强学生岗位适应能力

各技工院校，特别是有师生选手参加世赛的院校，认真总结参赛经验：通过分析世赛对选手职业技能、职业素养的要求，进一步优化专业人才培养目标；通过借鉴世赛技术文件和管理文件的标准，进一步推动专业建设和一体化课程改革，重构专业核心课程；通过对比世赛的评价标准，进一步完善课程考核标准和学生评价模式；通过世赛集训基地建设，进一步提升校内软硬件标准；通过一系列的世赛成果转化，技工院校培养的学生更能适应产业高质量发展的要求，技能水平和综合素养与岗位需求匹配度高。据统计，技工院校毕业生就业率长期保持在 97% 以上，毕业生专业对口率、就业稳定性和用人单位满意度较高，深受用人单位欢迎。

（三）目前我国技工院校世赛资源转化的不足之处

由于世赛各院校之间存在竞争性，故在世赛资源转化方面各技工院校都是各行其道，院校之间缺乏有效的沟通交流，导致世赛资源缺乏有效的整合。同时，我国参加世赛只有 10 余年时间，研究世赛资源转化的时间尚短，且研究多以实践为主，尚未形成全面、系统的世赛资源转化理论体系。这也是未来几年我国研究世赛资源转化的一个重要方向。

四、"岗课赛证"综合育人新要求的提出

2021 年，全国职业教育大会首次提出"岗课赛证"综合育人的新要求。孙春兰副总理在大会的讲话中指出：要坚持立德树人，优化类型定位，加快构建现代职业教育体系，"岗课赛证"综合育人，提升教育质量，畅通职业发展通道，增强职业教育认可度和吸引力。同年 10 月，中共中央办公厅、国务院办公厅印发《关于推动现代职业教育高质量发展的意见》，进一步提出"完善'岗课赛证'综合育人机制"的具体任务。

通过"岗课赛证"综合育人创新人才培养模式，可以实现岗课对接、课赛对标、课证对应、岗证对号，推动技工院校专业课程内容与企业岗位需求、职业技能等级证书考核要求对接，促进技工院校优质专业建设，从教学实施和评价模式方面推进"学做合一"，提高技工院校毕业生的技能水平和岗位适应能力。

五、世赛资源转化"岗课赛证"实现人力资源转化人力资本的途径

世赛成果和资源对于各地人力资本的培养和发展至关重要。世赛资源转化"岗课赛证"综合育人的本质，是以就业为导向，在三个不同应用场景中通过不同模式的世赛资源转化，把世赛的新理念、高标准融入教学实践和生产实践，使技工院校技能人才的培养、

企业学徒制的开展更贴近产业升级转型、创新发展的需求。技工院校学生、企业学徒在培养过程中实现"所学即所需、所学即所用",即课程内容、培训内容与就业岗位需求一致、与工作内容匹配,所学技能能够在工作过程中应用,真正做到学以致用。通过世赛资源转化"岗课赛证"综合育人培养出来的技能人才的职业能力更高、更符合用工需求。这种转化结果既满足技能人才的就业需要,也满足企业的用人需求;这种转化过程也为各技工院校和企业提升技能人才培养质量、促进技能人才高质量就业的探索提供借鉴。

(一)竞赛领域:培养技能精英

这是世赛资源转化的第一个应用场景——赛场内转化。这种转化形式以技能精英培养为模式,训练教程以成果为导向。以技工院校为例,学校结合选手培养成立精英班,该班培训课程通过世赛选手成功案例逆向开发。入学初期,学校对学生进行选拔,通过选拔的学生进入精英班按世赛标准进行严格训练。经过训练,他们的技能水平和综合素质不断提升,实现个人能力质的飞跃,成为顶尖的技能人才,甚至代表国家出征世赛。这些学生的职业生涯发展空间更为广阔,示范引领作用更为明显。

(二)学习领域:培养技能人才

这是世赛资源转化的第二个应用场景——院校内转化。这种转化形式为技能人才培养模式,课程开发以问题为导向。这种转化是把世赛精英培养模式普及化,把世赛标准融入日常实训教学,提高人才培养质量。通过总结获奖选手的成功案例,把世赛选手的培养标准和内容推广到日常学生培养的课程,结合一体化课程要求,深化校企合作,开发典型工作任务,重构专业核心课程内容,使教学更贴近生产实际,提升技工院校普遍在校生的技能水平和综合素养,促使技工院校的人才培养更适应产业发展、更符合岗位需求,从而使技工院校的毕业生就业对口率更高、就业质量更好,也使企业对技工院校人才培养的满意度更高。

(三)工作领域:培养企业新型学徒

这是世赛资源转化的第三个应用场景——企业内转化。这种转化形式为企业新型学徒制培养模式,以员工岗位的需求导向。通过在企业生产过程中,把世赛理念融入生产过程,将世赛标准与技艺、工匠精神引入生产实践,制订一线生产工作标准,促使企业新型学徒"做中学,学中做,做中研",不断提高技术攻关能力,从而得到技能的提升和成长,成为真正能够经得起实践考验的技能人才。

六、世赛资源转化"岗课赛证"综合育人的融通机制

实现世赛资源转化"岗课赛证"综合育人,需要依托世赛平台,借鉴世赛的标准和要

求，综合考虑把世赛资源和专业课程对接整合、重构再造和转换转化，进而形成良好的融通机制。

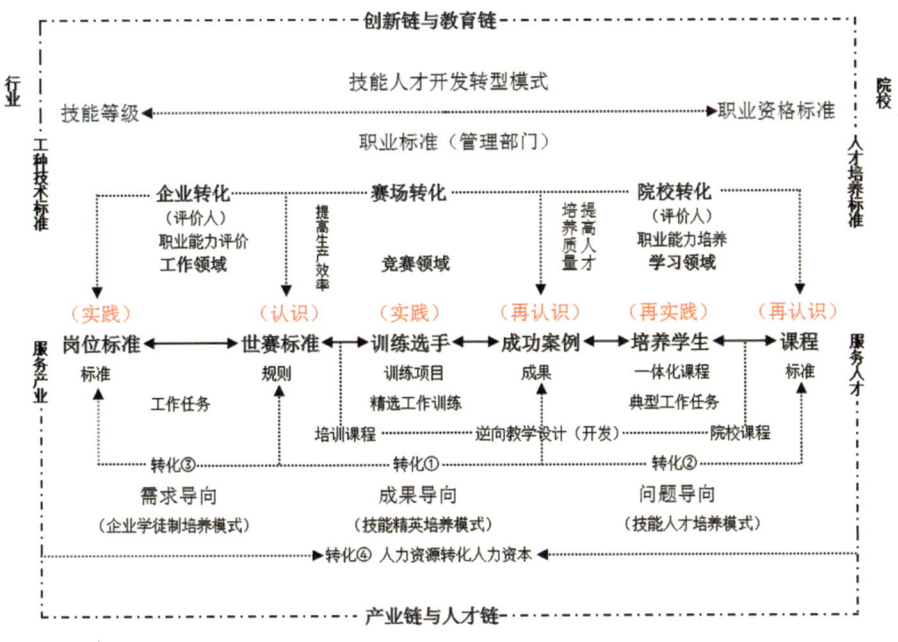

世赛资源转化"岗赛课证"体系
▲ 世赛资源转化"岗课赛证"综合育人

（一）打通产业链与人才链，为提高人才培养质量助力

在世赛资源转化"岗课赛证"综合育人的过程中，技工院校通过对比分析，找出学生与世赛获奖选手在职业技能和职业素养方面的差距，同时主动与企业对接，结合产业企业对人才的实际需求，优化学校人才培养目标和人才培养模式，促使学校对学生的培养与世赛项目对选手职业技能、职业素养的要求相对接。

世赛资源转化成果应当且可以用于服务产业、服务人才，能有效推动产教深度融合，充分发挥技工教育链接产业、人才和创新的枢纽作用，打通产业链和人才链，提高技工院校技能人才的培养质量，实现人力资源转化人力资本。

例如，广州市工贸技师学院结合世赛服装项目选手培养，成立服装项目精英班，定位为优质企业和优质岗位培养综合素质较强的服装高技能人才。教学项目由企业真实生产项目转化而成，采用企业统一的技术标准、统一的制作要求、统一的质量验收、统一的人才评价等。教学内容既涵盖世赛五个模块的专业内容，又包含与人合作、与人沟通、自我学习提升等通用能力课程的内容；既符合世赛的参赛要求，又结合企业生产实际。据悉，服装项目精英班培养的学生曾在第八届穗港澳蓉青年技能大赛时装技术项目上斩获金牌；学生毕业后全部进入了珠江三角洲地区的优秀服装企业就业且绝大部分学生得到了企业领导的好评和嘉奖，就业一年后职位和工资福利都有较大幅度的提升。

（二）融合创新链与教育链，为促进产业创新发展保驾

世赛资源转化"岗课赛证"综合育人，要紧密结合产业新业态的特点，把世赛的命题评分思路、追求卓越的规范及注重安全环保的理念融入职业技能鉴定中，鉴定内容要紧贴产业要求，鉴定评价从以结果为导向转变为以过程规范、绿色安全为导向，并进一步提高技能等级（工种技术标准）的科学性。

建立创新链、教育链紧密对接的人才培养和培训机制，深化校企协同育人机制，在技术创新研发、成果转化等方面拓展产教融合新领域，丰富产教融合新内容，创新产教融合新模式，促进技工院校职业资格（技能等级）标准与岗位标准对接，促使技工院校培养的技能人才更符合产业创新发展的要求，从而实现行业、院校创新链和教育链的融通，提升技工院校毕业生就业率。

例如，杭州技师学院把世赛标准作为更高的教学标准，与英国布莱克博学院进行合作，引入英国技能鉴定标准，使学校的人才培养标准与国际标准接轨。

七、结论

总的来说，世赛资源转化"岗课赛证"综合育人是依托世赛平台，通过"赛学练考"促进学生德技并修、知行合一、工学结合、全面发展，有助于培养更多更高素质的高技能人才，提升技工院校毕业生的就业率和就业满意度，为产业高质量发展提供人才保障。除了能提升人才培养质量，带动就业，世赛资源转化"岗课赛证"综合育人还能带来以下效益：

（一）推动企业技术创新

通过对企业真实任务标准和要求的提炼，形成世赛项目标准；通过世赛资源转化应用于企业，又反过来促进企业不断进行技术创新，提升岗位标准，对技能人才培养不断提出新的要求。

（二）提升世赛参赛水平

在世赛资源转化"岗课赛证"综合育人的作用下，我国不断强化技能人才精英培养的手段和模式，备赛机制逐渐完善，参赛水平不断提高。

（三）促进院校专业建设

通过世赛标准和专业目标对接，准确把握技能人才培养方向，以世赛资源转化的"岗课赛证"综合育人，实现世赛资源与教学资源的融合共享，选手选拔和人才培养同步，全面推动技工院校技能人才培养提质培优，为我国产业高质量发展增值赋能。

（四）推进产教深度融合

世赛资源转化的"岗课赛证"综合育人，要求校企不断创新合作模式，深化合作内容，这有助于推进技工院校和企业建立产教融合紧密型共同体，推动技工教育和产业资源共享，实现技工教育质量提升与经济高质量发展的良性互补。

综上所述，世赛资源从岗位标准一直到最终课程的转化过程，实际上是从实践到认识，又由认识到实践、再认识、再实践不断反复的过程，是符合唯物论科学可行的落地过程，是各技工院校和企业可借鉴的世赛资源转化路径。

基于世界技能大赛项目开发培训课程的探索和研究
——以 CAD 机械设计项目为例[①]

罗 伟 吕俊流[②]

摘 要：世界技能大赛是最高层次的世界性职业技能竞赛，每两年举办 1 次，被誉为"世界技能奥林匹克"。以世赛项目为典型案例，本文充分借鉴世界技能大赛先进理念、技术标准和评价体系，将比赛项目资源通过 ADDIE 开发路径转化为培训课程。结合世赛项目对应岗位需求为出发点，通过需求分析、课程设计、课程开发、课程实施、课程评价等五个阶段，重构培训课程技术开发路径，提高培训课程的实用性、互动性及针对性。为推动职业技能培训创新发展，创新技能人才培养模式，提高技能人才培养质量，培育具备全球胜任力的支撑中国制造的高技能人才队伍。

关键词：培训课程；开发路径；ADDIE；世赛标准；成果转化

一、研究背景

技工院校对推进世赛资源转化、主动服务新发展格局需要、助力制造强国、质量强国、教育强国等战略，具有重要而深远的意义。截至第 45 届世赛，中国获得金牌 36 枚、银牌 29 枚、铜牌 19 枚、优胜奖 59 个，共 143 枚奖牌，大部分集中在"制造与工程技术""结构与建筑技术""创意艺术与时尚"等几个大领域中。其中"制造与工程技术"领域获得 18 金、8 银、7 铜的佳绩，顺应了"中国制造 2025"的发展需求，对推动国家加快实现由制造大国向制造强国转变，加快构建具有国际竞争力的产业新体系具有积极意义。许多培训课程开发缺少国际视野及规范性，课程质量参差不齐，实施过程缺少组织的参与和督导，以及专家的验证。整体培训课程内容针对性、实用性和正确性也都受到制约。

二、培训课程开发概述

（一）开发现状

目前绝大部分文献针对大赛研究重点是金牌选手的选拔、备赛、训练模式及参赛，对获得银、铜、优胜奖的参赛选手能力转变研究不够。而且忽视了对大赛的工匠精神、核心

[①] 本文发表于《中国培训》2022 年第 12 期。
[②] 罗伟，男，广州市职业技术教育研究院（世界技能大赛中国（广州）研究中心）副院长，高级实习指导教师；吕俊流，男，广州市机电技师学院教师，讲师。

观念、价值理念等方面的研究。全国在世赛研究成果应用方面仍处于思想萌芽阶段，虽有一些构想，但对于如何把研究成果转化到职业技能培训较少，具体的转化内容和对接点有哪些，如何实现精英模式向普及模式转化，应用到培训中效果如何，这些问题尚没有开展深入探讨。基于竞赛场地的资源设施，进一步将竞赛项目各模块的典型任务转化为培训课程教学内容，根据学习者接受硬技能和软技能学习的特点，将竞赛技术要求及内容转化为培训课程工作任务，更加贴近生产经营场景，从而使学员岗位能力获得迅速提升，才能更有助于培养出更多符合全球胜任力水平的职业能力标准的技术人才。

（二）开发意义

以世赛标准为引领，开发技术路径，深化校企合作模式，促进技能人才培养，推进国际化合作与创新。我国的职业技术院校以世赛竞赛项目为典型任务，结合企业岗位需求把比赛训练任务转化为课程内容教授给学员，使学员能够按世界最先进的技术标准和理念得以培训，进一步推进行业、企业技术人才成长。通过利用世赛资源转化，对提升技能人才培养质量，推动职业教育和培训高质量发展有重要意义。另外，培训课程与教育的学科课程相比，其功利性非常突出，更能在短期内转化为工作绩效。通过实践探索，实现课程建设规范化，培训体系更具独特价值。

（三）开发模式

对人才培养需求的不同，以及教学设计专家根据长期研究的结果，总结出不同类型的培训课程开发常用模式，广泛采用的培训课程开发模式有 ADDIE、SAM 模式。

1. ADDIE 模式

ADDIE 模型是 20 世纪 70 年代中期由美国佛罗里达州立大学为美国陆军设计课程开发的模型，现演变成国际通用的课程教学设计模型。在该模型的五大部分中，分析和设计是前提，开发与实施是核心，评估是保障，彼此相辅相成。它包含如何制订课程学习目标，如何开展实施教学及怎样评估教学质量。基于 ADDIE 教学设计应以解决实际问题为导向，对每部分的教学情景进行严密设计，对教学目标制订要因材施教，对好的教育教学方法有针对性地重复，对教学结果进行循环反馈，对学员的行为过程严格要求。ADDIE 模式以 ADDIE 课程设计模型为理论框架，通过 ADDIE 模型细化为分析（analysis）、设计（design）、开发（development）、实施（implementation）、评价（evaluation）五个阶段，辅以标准化开发工具，完成课程开发。

2. SAM 模式

SAM（successive approximation model）模型（连续性开发模型）是通过快速的实验找到正确的课程解决方案，再通过特有的输出过程建构课程的新型课程开发技术。SAM 模式以 SAM 模型为理论框架，核心是"迭代"，追求简化的概念，强调团队成员之间的充分交流与分享，关注学习体验。

上述两种开发模式中，本培训课程开发的模式全流程采用 ADDIE 模式，SAM 模式作为局部迭代更新的作用。在活动素材开发、培训课程实施管理、专业培训等方面开展实践研究，形成世赛项目开发的培训课程。

（四）名词界定

"世赛成果转化"是指将世赛成果通过归纳提炼、细化分析、试验推广等方法应用到技能人才培养的过程，即从关键少数个别化培养到普通大多数探索应用的过程。

"培训课程"即是为实现培训目标而选择的培训内容的总和，其效果非常突出，目标是能够尽量在短期内转化为工作绩效。

"世赛成果转化培训课程"是以世赛标准为参照，从世赛成果转化中提取出典型任务，同时结合自身特色和实际情况，通过重构成新的项目和学习任务，改进优化课程教学标准，从而更好地适应人才市场的需求。

三、培训课程开发

世赛项目转化按照世赛技术文件，项目转化课程开发路径从三个方面着手，一是遵循 ADDIE 培训课程开发模式，二是选手训练竞赛典型模块成功案例划分课程内容，三是开发模块式培训教程、可视化教学资源包，以及教学设计和评价建议。以世赛 CAD 机械设计项目为例，解构其资源，采用 ADDIE 课程开发模式重构课程。

（一）培训需求分析（analysis）

分析是整个培训课程设计的起点，影响着培训课程的设计、组织与实施，是开展好培训的基础。世赛成果来源于历届赛题案例按主题先分解出来，并对赛题进行分析，剔除世赛赛题中对抗性较强的限制性条件，结合评分标准，研究出集训中采用的新技术、新材料、新工艺，撰写综合分析报告。再通过调查问卷了解用人单位员的培训需求，根据世赛技术标准生成调研报告，制订培训需求，开发培训课程的培训大纲。

1. 需求调研

一是培训组织机构对培训需求分析，主要是通过对世赛项目的组织目标、资源、文化、环境、业务等因素进行分析，准确地找到世赛训练典型任务，从而确定培训的方向。二是岗位的培训需求分析，主要是根据岗位描述，结合企业岗位需求，学员实际工作能力与要求之间的差距，从而确定培训需求。三是个人的培训需求分析，主要是指对学员的背景、知识、能力、职业规划等方面进行分析，以确定培训对象、培训内容和培训后应达到的效果。

2. 确定培训方向

从培训组织机构、岗位、个人进行需求分析，通过集体研讨、世赛项目教练与选手技术摸底等方式，梳理和分析需要培训解决的问题，从而确定好培训方向。

3. 分析培训对象

分析好学员起点知识技能、受教育程度、学习能力、学习动机、特征等，确定培训教学内容、选择培训形式和教学方法。

4. 编制培训课程大纲

结合企业岗位需求，符合世赛职业能力标准，根据选定的方向、学员分析和培训课程目标分析，找到解决问题的具体策略和办法，确定培训课程大纲。基于世赛获奖选手训练成果及成功案例成果逆向分析设计培训内容。组织开发研讨会，对分解后的模块任务进行重构优化，根据培训课程开发实际需求重构任务、技能，制订培训课程大纲，明确培训目标、范围、培训内容、考核方法、配置资源等内容。

（二）培训课程设计（design）

培训目标确定后，要确定教什么，怎么教，最终达成培训目标。培训课程设计是课程设计中最重要的环节，是对课程的详细内容、课程的逻辑及教学过程进行详细筹划和具体设计的过程。根据培训需求，采用5W2H（七问）的形式设计培训内容，添加新元素（如新技术、新材料、新工艺等内容）重构培训新项目，分解成多级任务，进行梳理、编排、整合的过程，做到知识体系项目化、任务化，知识点碎片化、颗粒化。

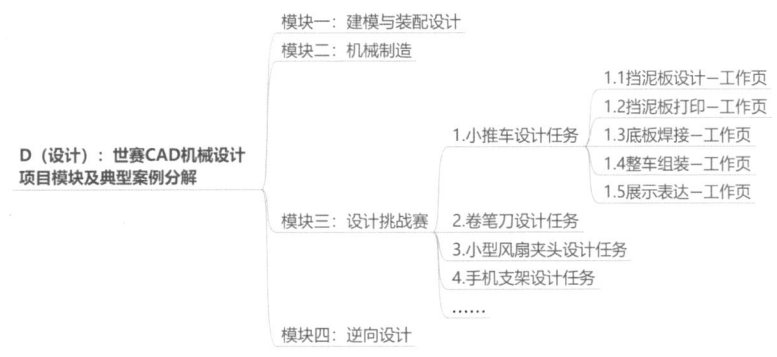

▲ 课程内容重构

（三）培训课程开发（development）

课程开发阶段是该模型的核心部分，根据课程学习目标，开展具有针对性的教学活动。确定培训模块主题，结合信息化手段，从而开发一系列教学资源，如多媒体技术、教学课件PPT、微课视频录制等等，用以丰富理论教学。一是采用STEAM［科学（science），技术（technology），工程（engineering），艺术（art），数学（mathematic）］双目标开发符合岗位需求的综合素质培养的纸质培训教材，如教师培训手册、学员学习手册等；二是可视化微课资源，按微课资源建设模式，将微课资源建设分为概念知识、流程步骤、情境应对、问题解决四类批量标准化制作。

1. 确定培训课程目标

目标可以针对每一培训模块设置，也可以面向整个培训课程来设定。STEAM 双目标是集教与学两种目标，分别有学员目标：科学（science）、技术（technology）、工程（engineering）、艺术（art）、数学（mathematics），教师目标：技能（skill）、思政（thought）、成效（effect）、能力（ability）和方法（method），这种融合多领域的综合教育目标，既是学员学习的方向标，也是讲师培训效果评价的基准，如表 7-7 所示。

表 7-7　世赛项目培训课程 STEAM 双目标教学设计

学习目标（学生）	STEAM	教学目标（教师）
科学（science）	S	技能（skill）
技术（technology）	T	思政（thought）
工程（engineering）	E	成效（effect）
艺术（art）	A	能力（ability）
数学（mathematics）	M	方法（method）

2. 编写培训教材

培训课程设计和开发负责人通过组织教师或专家，对多领域融合的综合教育进行模块化编写培训教材。

3. 开发可视化资源

微课视频资源可通过四类批量标准化进行制作开发，分别以阐述"知识概念"、以工作要求"流程步骤"、以生产经营"情境应对"、以典型任务"问题解决"等类型来引出、概述、解决应对，从而开发出各类可视化资源。

4. 培训设施

根据培训安排，教学过程所需的实训场地建设，参考世赛比赛场地布置和配套。

（四）培训课程实施（implementation）

整个教学实施设计结合世赛项目比赛的流程，增添沉浸式的教学方式，使整体更加新颖、有趣。具身认知理论认为，认知具有涉身性，认知依赖于身体，身体的结构影响着人们的认知方式，影响着思维和心智。强调身体在认知过程中的参与，鼓励身体感知运动系统的参与，重视身体与环境之间的动态交互。具身认知过程在本质上就是身体与环境之间的交互过程，身体与心智在特定的环境与情境中发生变化。沉浸式教学能够支持虚实融合的学习环境、自然交互的学习活动、寓身于境的学习方式。

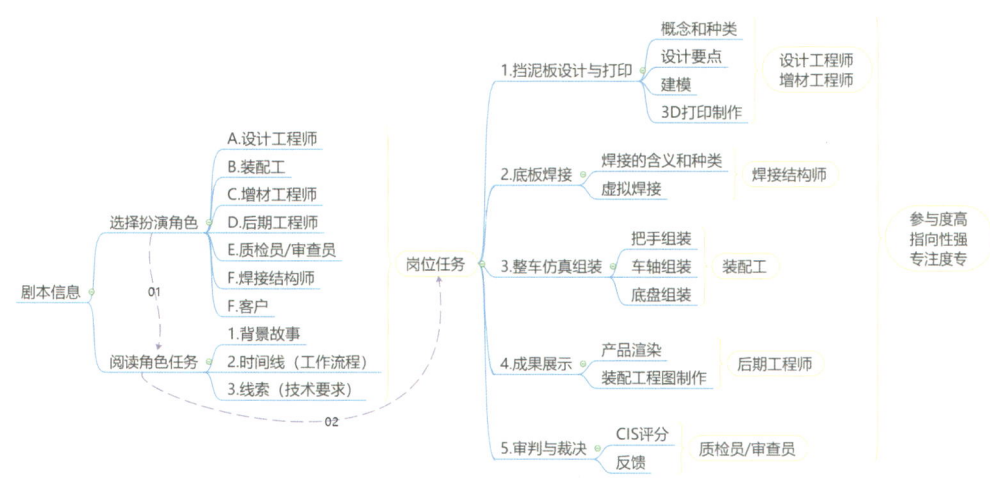

▲ 沉浸式教学实施设计

（五）培训课程评价（evaluation）

评价阶段是对培训课程的分析、设计、开发、实施四个环节的综合评价，是保证培训课程质量的有效手段。一般应设置组织实施课程评价并渗透到课程开发的各个阶段，按照一定指标，解决培训需求，以课程的针对性和实用性为重点，以构建最佳学习体验原则进行评价。一是开发验证，在设计输出文件发布前，组织有资格的专家、教师对该文件进行研讨或试讲，也可以由上级主管部门组织观摩教学并进行审批；二是开发确认，一般通过首次开班、现场观摩教学、顾客反馈信息等方式实现；三是评价要求，采用胜任力测评、分析性量规、世赛主客观评分标准等多重手段来进行；四是 SAM 迭代开发，为今后整个开发路径和课程提供持续优化的作用，使课程能适应全球不同区域的职业教育培训机构采用；五是评分体系，以世赛评分标准为原则，以分析性量规作为培训课程主要测量依据。培训课程资源建设完成后，邀请专家和同行对课程的分析、设计、开发三阶段做出评估。

四、结语

综上所述，整个培训课程开发路径采用 ADDIE 模式，通过需求分析、课程设计、课程开发、课程实施、课程评价等五个阶段，重构转化为培训课程。随着培训开发工作在企业发展中越来越受到重视，培训课程开发在理论研究中还存在许多值得深入探索的领域。将世赛理念融入培训课程里，结合世赛项目对应的岗位需求，使其进一步规范了职业要求和评价体系，符合职业技能人才培养理念，全面提升技能人才培养质量，培育出一支适应经济发展、服务社会需求、符合世界职业能力标准接轨的技能人才队伍。

参考文献

[1] 高文. 世界技能大赛成果在职业技能培训教材中转化的分析与思考[J]. 职业，2020(28):14-16.

[2] 辜东莲，盘笑莲，贾海成. 我国世界技能大赛成果转化现状研究与建议[J]. 中国培训，2020(2):52-55.

[3] 王增娣. 新发展格局背景下我国世界技能大赛成果转化研究[J]. 职业，2020(32):18-21.

[4] 中国烟草总公司职工进修学院. 培训课程设计与开发方法研究[C].// 中国烟草学会. 中国烟草学会2016年度优秀论文汇编——教育培训主题. 北京：中国烟草学会，2016(12):247-269.

[5] 杨竹影. 基于ADDIE模式的《中国概况》教学研究[J]. 作家天地，2021,(36):136-138.

[6] 刘刚. 基于ADDIE模型下的在线课程教学改革的实践研究——以5G网络规划与优化课程为例[J]. 电脑与电信，2021,(12):32-34+57.

[7] 张明，王红军. 在线开放课程资源建设与应用——基于ADDIE模型[J]. 辽宁高职学报,2022,24(3):57-61.

世界技能大赛标准转化与应用分析

蔡北勤[①]

摘　要：我国围绕世赛标准转化应用开展了大量研究，然而对世赛标准的认知并未形成明确的共识。本文通过解构世赛技术文件，阐述了世界技能职业标准的功能定位，并从标准化、系统化两个维度分析了世赛标准的转化与应用。

关键词：世赛标准转化；标准化；系统化

世赛作为世界性青年职业技能赛事，代表了职业技能发展的世界水平。我国在第44、第45届世赛和世赛特别赛上均取得了奖牌榜和金牌榜第一，彰显了中国技能人才的实力。转化借鉴世赛标准、提升技能人才培养质量对促进我国经济的高质量发展意义重大。

一、世赛标准是什么

在中国知网上以"世界技能大赛标准"或"世赛标准"作全文检索，共检索出861篇文献，涉及校企合作、技工院校专业建设、一体化课程开发、课程教学、工匠精神、技能人才培养、技能竞赛体系等诸多内容。多数研究人员并未在文献中明确世赛标准的含义，而是将"世赛标准"作为一个有着广泛共识的基础概念任意引用，并出现了如"世赛项目技术标准""世赛项目技能标准""世赛项目评价标准"等关联性术语。部分研究人员尽管给出了世赛标准的说明，但其内涵往往差别很大。如李杰、高士晶（2019）认为我国参加世赛以来所研究的世赛标准主要包括官方管理文件（official documentations）和官方技术文件（competition documentation）。姜华平（2022）认为"世赛标准是世赛技术说明文件"。王宗忠，徐淑芹（2021）将世界技能标准规范（world skills standards specification，WSSS）作为赛项技术标准。谢晓红（2019）则将世界技能标准规范作为赛项技能标准，并分析了部分世赛制造与工程类项目技能标准模块及权重。由此可见，对世赛标准的概念并未形成广泛的共识，一定程度上影响了相关研究成果的普及。为此有必要研究分析世界技能组织文件体系及其内涵，以更好地吸收借鉴世赛的先进理念、标准促进我国技能事业的发展。

[①] 蔡北勤，男，广州市职业技术教育研究院（世界技能大赛中国（广州）研究中心）世赛研究部副部长，高级讲师。

二、世赛技术文件结构解析

世界技能组织的文件体系包括竞赛管理文件、竞赛技术文件和其他文件。竞赛管理文件主要包括竞赛章程、议事规则、竞赛规则及道德与行为准则等。竞赛技术文件包括技术说明、测试项目、基础设施列表等,是竞赛项目的核心文件。其他文件是除竞赛管理文件和竞赛技术文件以外的资料,如咨询报告、年度报告等。由于世赛的测试项目不评估世赛规则和法规的知识,本文仅重点分析竞赛技术文件。

(一)技术说明

技术说明主要包括竞赛项目简介、世界技能职业标准(WSOS)、评估策略与规范、评分方案、测试项目、技能管理与沟通、特定技能的安全要求、材料与设备、特定技能规则、访问者与媒体参与者、可持续发展、行业咨询参考文献等 12 个章节的内容。其中,评估策略与规范、评分方案、测试项目、材料与设备等为简要说明,需结合测试项目、基础设施列表等文件共同使用。行业咨询参考文献说明竞赛项目的世界技能职业标准是世界技能组织查阅 ISCO-08(国际标准职业分类)、ESCO(欧洲技能、能力与职业分类)、O*NET OnLine 等国际职业分类和数据库,并在全球范围内广泛征求行业企业反馈建议所制订的反映工业和商业领域国际公认最佳实践的标准规范。世界技能组织高度重视世界技能职业标准的推广应用,全球的访问者无须注册即可在世赛官网上下载所有竞赛项目最新版的世界技能职业标准。本文所说世赛标准特指世界技能职业标准。

(二)测试项目

测试项目(即赛题)与评分方案由独立机构根据竞赛项目的世界技能职业标准同步开发。测试项目无论是一个单独的实体,还是一系列独立或连续的模块,都要遵照世界技能职业标准的评分配比评估每个部分的技能。测试项目不评估世赛规则和法规的知识,也不评估超出世界技能职业标准规定范围的技能,通过参赛者的竞赛表现和成效评估其职业能力水平。评分方案是测试项目的评分表和汇总表,分为评价与测量两种评分形式。评分方案的评分配比相较世界技能职业标准的规定可以有不超过 5% 的变动。笔者认为,竞赛项目的世界技能职业标准与测试项目构成了普遍和特殊的关系,基于测试项目和评分方案开发的多样性,测试项目和评分方案都不具备标准的属性。

(三)基础设施列表

基础设施列表给出了每个竞赛项目由主办方提供的所有赛场内设施、设备、工具的详细信息。参赛队可在技术说明文件允许的范围内携带自备工具。

三、世赛标准转化与应用分析

为进一步明确世赛标准的功能定位，笔者以世赛汽车技术项目为例，比较世赛标准、国家职业标准、国家职业技能标准的内容，相关情况如表 7-8 所示。

表 7-8　世界技能职业标准、国家职业标准、国家职业技能标准比较

	世界技能职业标准（WSOS）	国家职业标准	国家职业技能标准
职业名称	汽车技术员	汽车维修工（4-12-01-01）	汽车维修工（4-12-01-01）
职业或工作描述	有，综合性描述，包括从业人员的工作性质、内容、要求、环境、新技术变化趋势等	有，概要性描述从业人员的工作性质、内容，无工作要求、环境、未来趋势等表述	有，具体描述从业人员的工作性质、内容、环境，从初级工到高级技师分5级表述工作要求
应掌握知识、技能要求	有，在按工作组织与管理10%，沟通和人际交往能力10%，电气和机械系统及其集成25%，检查诊断35%，维修、大修和保养20%的基础上细分各部分的知识、技能要求，不分等级	无	有，在工作要求中按汽车维护、发动机检修、底盘检修、汽车电器检修、汽车零部件拆装等职业功能区分专业知识、技能，分等级，按工种、等级不同区分各职业功能的理论知识和技能权重
能开展或完成的工作	有，在按工作组织与管理10%，沟通和人际交往能力10%，电气和机械系统及其集成25%，检查诊断35%，维修、大修和保养20%的基础上细分工作内容，不分等级	有，以主要工作任务的形式概要表述	有，在按汽车维护、发动机检修、底盘检修、汽车电器检修、汽车零部件拆装等职业功能的基础上细分工作内容，分等级，不分权重
职业包含工种情况	无	汽车维修检测工、汽车机械维修工、汽车电器维修工、汽车车身整形修复工、汽车车身涂装修复工、汽车美容装潢工、汽车玻璃维修工等	与国家职业标准相同

汽车维修工国家职业技能标准（2018年版）是依据《中华人民共和国职业分类大典（2015）》对汽车维修工的职业标准开发的，两者共同构成了我国汽车维修行业从业人员的职业工作描述和能力要求说明，这与汽车技术项目的世赛标准的内涵是基本相同的。据此，笔者从标准化、系统化两个维度分析世赛标准转化与应用。

（一）非标准化，系统化

如依据世赛标准开展世赛选手的选拔培育等。由于世赛标准只规定了竞赛项目相关职业的工作领域和从业人员能力需求且不区分能力级别，参赛队的专家团组需要根据已公布的测试项目的信息综合评估对参赛选手的能力要求程度，并在系统化遵循世赛标准的前提下制订各自（非标准化）的选手训练方案。

（二）非标准化，非系统化

如转化世赛标准开展行企从业人员在职培训等。企业基于区域产业和经济发展需求，结合自身从业人员职业能力状况，遴选世赛标准的部分内容开展针对性的培训，这类培训可认为具有非标准化、非系统化的特点。

（三）标准化，系统化

如转化世赛标准开发各专业的国家技能人才培养工学一体化课程标准等。世赛标准规定了从业人员工作领域和能力要求，不涉及具体的人才培养路径和方法，世赛标准作为职业资格研究的参考依据参与构成了技工院校专业开发的逻辑起点。由于多数世赛项目采用综合性的任务或一系列的模块测试参赛者的职业能力，这与技工院校工学一体化课程通过一系列学习任务培养学生的综合职业能力的理念是一致的。依据标准化的一体化课程开发路径，可将多数项目的世赛标准系统化地融入相关专业的国家技能人才培养工学一体化课程标准。

（四）标准化，非系统化

如借鉴世赛标准开发国家职业技能标准等。由于我国职业技能标准的制订和修订需要较长的时间，导致某项职业技能标准的内容往往不能完全反映行业最新的概况。世赛以两年一届的赛事活动为契机，汇集全球的顶级专家进行标准开发和修订，确保了竞赛项目的世界技能职业标准能够及时体现最新的技术、技能和标准的变化。以世赛汽车技术项目为例，世赛标准突出对从业人员的职业能力的要求，更加强调对未来工作的适应。我国的职业标准和职业技能标准以客观反映现阶段本职业的水平和对从业人员的要求为目标，更加强调劳动分工，如对各工种的内容描述。我国的职业标准和职业技能标准可借鉴世界技能职业标准的先进性丰富完善自身的体系内容。如《中华人民共和国职业分类大典（2022）》在汽车维修工的职业标准中就增加了新能源汽车维修工、智能汽车维修工等。

四、结语

世界技能职业标准作为世界技能组织发布的具有全球影响力的职业标准规范构成了世赛文件体系的核心，也是我国学习借鉴世赛先进理念、规则、标准的源头。围绕世界技能职业标准开展全方位、多维度的转化应用将对我国职业技能标准开发、技能人才培养等诸多方面产生积极深远的影响。

参考文献

[1] 李杰，高士晶. 基于世界技能大赛成果与标准的技工院校专业建设与改革路径 [J]. 中国培训，2019(8):8-11.

[2] 姜华平. 对接世界技能大赛标准创新开发新专业的探索与思考—以工业机械自动化装调专业开发为例 [J]. 中国培训，2022(4):38-41.

[3] 王宗忠，徐淑芹. 健康和社会照护世赛标准及医学教育启示 [J]. 职业技术，2021(8):68-72.

[4] 谢晓红. 世赛项目与高技能人才培养对接的探究——以制造与工程类部分世赛项目为例 [J]. 职业，2019(3):22-24.

[5] 陈晓曦，袁名伟. 世界技能大赛文件体系研究 [J]. 职业，2016(5):9-11.

[6] 中华人民共和国交通运输部. 汽车维修工国家职业技能标准（2018 年版）[S]. 北京：中华人民共和国人力资源和社会保障部，2018:12.

世界技能大赛备赛选手英语能力提升及思考

董其才　朱然雨　姚尔津[①]

摘　要：在世赛参赛进程中，选手备赛周期较长。从市级竞赛到国赛选拔，整个过程持续1~2年，这为提升选手英语能力水平提供了较为充足的时间。随着世赛"翻译"角色的逐步取消，选手英语能力在赛场上的重要性更加突显。笔者团队参与过世赛国家集训队专项英语培训，现从职业技术教育英语应用背景、二语习得理论应用、备赛选手英语培训实践等方面阐述备赛选手英语培训的相关思考。

关键词：世界技能大赛；英语能力提升；监控理论

一、职业技术教育外语应用背景

在全面建设社会主义现代化国家新征程中，对外开放持续深化，"一带一路"发展战略不断走深走实。具备一定外语水平的劳动者能够更加熟悉国际通用的技术规则和产品规格，对于生产流程的把握对标国际，更有利于促进工艺技术的创新、工艺流程的绿色可持续发展，从而提高整体经济发展的质量。因此，作为培养面向生产、技术、管理、服务一线技能人才的主体，技工教育更应该注重进一步培养学生的外语能力和素养。

与此同时，职业技术教育国际化水平提高，为培养学生的外语能力和素养创造了先进条件。教育部统计显示，目前我国职业教育已与70多个国家和国际组织建立了稳定联系，与19个国家和地区合作建成20家鲁班工坊，在40多个国家和地区合作开设"中文＋职业教育"特色项目，广州也于2022年初步筹备"广州国际友城职教联盟"。我国职业教育从"单向引进借鉴"走向"双向共建共享"，正逐步形成具有中国特色的职业教育国际化发展模式。其中，"以赛促教"更是国际职业技术教育交流合作的一个重要方面。近年来，我国积极参与世界技能大赛并取得了优异成绩。这些世赛选手急需提升自身的外语能力和外语素养。此外，世界技能大赛"翻译"角色的试点取消，意味着今后世赛选手需独自阅读英文技术说明、撰写英文工作日志、与外国选手、裁判沟通交流，外语能力成为提高比赛成绩的一个重要工具。

总的来说，随着职业技术教育国际化水平的提高和交流合作的程度不断加深，培养职业院校、技工院校学生的外语能力和素养有了更为坚实的发展土壤和更加完善的发展条件，塑造职业院校、技工院校学生的跨文化交际思维、磨砺他们的外语应用能力成为目前职业技术教育需要加紧推进的一项工作。

[①] 董其才，男，广州市职业技术教育研究院（世界技能大赛中国（广州）研究中心）教研员；朱然雨，女，广州市交通技师学院实训中心翻译；姚尔津，女，广州市交通技师学院英语教师。

二、世界技能大赛备赛选手背景调查

为了更好地反映世赛备赛选手的英语水平,笔者向广州市交通技师学院重型车辆维修、飞机维修、轨道车辆技术、汽车喷漆、汽车技术项目竞赛班,及历届备赛、参赛选手发放线上问卷并进行访谈,内容主要包含选手的个人情况、英语基础、英语培训情况等内容,回收有效问卷 14 份。现将问卷数据分析如下:

(一)英语背景分析

8 位选手参加了初中学业水平考试,最低分为 40,最高分为 90,平均分为 70;1 位选手参加了高考,分数为 80(总分 150);5 位未参加统一考试的学生,自评英语水平为小学和初中水平。通过词汇量测试网站 http://www.testyourvocab.com/ 测试,参加调查问卷的选手们平均词汇量为 1900,除去 3 位已经参赛选手,其他正在备赛选手的平均词汇量是 1000。根据教育部《义务教育英语课程标准(2022 版)》大纲,对于小学毕业学生,词汇量要求为 600~700;而对于参加中考的学生,词汇量要求是 1800 个单词,因此选手词汇量低于初中毕业学生。总的来说,参与调查问卷的选手英语水平总体高于小学毕业、低于初中毕业实际英语水平。

(二)世界技能大赛英语培训

约一半选手在备赛期间有自学英语,少部分同学进入国家集训队,参加了国家集训队的统一培训,还有少部分同学参加了学院统一的英语课程学习。大多数选手(78.6%)参加的是 2022 年 9 月广州市交通技师学院竞赛办公室开展的竞赛基础英语培训(截至问卷发出时间持续 3 个月),使用的教材为外研社出版的《新概念英语 1》。部分学生(28.6%)无法坚持长期的英语培训,在 1 个月内放弃。通过历届世界技能大赛备赛选手之间的对比可以看到,对于选手的英语水平和培训都是越来越重视的。

所有选手均认为英语培训有一定的效果,在竞赛中最困难的部分是专业词汇和语法,有一半的同学认为听力和写作也比较困难,70% 的选手认为专业英语对于竞赛最有帮助,英语阅读、口语和基础能力紧随其后,认可率分别是 50%、57% 和 50%。

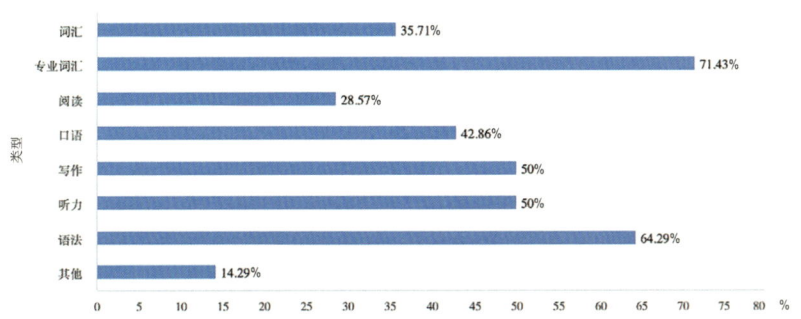

▲ 在备赛英语学习过程中觉得困难的部分(多选)

（三）其他发现

93% 的选手都希望加强专业词汇的学习，希望加强英语口语交际、英语词汇、听力及阅读能力学习的选手比例是 79%、64%、64% 和 57%。就教学方式来说，6 位同学期望增加英语影视学习的教学形式，之后是情景对话和英语模拟竞赛。

用 1～10 的数字来评价自己在备赛期间学习英语的兴趣，英语学习兴趣高的同学（评价为 7～10），通常技能水平也更好，分析原因有 2 点：①竞赛班本来就有淘汰机制，能坚持下来的通常都是技能过关的同学；②技能水平高的同学，通常学习积极主动性更好。此外，当某一项目中有 2 个或以上技能水平较高且相近的同学，会激发同学们的积极性或是竞争意识，使得他们在英语培训当中的效果也更好。这些说明，具有主动积极学习情绪的选手在提升自身英语水平的过程中能取得更好成绩。

三、英语培训理论分析

引进国际先进的语言学理论体系，可更好地指导世赛项目英语培训的科学开展，进而促进选手英语水平的提高。其中较为著名的是克拉申的监控理论（monitor theory of krashen）。

（一）基于"监控理论"阶段的教学

（1）沉默期。克拉申研究发现：儿童在习得母语时，要经历为期大约一年的"听"的过程（沉默期），然后才开口说出第一个词。这一规律同样适用于第二语言习得，沉默期的长短因人而异。

（2）语法干扰期。在刚学会应用第二语言后，学习者由于不习惯第二语言的规则往往表达容易出错。语法干扰期是每个人掌握语言的必经阶段，克服语法干扰期是学生掌握语法规则，建立语感的必然方式。

（3）提高期。在这一个阶段，学习者不仅要掌握基础语言单词、句子，还要系统掌握学术英语知识，充分挖掘学生的学习思维，了解跨文化思维方式，将理论和实践结合提高学生的英语水平。

（4）上升期。语言学习也有曲线上升期，这一阶段学习者英语水平的提高趋于缓慢。

（二）基于"监控理论"的教育方法

（1）创造学生语言学习环境，促进"学得"向"习得"的转变。

所谓"习得"是指学习者通过与外界的交际实践，无意识地吸收到该种语言，并在无意识的情况下流利、正确地使用该语言。而"学习"是指有意识地研究且以理智的方式来理解某种语言（一般指母语之外的第二语言）的过程。克拉申的监控理论认为，通过"习得"而掌握某种语言的人，能够轻松流利地使用该语言进行交流；而通过"学得"而掌握某种语言的人，只能运用该语言的规则进行语言的本监控。因此在实际英语教学过程中，要积极创造英语应用的环境，使学生能够潜移默化地接受英语的熏陶。

（2）培养学生兴趣，加大"情感正面激励"。

"情感过滤假说"试图解释为什么学习者的学习速度不同，最终达到的语言水平不同。学习者所接触的可理解输入的量及他们的情感因素对语言习得同样产生重要影响。因此在英语教学过程中，教师要切实照顾学生的英语学习情绪，避免让学生产生"消极的抵触情绪"。具体方法可以通过播放流行音乐、影片，情景化游戏互动等方式，来提高学生对于英语学习的兴趣。

（3）在英语教育过程中，妥善安排语法教学的顺序。

"自然顺序假说"认为第二语言的规则是按照可以预示的顺序习得的，某些规则的掌握往往要先于另一些规则。比如学生在语法学习过程中通常对于名词单复数知识的掌握先于名词所有格，对于一般现在时的掌握快于过去式、过去完成时，这就给教师在安排英语语法教学的顺序方面提出了要求。教师需要根据学生的实际英语水平和学习兴趣，调整英语语法学习的难度和顺序，从而让学生能够在更快地掌握语法的同时，还能保持一定的积极性。

（4）定期安排英语能力测验，合理控制语言学习过程的监控。

二语学习者"习得"的语言能力如同触发器，发起目标语；"学得"的语言知识如同监控器，对错误进行修改。通过监控行为和反复的练习之后，二语学习者将接近一个更高层次的语言水平，继而监控行为的频率相对更低，从而更显流畅，转换为所谓的直觉性的习得。这要求教师在安排能力测验时，及时检测学生英语的掌握程度，通过不断地纠正来让学生熟悉某种英语知识，从而能更加自觉地熟练应用。

（5）丰富英语教学手段，运用多渠道教学工具。

语言习得的一个重要条件是习得者可以理解的且稍微超出习得者目前的能力水平的输入。基于此理论，英语的学习是在理解的基础上。教师可以采用记忆游戏、交际情景模拟互动、实际比赛任务模拟等方式，合理运用课件、电影、配音软件等工具，提高学生对于学习内容的理解程度。

四、备赛选手英语培训实践

（一）分"阶"，循序渐进开展针对性教学

在世赛中选手需要独自查阅看懂英文技术说明，在全英在线系统完成操作步骤，撰写英文模块工单，与外国裁判沟通交流。根据克拉申的监控理论的四个阶段，英语能力的提升是分阶段逐步完成的。培训团队应利用监控理论"四个阶段"假说来科学指导备赛英语

培训，在综合考量选手当前水平的基础上循序渐进地分阶段教学。

（1）基础普及阶段。教学对象为世赛相关项目的竞赛班学生。该阶段教学竞赛基础英语，第一阶段教材使用《新概念英语1》，该阶段学习目标旨在提升学生英语学习兴趣，筑牢英语综合能力的基础。

（2）强化提升阶段。教学对象为进入选拔赛的备赛选手。该阶段可在实训场地的专业设备及工具上张贴中英文标签，并结合英语词汇进行双语教学。同时，及时安排各阶段考核，查验选手英语知识掌握情况，纠正英语学习过程中遇到的各种问题。

（3）综合精进阶段。教学对象为国家集训队备赛选手。此阶段采用角色扮演法、情景教学法等方式，让备赛选手适应实际比赛时的英语情景，模拟赛中各类突发情况，全程用英语进行沟通交流。

（二）重"词"，提升词汇教学质量

通过研究重型车辆维修、汽车技术、飞机维修等专业技术性较强的项目，团队发现备赛选手需要掌握的专业词汇较多，且词汇种类繁多。因此，在备赛选手培训过程中，要注重提升专业词汇教学质量。

（1）课前词汇分类。专业英语词汇分为半技术性词汇和技术性词汇。针对半技术性词汇的教学，教师应利用该类词汇的灵活性和抽象性，将其在日常英语的含义中进行引申。如"aging"，在日常英语中是指人的年纪变老之意，在汽车专业英语下，则有（零部件）老化之意。而针对技术性词汇，教师要尽可能地引导学生可按照单词读音、单词结构进行分类整理，进行集中学习与记忆。如"abrasive"相关的词汇有"abrasive cloth（砂布）""abrasive paper（砂纸）""abrasive resistance（耐磨性）"等。

（2）课中利用构词法教学。根据"自然顺序假说"英语词汇在构词方面存在一些明显的技巧与规律，培训团队可以在培训中巧妙融入词汇构词法，使选手能够更容易掌握单词。常见的构词法有派生法、复合法、转化法等，教师在专业词汇教学中可增加学生对同一词根单词的记忆量。例如，单词"orderly"含义是"有序的"，增加具有否定含义的前缀"dis-"，变成"disorderly"，含义变为了"无序的"。

（3）课后加强辅导，检验学习掌握程度。"学得"的语言知识如同监控器，对错误进行修改。在不断监控修改的过程中，学习者的水平会越来越高，犯错误的次数也会越来越少。在选手备赛过程中，培训团队将分阶段进行词汇量测试，通过多次比对词汇量测试的成绩，来检验学习过程中选手词汇量水平的提高。

（三）融"赛"，坚持以赛促教

融入比赛场景，创造学生语言学习环境，促进"学得"向"习得"的转变。根据"监控理论"教育方法，"学习"是指学习者有目的地、有意识地遵循某种方法来理解和掌握

某种语言的知识和规则的过程。因此，在实际英语培训过程中，要积极创造英语应用的环境，使选手"浸泡"在英语环境中，能够潜移默化地接受英语的熏陶，无意识地吸收尽可能多的英语知识。

（四）提"趣"，加大情感正面激励

在监控理论中，"情感过滤假说"认为，学习者自身的情感状态决定着学习者接受输入的多少。我们的问卷调查统计显示，大多数选手英语基础较为薄弱，过往英语学习成就感低。因此在英语教学过程中，教师要切实照顾学生的英语学习情绪，设法激发学生的英语学习动机，提高学习兴趣，避免让学生产生"消极的抵触情绪"。具体方法可以通过播放流行音乐、影片，情景化游戏互动等方式，来提高学生对于英语学习的兴趣。同时，教师可以向学生讲解英语学习对于自身今后职业发展的重要性，让学生意识到英语学习的重要性，从而提高学生学习的主动性。

五、结论

不管是职业教育发展的大背景，还是参加世界技能大赛的小前提，都对备赛选手的英语能力提出了要求。技工院校的备赛选手个人背景具有较大的一致性，即 16～20 岁，初中毕业，英语平均水平为初中英语及格，词汇量 1 000 左右。在技能上可塑性较大，英语水平也有很大的提升空间。

培训对选手的英语能力提升有一定的效果，按照英语学习中的"监控理论"和实践，培训内容应随着选手在备赛阶段的不同而变化。先打好选手的英语基础，再进行项目相关英语培训，最终达到选手可以无障碍阅读英文竞赛试题、竞赛规则、技术说明、评分表、维修手册等资料，并能够使用英语与裁判交流，完成竞赛任务的目标。同时在培训中需要关注选手专业词汇的积累和在赛场真实场景中的应用，同时保护、激发选手对英语学习的兴趣。

参考文献

[1] KRASEN S D. Principles and practice in second language acquisition[M]. Oxford: Pergamon Press, 1982.

[2] 简论克拉申的监控理论（教学资料）. 百度文档：https://max.book118.com/html/2022/0822/8050027107004131.shtm.

[3] 陈阳阳. 克拉申二语习得理论探讨及对英语教学的启示 [J]. 文化创新比较研究，2018, 2 (12)：113-114.

[4] 周宁. 克拉申监控模式对外语教学的启示 [J]. 教育现代化，2019,6(60):186-187.

[5] KRASHEN S. Second language acquisition[M]. London:Pergoman Press, 1988.

[6] 王奇丽. 试论高职高专英语分阶段教学 [J]. 英语广场 (学术研究), 2012(6): 86-87.

[7] 陈琦, 高云. 学术英语中的半技术性词汇 [J]. 外语教学, 2010,31(6):42-46.

[8] 张紫红. 词汇教学在中专院校英语教学中的开展 [J]. 现代职业教育, 2021(21):70-71.

[9] 马欣. 监控理论在高中英语分层教学中的应用 [J]. 校园英语, 2020(51):146-147.

[10] 赵君, 林学栋. 克拉申监控理论在高职英语教学中的应用研究 [J]. 南通航运职业技术学院学报, 2016, 15(6):125-128.

奥地利双元制学徒参加世界技能大赛的探析及启示
——基于百隆公司学徒培养与参加世赛分析

谢晓红　谢思明[①]

摘　要： 本文通过分析奥地利世赛组织与参赛情况，对奥地利双元学徒制进行探析，以奥地利优利思百隆有限公司（Julius Blum GmbH，简称"百隆公司"）高质量的学徒培养制度和学徒在世赛摘金夺银作为案例分析，诠释了奥地利双元学徒制在国际职业教育与培训体系中所具有的竞争力和示范性，启示我国加快推进具有中国特色新型学徒制的重要作用和意义，借鉴国际一流学徒制培养标准，培养出高质量的新型学徒在国赛、世赛赛场上摘金夺银，展示我国企业的国际竞争力和一流技能人才队伍，推动经济高质量发展。

关键词： 技能竞赛；双元学徒制；百隆学徒；启示

世界技能组织（WSI）的核心是技能竞赛，侧重于全球优势技术岗位所对应的职业赛项，数以千计的技术工人、学徒和职业院校学生在技能竞赛中发挥主力军作用，通过世界技能竞赛平台促进全球先进技术的交流与提升，提高各参与成员体职业教育与培训的重要性和吸引力。奥地利代表队在世界技能大赛欧洲技能大赛（以下简称"欧赛"）上的取得优秀成绩令人印象深刻，近 20 年来他们在参加世赛及欧赛过程中一直表现出色。

本文着重分析奥地利世赛组织与参赛情况、双元学徒制培养特点与百隆公司学徒培养、输送世赛选手等，启示我国加快推进中国特色新型学徒制的实施和制度的进一步完善，培养出高质量的新型学徒在国赛、世赛赛场上摘金夺银，展示我国企业的国际竞争力和一流技能人才队伍，助推社会经济效益的提高。

一、奥地利世界技能大赛组织与参赛情况分析

1. Skills Austria 奥地利技能组织

自 1958 年开始，奥地利联邦商会（WKO）一直是世界技能组织的成员，1961 年以来一直定期派出奥地利代表队参加世界技能大赛。技能奥地利（Skills Austria）作为职业技能竞赛组织中心是 WKO 的一个非营利性协会，在奥地利联邦商会、联邦劳动和经济部、联邦教育、科学和研究部，以及各培训公司的一贯支持下，协调和准备奥地利国家职业技能竞赛（Austrian Skills），选拔各技能项目的优胜者代表奥地利参加国际比赛——世

[①] 谢晓红，女，广东省机械技师学院原副院长，世界技能大赛中国（广州）研究中心学术指导委员会专家，正高级讲师；谢思明，女，广州市轻工技师学院教师，助理讲师。

赛和欧赛，同时负责公共关系和赞助伙伴等事项。2007年奥地利成为欧洲技能促进组织（WSE）的成员，从2008年开始一直参加欧洲技能大赛。

2. 近15届世赛获奖情况分析

（1）国际排名靠前，位居欧盟前三。迄今为止，奥地利团队参加世赛31次，累计597名选手参加比赛，共获得218枚金、银、铜牌和209个优胜奖，获奖率达71.52%，其中金、银、铜牌累计获奖率达36.52%，是欧盟参加世赛成绩最好的成员之一。

（2）建筑技术领先，制造工程较强。奥地利代表队近15届世赛中，共有29个项目获得过金牌，重点聚焦在结构与建筑技术、制造与工程技术、社会与个体服务等三大领域，第45届世赛和2022年世赛特别赛参赛项目达39个。结构与建筑技术领域类项目成绩最好，金银铜获奖率达50.45%，其中金牌获奖占57.14%，其次是制造与工程技术领域类获奖率达26.13%、其中金牌获奖占22.45%，两大领域获奖比例接近七成。奥地利代表队在建筑技术领域水平很高，制造工程技术类也具备一定的经济技术实力。

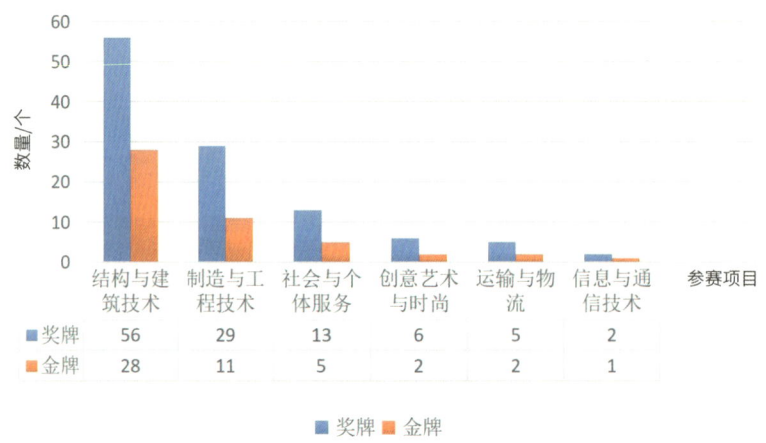

▲ 奥地利代表队近15届世赛获金银铜奖情况

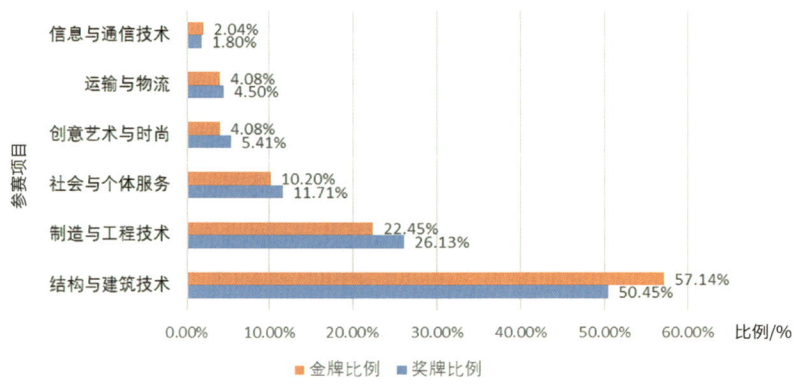

▲ 奥地利代表队近15届世赛六大领域获金银铜奖比例

（3）油漆装饰项目，优势非常突出。从表 7-9 建筑技术和制造工程类参赛项目获奖情况分析：油漆与装饰项目已获得 10 枚金牌，是奥地利实力最强和参赛成员中成绩最好的项目；混凝土建筑在第 43～45 届夺金"三连冠"，实力非常突出；制造工程类项目中，数控车 4 次获得金牌，数控铣、工业控制、工业机械和金属构造都获得过金牌，反映奥地利工程领域类制造业技能水平高。

表 7-9　建筑技术和制造工程参赛项目获奖情况

领域	项目	金牌	银牌	铜牌	合计	夺金牌届次
结构与建筑技术	油漆与装饰	10	1		11	32，33，36~39，41，42，44，45
	管道与制暖	5	3	1	9	36，37，40，42，44
	空调与制冷	3	2	1	6	36，40，41
	混凝土建筑	3			3	43，44，45
	砌筑	2	3		5	38，44
	瓷砖贴面	1	1	3	5	42
	家具制作	2	2	2	6	34，43
	石雕	2	1	1	4	42，43；2022 年为表演项目
制造与工程技术	钳工（工具和装配）	2	3	4	9	该项目已取消
	数控车	4	3		7	33，34，36，40
	数控铣	1	1	1	3	35
	金属构造	1	2	2	5	41
	工业控制	2			2	39，40
	工业机械	1	1	1	3	项目由机械制造改为综合机械与自动化，现为工业机械

3. 参赛选手与世赛专家来源分析

（1）参赛选手的资质要求。选手参加世赛或欧赛时均须具备以下条件：一是具备专业英语的口语和写作能力（竞赛语言用英语）；二是获得公司和学校的同意和全力支持，在竞赛年内能全力投入参赛项目的准备和训练；三是参加世赛或欧赛的选手为成年（18 岁），世赛选手在比赛年度不得超过 22 岁（特定项目 25 岁），欧赛选手不得超过 25 岁；四是只能参加一次世赛和欧赛，可以多次参加国内技能比赛，参加奥地利国赛和国际赛是免费的，由技能奥地利组织支付差旅费、比赛费和生活费等。

（2）参赛选手的来源分析。第 45 届世赛中，奥地利派出 46 名选手组成参加 41 个技能项目比赛（5 个团队项目和 36 个单项），其中来自公司选手 39 名，占比为 84.80%，职业院校选手 7 名，占比为 15.20%；2022 年世赛特别赛中，奥地利代表队 45 名选手参加 39 个技能赛项，只有 5 名选手来自奥地利职业院校，40 名选手均来自公司或企业，公司选手比例为 88.89%，院校选手比例为 11.11%。见表 7-10 所示。

表 7-10　奥地利世赛选手来源情况

参赛年度	公司或企业参赛选手		职业院校（HTL，HTBLA 等）		说明
	数量	比例 /%	数量	比例 /%	
2019 年第 45 届	36	84.80	7	15.20	41 个项目，共 46 名选手
2022 年世赛特别赛	40	88.89	5	11.11	39 个项目，共 45 名选手

（3）世赛专家的来源分析。第 45 届世赛奥地利派出 41 名专家，来自公司或企业的专家 32 名，占比为 78.05%，职业院校 9 名（园艺、管道与制暖、糖艺、混凝土建筑、餐厅服务、烘焙、网站技术、网络系统管理、移动机器人等 9 个项目）；2022 年世赛特别赛奥地利派出 40 名专家，来自公司或企业的专家 32 名，职业院校或大学的专家 8 名（管道与制暖、混凝土建筑、化学实验技术、信息网络布线、网站技术、数字建造、电子技术等 8 个项目）。

（4）选手专家的身份反思。奥地利代表队 80% 以上的选手和专家来自公司或企业，更准确地分析，选手大部分来自公司学徒。专家来自公司的技术工程师和学徒培训师，他们是代表一线职业岗位中优秀的能工巧匠，他们在国际技能赛场上取得的成就是行业技术水平的展示，更反映本国职业培训质量尤其是双元学徒制取得的显著成效。福拉尔贝格州是奥地利最成功的"技能"州，世赛中来自该州的选手获得 20 枚金牌，14 枚银牌和 9 枚铜牌，其中该州一家专业生产家具铰链、抽屉滑轨等的百隆公司派出学徒参加世赛综合机械、数控车、工业 4.0 赛项目共获得 9 枚金牌，13 枚银牌和 6 枚铜牌，成功验证了公司学徒的职业能力，展示了奥地利完善的职业培训体系，以及高质量的学徒培养制与实践所取得的成效，他们为奥地利公司的经济发展和竞争力做出了决定性的贡献。

综上探析，奥地利在国际技能竞赛取得的成功离不开奥地利联邦教育部、劳动经济部和商会的支持和指导，离不开奥地利商会组织、公司、院校、培训机构和培训师的专业培训和参赛训练指导，更离不开奥地利独具特色的学徒培养制。

二、奥地利双元学徒制的探究

奥地利与部分欧洲国家都是学徒制实行的先驱者。学徒制是一种传统的同时是一种非常现代的职业培训形式，在公司以技术学习、融入经济和创业为主，在职业学校以专业基础、理论和通识教育为辅，是国际上帮助年轻人成功的"最佳职业实践范例"。现代职业教育和培训必须快速灵活地响应市场经济的新要求、新技术和新发展，特别是数字化、气候保护、能源和资源管理的可持续性和效率等大趋势。近年来，奥地利联邦商会培训协会发展迅速，不断通过新的工作环境和加入新元素来完善和提高学徒培训，如新的环保实践、数字技术与工作相关的外语等等，让学徒和培训师都能获得附加的工作技能。

1. 职业教育与培训概况

奥地利职业教育与培训主要包括中等职业学校（4年制，1~2年短期培训）、高等职业院校（5年制）和"双元"学徒培训公司，4年制或5年制毕业生可以参加考试进入大学或高等技术学院继续深造，学徒制培训公司部分职业可以选择与高等技术学院对学校进行双元培训，培训后学员通过考核获取"双证"。奥地利学生完成八年义务教育后，约35%学生选择接受法律认可的非全日制公司学徒培养（经过半年到1年职前教育，属于义务教育），40%学生选择中等职业学校或高等职业院校教育，25%学生继续选择高中阶段4年通识教育后考入大学。这意味着大约75%的学生在义务教育后走上职业教育和培训道路，在奥地利教育体系中具有重要意义。

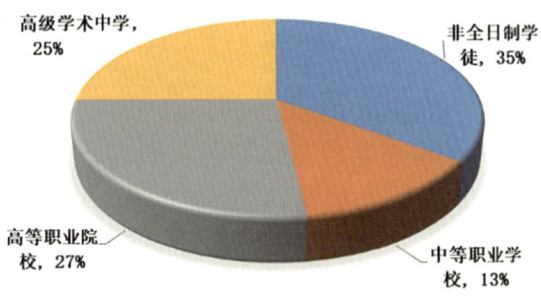

▲ 2020/2021学年10年级学生分布（资料来源：奥地利统计局，Chulstatistik）

2. 双元学徒制培养的特点

奥地利学徒培养面向所有完成九年义务教育的年轻人，并且不设培训资格要求，培训期限为2～4年。大约35%年轻人在完成义务教育和职前学习后选择并从事近230个学徒专业之一，在2021年28 500多家企业培养了100 700多名学徒。合格的学徒毕业生有资格独立从事本专业所特定的工作活动。

（1）双元学徒制与全日制职业教育存在显著差异：

学徒制培养体系有2个学习地点：培训公司和兼职学校。双主体（双元）都是学徒培养的合作伙伴，其中培训公司可以是贸易、商业和工业公司，也可以是药剂师、建筑师、律师、土木工程师等自由职业者及协会、行政办公室和其他法人实体。

学徒与其所在的培训公司处于培训关系（根据奥地利就业法需完全投保），同时也是兼职职业学校的学生。

培训公司占学徒培养时段的主要部分（80%），职业学校占学徒培养时段的20%。

在公司培训的费用由培训公司承担，校内教育（兼职学校）费用由公费承担。双元学徒制培养费中最大部分由企业承担，学徒报酬是主要费用，企业需缴纳学徒社会保障保险费用（医保、工伤意外保险、养老保险、失业保险等）。

专家评估学徒的专业能力和水平考试，重点在于考核各自专业所需的职业能力；

双元培训可以与"大学入学考试"相结合，学徒毕业生需额外完成普通科目德语、数学和外语三个附加模块及深层次的专业模块考核。

（2）奥地利双元学徒制培养有法可依、有章可循。奥地利学徒制培养的法律依据是联邦《职业培训法》(Berufs ausbildun gsgesetz, BAG)，其中特别规定了以公司为基础的培训部分内容和要求。职业学校部分受联邦法律《学校组织法》(SchOG) 规定，规定在校期间培训的课程和组织方式等。奥地利联邦劳动和经济部制订了"学徒制——奥地利的双元职业教育和培训"手册，明确了对公司、职校、学徒三者的职责、要求和成果，规定了学徒从开始到毕业考核结束培训过程的各个节点输出成果和质量管理流程，制订了双主体（培训公司和职校）开展学徒培训后取得成效和质量保障的资金补贴细则，等等。手册全面概述了奥地利的学徒培训及质量保证方面许多创新举措，目前已进行第十七版修订，可作为学徒制培训系统的操作指南。

（3）公司参与学徒培养的责任性和主动性非常高。截至 2021 年底，奥地利有 28 461 家公司作为培训机构，向年轻人开放。奥地利公布学徒培训专业、数量和合作职业学校，学生可自行选择喜欢的专业和公司，报名后开始学徒培训。公司为什么愿意培养学徒，主要有以下几方面：

第一，公司将学徒培训视为对其未来市场的宝贵投资。为了在国际经济舞台上保持竞争力，需要训练有素的熟练员工。在培训期间，学徒已经为培训公司的生产性工作做出了贡献；培训结束后，学徒能够满足将来成为一名合格的熟练技工的职业能力要求。

第二，公司认为开展学徒培养是应该承担的社会责任。公司越来越意识到学徒培养是为社会做出贡献，为降低青年失业率做出重要贡献。这种基于公司和社会伙伴对职业教育质量高度承诺的培训形式在欧洲很少见，许多欧盟成员国青年失业率很高，奥地利学徒培训系统被认为是最佳实践模式。

第三，学徒毕业生与培训公司之间的雇佣合同不是强制性的。受过全面专业培养的学徒毕业生可以跳槽到其他公司，公司也可以招聘在其他公司培训过的毕业生。投资学徒培训的公司不仅为自己也为有学徒毕业生需求的其他经济部门和公司做出贡献。

（4）以学习成果为导向的学徒培训内容不断创新。奥地利国家职业资格（NQF）以学习成果为导向将培训内容分成八个不同的级别，学徒毕业生需达到 4 级 NQF 水平，能力导向是奥地利学徒职业培训标准制订的核心理念。

奥地利学徒职业培训所需的知识和技能由劳动和经济部牵头、联邦学徒咨询委员会参与制订，在制订专业培训内容时，充分考虑到职业资格和技能受制于技术日新月异的变化,因此,对职业能力的要求是动态的。对培训课程设计采用模块化结构(有基本模块、若干主模块、若干特定模块,系统中可以进行模块组合),灵活地引入新的培训内容,交换、更新或添加相关模块,让培训课程更快适应新的职业发展;自力更生、个人责任感、团队合作等关键技能必须通过公司培训后得到显著提高;以绿色环保和质量为导向的工作形式,数字能力和数字元素在所有专业领域中的应用都包含在培训内容中,增加奥地利技术工人的竞争力、欧洲一体化工作的适应能力和流动能力。

(5)培训师、培训联盟和最佳培训公司的多重质量保障。奥地利学徒制培养获得成功主要取决于公司学徒培训师具有全面的专业能力、职业教育能力和相关法律知识,以及制度化的培训联盟为企业提供合作企业和教育机构的信息和技术支持,并协调不同的培训公司相互合作。

首先,学徒培训师必须通过培训师考试,具有大师级工匠等资格者可以取代培训师考试。公司大多数培训师在从事常规工作的同时兼职培养他们的学徒,许多公司尤其是大公司拥有全职培训师和全职培训经理。

其次,培训联盟中其他公司或培训机构可以进行补充培训,但是该专业的大部分基础知识和技能必须在原公司中完成,避免少数公司因不能提供学徒培训课程中规定的知识和技能模块学习或者增加的新知识、新技术和新技能(特定的计算机程序、外语技能、软技能等)培训而影响学徒的毕业率和培养质量。

最后,每两年联邦劳动和经济部长对在学徒培训方面做出贡献和成就的中小企业和大型企业授予"奥地利适应未来奖—最佳培训公司"的国家奖。设置国家奖旨在提高学徒培训的质量、创新和可持续性,激励新公司成为培训公司,提高家长和青少年对奥地利企业提供的优良培训条件和学徒专业的认可,表明政府高度认可在青年中开展学徒培训所产生的重要经济意义和就业率。

(6)青年学徒通过技能竞赛走上职业成功之路。奥地利青年学徒、职业院校学生和社会从业人员都有机会参加各级职业技能竞赛,通过技能竞赛走上职业成功之路。全国学徒比赛是为企业学徒特别设置的技能竞赛,由联邦商会分部组织省级技能竞赛选拔出优秀选手,再参加全国学徒比赛,部分职业技能赛项由联邦贸易部组织(如全国贸易和手工艺学徒竞赛、旅游类和销售类学徒竞赛等)。企业学徒通过层层竞争性选拔成为奥地利代表队主力队员,在世赛和欧赛等国际赛场上屡屡获奖,完美诠释了奥地利双元学徒制在国际职业教育体系中所具有的竞争力和示范性。获奖学徒的成功故事激励青年人投入职业教育与学徒培训中,追求和热爱这份职业,技艺精湛的学徒用一流的技术生产一流的产品,助推奥地利企业处于国际领先地位。

3. 百隆公司高质量的学徒培养制度

(1)百隆公司学徒培养历史较为悠久。百隆公司是一家全球性的家族企业,专注于家具五金配件生产，主要产品是用于厨房家具的上翻门系列、铰链和抽屉/导轨拉出系统，以及各种动感开合方案。百隆培养公司学徒已有50多年的历史，在培训方面拥有丰富的专业知识和实践技能，共培训学徒1880多名。

（2）培养学徒不仅仅是职责更是未来。公司大部分员工都是多年前从学徒做起，秉持主人翁精神，用自己的知识和技术推动公司向前发展，最终从一间铸造车间发展成为现在的国际企业。早期成长的学徒犹如百隆公司一样已成为该职业领域的大师工匠、技术专家等，因此，百隆公司一直将学徒培养视为应尽的社会职责，更是将处在学徒阶段的年轻人视为企业发展的未来和支柱，青年学徒以自己的专业知识和敬业精神为企业做出更大的贡献。

（3）10个典型的智能制造与控制类学徒专业。百隆公司开设了10个高科技学徒专业，由原来传统的机械制造、工业4.0、电气安装等专业依照欧盟标准、奥地利劳动和经济部制订的培养标准及公司发展需求进行了全面的调整和升级改造，既能适应百隆公司智能制造与智能装配生产线对一线技术员工的需求，又具备扎实的工程实践基础、继续学习能力、创新能力和国际视野。具体设置的学徒专业和主要学习内容见表7-11。

目前有近400名学徒在百隆公司培训，公司约有100名培训师（其中有70名专职培训师和培训经理），超过60%学徒毕业生仍选择在百隆公司工作。百隆公司严格按照联邦劳动和经济部制订和审核的专业培训方案组织和实施学徒培训。百隆公司提供家庭式氛围的交流沟通和教育，专人管理、小组学习、团队合作，基础培训结束后，青年学徒会安排到相应的部门，跟随培训师学习知识和技能。

表7-11 百隆公司智能制造与控制类学徒专业

学徒专业	学习年限	学习领域	职业方向
工具制作技术	4年，布卢登茨职业学校	能制造冲压、注塑或压铸等工模具，使用用工模具制造零件，并能将零件组装为成品的设备，对设备进行维护、优化和维修	工具制造技术人员，工具工程师
切削加工技术	4年，布卢登茨职业学校	能编制合理的机械加工工艺和数控加工程序，熟练操作铣削（含数铣）、车削（含数车）、钻削、电加工和研磨等设备，高质量完成零部件的加工。关注细节、具备工匠素质	机械制造工艺师，机械制造工程师
电气工程技术	4年，布卢登茨职业学校	能对复杂的生产设备进行电气安装、可编程控制，能处理工业网络技术和计算机科学技术等带来的相关问题，完成设备电气装调和试运行，负责设备的维护、修复和优化。做有思想、敢超越的修补匠	电气工程与自动化技术人员

(续上表)

学徒专业	学习年限	学习领域	职业方向
机械装调技术	4年，布卢登茨职业学校	能运用机械与自动化工程领域中相关机械、电气、气动、液压等专业知识和技能，搭建、维护、修复和优化公司制造装配单元和生产线，让机器和系统顺利运行	机械装调技术人员
机电一体化	4年，布卢登茨职业学校	掌握力学+电气工程+计算机科学=机电一体化技术，熟练地将机械、气动、液压、机器人和电气等部件连接到一个工作系统中，完成自动化系统的开发、组装和安装，能对系统进行维护、排故、修复和优化	机电一体化工程师
装备结构技术	4年，布卢登茨职业学校	具有技术、数字方面的创意和创新，能熟练使用计算机专业软件进行装置或部件结构的模型设计和3D创建，完成装置设计层面的各种计算，能将最终设计项目运用到产品生产与实践中	产品设计工程师
过程控制技术	3.5年，布卢登茨职业学校	熟悉公司生产线上各职业和工作任务，了解整个自动化生产过程控制（如输送系统的序时工作状况，机器运行性能状态，设备检修或更换机器的时间等），掌握过程控制技术，能熟练安装、操作和调整高科技界面控制系统，能制订最佳的自动化制造流程，能不断优化流程提高效率	过程控制技术人员，过程控制工程师
塑料技术	4年，上奥地利州斯太尔职业学校	熟练掌握各种塑料的成分、性能、特点、应用范围等相关知识和实践技能，以及不同形状的塑料在不同条件或环境下可能发生的变化，能正确选择塑料或者成型加工为所需要的家具配件，满足塑料件产品质量要求	塑料技术人员，塑料工程师
加工测量技术	4年，下奥地利州诺因基兴职业学校	掌握加工与测量技术专业知识与技能，能运用CAD类软件进行零件的绘制和建模，熟练操作计算机断层扫描图形、轮廓投影仪和三坐标测量等先进的精密检测设备，使用最新的精密测量技术为制造过程中的产品提供支持，对产品检测质量负责	精密测量技术人员，测量工程师
金属材料技术	3.5年，下奥地利州诺因基兴职业学校	像侦探一样不断寻找最小的裂缝和更好的选择：掌握金属材料专业知识，能采取物理和化学等测试方法通过操作实验室先进设备对金属材料的工艺、性能进行分析和优化处理，通过计算机控制的真空炉，获得适合产品的高性能钢，用于批量生产出高质量产品	金属材料工程师

(续上表)

学徒专业	学习年限	学习领域	职业方向
双元高等学历培训	3年,与高等技术院校合作办学	面向高中毕业生或部分学徒毕业生开展的培训新模式,学员在公司边工作边参加机电一体化或电气工程专业的实践教育培训,增加数字技能、未来技能和海外实习模块,将学员培养成为一名实践型专家。学员经过一年的专业实践后须通过实践评估和面试	研究生,实践专家

（4）高质量学徒在国际赛场上的收获。在百隆公司除了专业技能培训外,非常关注每个学徒的全面发展、个人发展、团队合作和培训创造性的解决方案。百隆公司的学徒不仅得到高质量培养标准,掌握最新的技术,使用高科技设备,还能得到培训师的指导参加各种活动和技能竞赛,与国内外最优秀的技能精英竞争、交流学习与提高。

与最优秀的人竞争是百隆公司的理念,最优秀的学徒在百隆公司工作是质量保障。2019年百隆公司学徒参加第45届世赛获得综合机械与自动化项目金牌和未来技能工业4.0项目金牌,参加2022年世赛特别赛获得工业机械项目银牌和机械CAD项目铜牌。到目前为止,在世界技能大赛上,百隆公司学徒参加数控车、数控铣、机械CAD、综合机械、工业4.0等项目中获得了9枚金牌、13枚银牌和6枚铜牌,高质量学徒教育得到国际上的高度认可,年轻学徒通过世赛收获了成功和国际经验。拥有一流技术的学徒不断为百隆公司带来新的机遇、新的动力、新的创新,推进百隆公司的产品质量和研发一直位居世界前列。

三、对中国特色企业新型学徒制和技能竞赛的启示

1. 进一步完善中国特色企业新型学徒制的相关制度建设

制度建设是企业新型学徒制推行的依据和基础。2021年人社部、中华人民共和国财政部等五部委共同印发《关于全面推行中国特色企业新型学徒制 加强技能人才培养的指导意见》(以下简称《意见》),全面推行中国特色企业新型学徒制,为实现高质量发展提供有力的人才和技能支撑。《意见》从5个维度进行要求：培养目标和培养对象,培养模式和培养主体(双主体、双结合、双基地、双导师),培养职业(工种)和培养内容,过程管理和考核评价,补贴标准和激励措施；各省(市)出台相关实施办法。《意见》和实施办法对企业、院校、培训机构和职工积极参与学徒制培训、提高学徒培养质量起着顶层设计和指导作用,但是由于缺少国家相应的法律作为依据和约束,新型学徒制培养在实施过程中会出现一些需要解决的新问题：例如,学徒法律身份和合同性质、企业培训师资质与教学职责、培训费用与权益纠纷处理等。作为制造强国、技能强国,实施职业技能提

升、加强高技能人才培养是推进我国实体经济发展之根本，建议国家在职业培训方面出台相关法律或对现有法律框架做出调整，从法律层面明确企业新型学徒制的合法性。同出，人社部指导各省级层面制订企业新型学徒制手册或指南，对 5 个维度的内容进一步明确操作与实施细则，提供更多企业开设学徒制职业（工种）培养的信息网站，提供规范的培训合同、职业（工种）指导性培养计划等范本，让中国特色企业学徒制得到规模化发展和高质量发展，公司真正地将学徒培训视为主体职责、未来竞争与发展的宝贵投资。

2．进一步通过技能竞赛为企业输送最优秀的高技能人才

《中华人民共和国职业教育法》中第 32 条明确规定："国家通过组织开展职业技能竞赛等活动，为技术技能人才提供展示技能、切磋技艺的平台，持续培养更多更高素质技术技能人才、能工巧匠和大国工匠"，国家从法律层面对职业技能竞赛做出规定和保障。我国已建立以世赛为引领、国赛为龙头，行业赛、地方赛和专项赛为主体，企业和院校技能竞赛为基础的中国特色职业技能竞赛体系。通过职业技能竞赛有利于提高企业员工的社会地位，有利于调动广大工人钻研技术的积极性和创造性，促进工人队伍的稳定；有利于推动职业培训的广泛开展，促进工人队伍素质的提高；有利于促进企业经济效益的提高。建议国家出台相关的激励措施，让更多的国赛选手和世赛选手能选择在企业工作，将本职业最前沿的一流技术应用在企业一线，切实发挥竞赛对企业发展和经济效益提高的推进作用。同时，希望更多的企业参与技能竞赛，培养出高质量的新型学徒在国赛、世赛赛场上摘金夺银，展示我国企业的国际竞争力和高技能人才队伍的一流技艺。

参考文献

[1] Federal Ministry of Labour and Economy (BMAW),Apprenticeship system，Dual Vocational Education and Training in Austria[R].2022.9. https:// www.bmaw.gv.at/.

[2] Skills Austria Erfolge.2021[EB/OL]. www.wko.at/site/skills austria/erfolge.html.

[3] Lehre bei Blum[EB].. https://www.blum.com/at/de/unternehmen/ausbildung/ . 2022.11.

[4] DEINE LEHRE[EB]. https://www.lehre-bei-blum.at/deine-lehre/. 2022.11.

[5] 东方 . 百隆让家居生活更完美—"百隆灵感家"概念诠释 [J]. 家具与室内装饰，2021(7):92-97.

[6] 翟涛 . 构建中国职业技能竞赛体系 [J]. 中国培训 , 2022(10):13-17.

[7] 关晶，田诗晴 . 高质量现代学徒制：国际倡议与我国反思——基于国际组织倡议的文本分析 [J]. 教育发展研究，2020, 40(Z1):67-74.

[8] 谢晓红 . 奥地利技术和职业教育与培训的发展概况 [J]. 中国职业技术教育，2004(11):57-58.

平面设计技术项目世赛标准转化教学的实践

徐伟雄[①]

【摘　要】通过指导学生参加世界技能大赛平面设计技术项目竞赛研究和实践，将该项目技术标准转化为国家技能人才培养标准及一体化课程规范，促进院校平面设计专业建设和技能人才的培养。

【关键词】平面设计；世界技能大赛；标准转化教学

一、平面设计

平面设计（graphic design），也称为视觉传达设计，是以"视觉"作为沟通和表现的方式，通过多种方式来创造和结合符号、图片和文字，借此做出用来传达想法或讯息的视觉表现。

平面设计的概念很古老，意思包括"图形、图画、图表"等。在19世纪晚期的欧洲，特别是在英国，平面设计从美术（fine art）领域中分离出来，随着印刷技术的不断发展，这个术语开始泛指各种通过印刷方式形成的平面化艺术形式，其含义不仅指作品是二维空间的、平面的，它还与单张单件的艺术作品区别开来，具有批量生产的属性。20世纪初期，平面设计在西方快速发展，至今已有100年的历史，深刻地影响了全世界的平面设计职业、平面设计艺术创作及平面设计教育的发展。

伴随着中国改革开放和经济发展，平面设计开始进入商业服务领域，而中国真正具有现代意义的平面设计，是1992年在深圳举办的"平面设计在中国"展，这个设计展第一次把"平面设计"作为一种专业工作或职业的地位在中国得以确立。

二、平面设计与平面设计技术的区别

平面设计（graphic design）在国际语境中是众多设计类别中的一种专业工作或职业。平面设计技术（graphic design technology）是世赛创意艺术与时尚类竞赛中的一个竞赛项目。通常的平面设计比赛，参赛者无须在现场工作，只需按要求完成创意设计作品，提交给组委会专家评审即可。世界技能大赛平面设计技术项目竞赛则要求所有参赛者在现场按照规定的统一时间、统一任务要求，个人独立完成创意设计工作，是一个完整职业工作过程的技能考核和展示。

[①] 徐伟雄，男，深圳技师学院设计学院院长，世界技能大赛中国（广州）研究中心学术指导委员会专家，正高级讲师。

世赛平面设计技术项目是全世界平面设计职业的最综合、最高水准的技能竞赛，代表了全球卓越平面设计职业技能训练的顶峰。该竞赛项目包含有"广告设计""编辑设计""包装设计""信息设计"四大工作模块内容，每一个工作模块都是一个完整的工作项目，每一个工作项目里包含有若干个典型的工作任务，每一个典型的工作任务里又包含有若干个小的工作任务。

三、世赛标准如何转化为人才培养标准及课程规范

（一）以持续改进的世赛技术标准为依据

世赛的成功举办需要《竞赛规则》《竞赛项目技术说明文件》两项重要的文件作为保障。世界技能大赛《平面设计技术项目技术说明文件》对参赛选手的能力要求如下：

1. 知识理解和创意能力

（1）仔细阅读和分析模块描述。
（2）检查包含在模块中所提供的材料。
（3）善用个人的艺术能力。
（4）充分利用软件资源。
（5）考虑到时间的限制。
（6）发展与模块相关的原创创意。

2. 设计一致性的能力

（1）能理解设计的原则，从而保证设计最终成品的连贯性。
（2）在一个模块的多项目中间进行协同调节。
（3）善用有效的图形。
（4）正确选择一个在时间限制下可以完成的创意。

3. 版式编排的能力

（1）根据原创的创意和目标市场选择相关的配色。
（2）对任何需要被使用的元素做出考虑。
（3）使用所有被要求用到的元素去创作设计。
（4）选择最适合创意本身和目标市场的字体。
（5）格式排版要清晰、有一致性。
（6）所有的图形要运用到位，使设计协调。
（7）把一个创意以一个既美观又符合主题的设计形式呈现出来。

4. 特定元素设计创作的能力

（1）绘制或重绘标志、图表、地图和其他图形元素矢量格式。
（2）使用矢量软件绘制原创插图或背景。

（3）在以像素为基准的软件中创建原创图像或背景。

（4）对图像进行裁剪、克隆、融合等以制作不同的效果。

（5）创建标志和标题。

（6）创造设计特定的元素。

5. 排版生产的能力

（1）正确调整分辨率和图像的颜色模式。

（2）使用合适的 ICC 色彩配置文件。

（3）在软件应用中调整工具和颜色的偏好设置。

（4）精确的出血。

（5）保持出血区域内无任何无用的元素。

（6）在布局内添加任何必要的裁剪标示或折叠线。

（7）制作设计的最终排版。

6. 保存／归档工作的能力

（1）选择适当的图像文件存储格式。

（2）选择适当的图形文件存储格式。

（3）选择适当的排版文件存储格式。

（4）符合生产文件格式要求。

（5）创建完整的存档文件夹以进一步使用。

（6）归档时包含链接的图片、字体、源文件和生产文件格式。

世界技能大赛每两年举行一次，具有稳定的周期性与持续性。每一个项目的参赛技术指导专家，都是来自参赛国家该项目高水平的技术代表。每一届比赛之前，世赛首席专家领衔组织各国专家代表，通过本项目技术论坛等各种平台进行持续将近两年的技术交流，共同研究竞赛标准与内容。每一届的比赛之后，还专门安排一天时间，由全球参赛专家在赛场召开"Future Skills & Transforming Skills"关于未来技能转化的研讨会，对竞赛项目进行反思检讨并提出改进意见，同时收集各国对于平面设计职业技能竞赛新内容的建议，修改技术说明文件。世赛组织机构，每年还聘请专业的调查公司，对全球平面设计行业及相关企业进行考察、调研和分析。欧洲、大洋洲、东南亚国家联盟等还召集各国的技术专家，定期举办区域性的国际技能大赛，创造更多机会在一起沟通交流。这一系列的措施保证了世赛的技术标准、内容可以很好地依据行业发展、技术进步而及时做出变化，能反映本项目最领先的行业技术要求。因此，要把竞赛项目有效地进行教学转化，就必须充分研究借鉴世赛的技术标准。

（二）以领先发展的竞赛技术为核心

世赛是世界技能发展趋势的一个风向标，竞赛项目的内容均是业界发展中起引领作用的前瞻技术，是由若干个完整的职业工作过程的技能项目组成。通过分析平面设计职业岗位群、世赛竞赛模块和平面设计专业课程的关联，可分析平面设计技术的发展趋势。

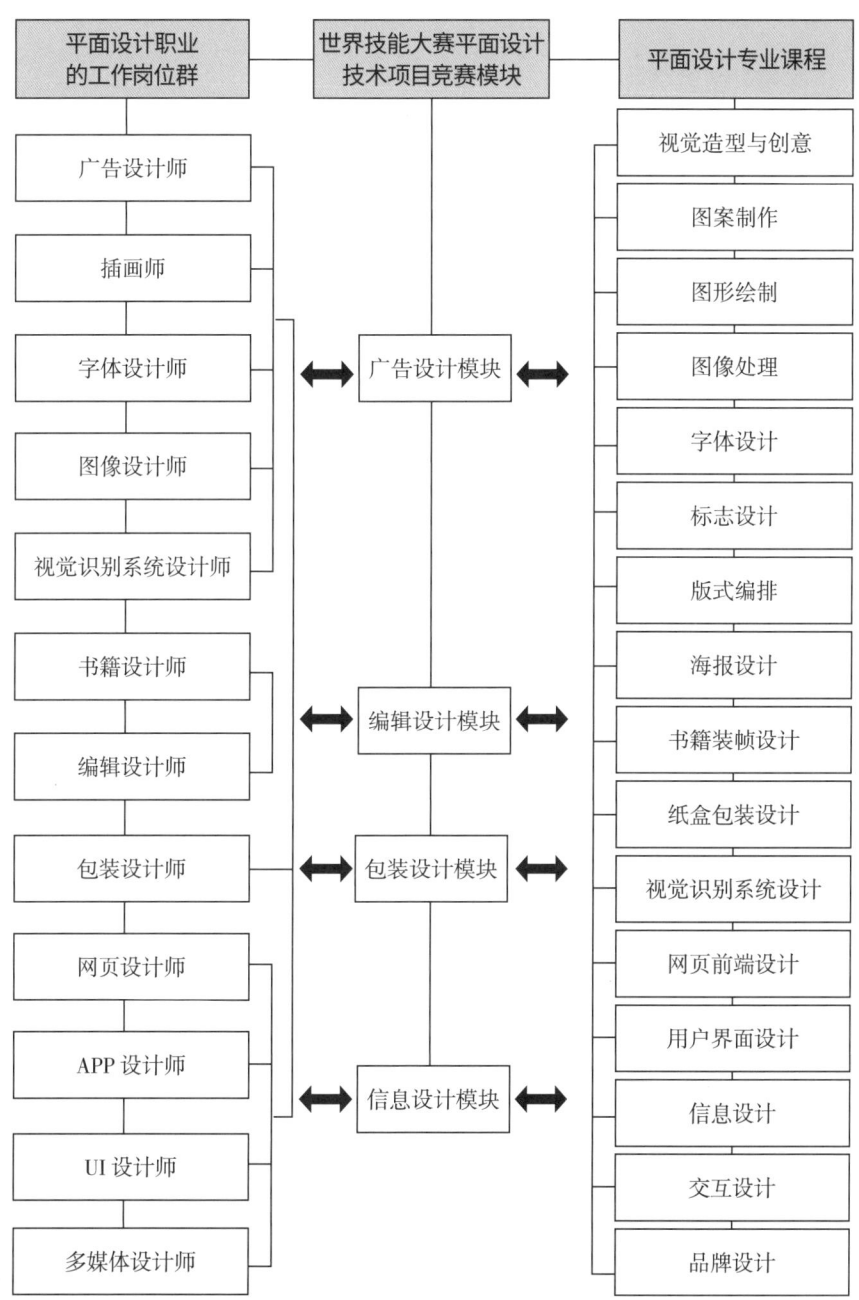

▲ 平面设计岗位群、世赛项目竞赛模块、专业课程的关系图

1. 从一专到多能

互联网时代由于信息传达方式的变化，当今的平面设计师工作范围和工作内容发生了很大的改变，设计师们的技能要求也越来越全面。从上图可以看到，平面设计职业的岗位众多且相互连接、跨界转换。随着技术的发展新出现了一些专业岗位，比如手机软件（application，APP）设计师、界面设计（user interface，UI）设计师等。有些专业岗位由于社会需求的减少、技术的更新转换为另一种呈现方式，比如书籍设计师，将来可能会转为电子书设计师，要求设计师还需掌握交互性、人工智能设计等新技术。

2. 从纸质印刷到电子终端显示

传统的平面设计是设计和纸质印刷的结合，随着虚拟现实、人工智能、大数据、云计算等技术的应用，传统印刷技术将逐步走向没落的趋势不可阻挡，如今平面设计的信息传达已经从纸质媒介转换到各种屏幕应用，从印刷界面转向电子终端显示。

3. 从静态到动态

传统的平面设计主要是针对平面媒介的静态视觉表现，而动态图形则是在平面设计的基础之上制作一段以动态影像为基础的视觉信息。图形较文字、声音有更高的传达效率，而动态图形比静态图形更有吸引力，能传达更深层次的信息。近年来，在平面设计中已开始流行使用动态图形（motion graphics）技术来调动观众情绪，提高视觉传达效率，在电影片头、电视包装、MV、广告、APP、移动终端、广告牌、场景布置等领域都有广泛的应用。例如澳大利亚墨尔本国际电影节的动态标志，就是基于时间流动而设计的视觉表现形式，融合了动态与图形设计的语言，画面效果简洁明快、生动有趣、引人入胜。

 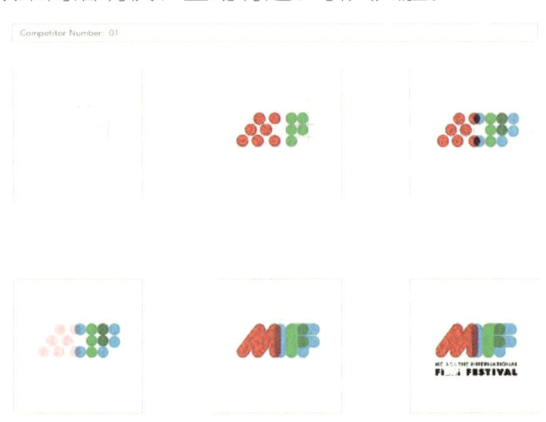

▲ 动态图形故事板关键帧（Storyboard Key Frames）

4. 从 2D 到 3D

相较于扁平化设计，近年开始兴起在平面设计中应用 Isometric Style（等立体距风格）立体插画。在平面媒介上画出三维物体，通常用于信息图表设计、网页设计和 UI 设计中。由于 3D 效果会更加饱满及更有冲击力，因此，用 Cinema4D 建模渲染来做三维效果设计也已成为一种新趋势。从 2D 到 3D 动态图形混合在一起的新手法，能实现更加风格化的外观并创建复杂的视觉效果，这种新型的混合方式将是平面设计行业未来热门的探索方向。

▲ 等距风格立体插画

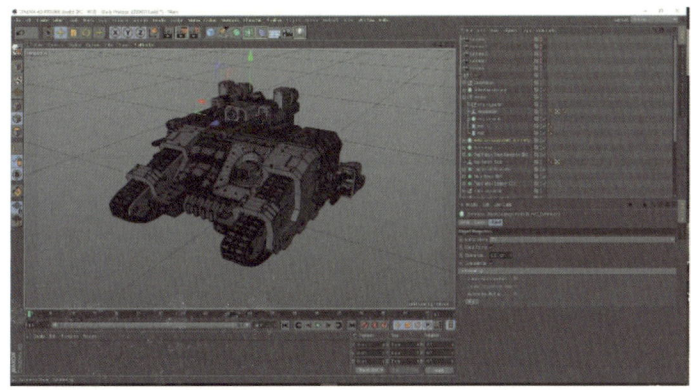

▲ Cinema4D 建模渲染

四、世赛标准转化教学的实践

《平面设计专业国家技能人才培养标准及一体化课程规范》是基于世赛平面设计技术项目的竞赛技术标准转化而制订，对平面设计职业技能人才的培养具有积极的意义。

学生从事平面设计职业将会面对很多技术含量比较高的工作项目，或处理较为复杂的技术难题，或面临艰苦的环境条件。因此，平面设计专业一体化课程教学不能培养仅仅懂得某种职业技术的"工具人"，而应该是培养全面发展的"职业人"，除了关注学生技能的习得，还要有针对性地开展学生心理素质的训练，尤其注重对学生情绪的稳定性、抗挫折、抗干扰能力等坚强意志品质的培养，在提升人文内涵的基础上，进一步拓展学生的职业精神和职业素养。

（一）职业技能的训练

1. 精通软件应用技术

平面设计职业要求从业者需要熟练掌握的设计软件包括：图像处理软件（Photoshop）、矢量图形编辑、插画软件（Illustrator）、版式编排、书籍出版物的综合排版设计软件（InDesign）、网页设计软件（Adobe Dreamweaver）、基于非线性编辑设备的视音频编辑软件（Premiere）、非线性特效合成软件（After Effects）、轴测图立体风格的插画软件（Sketch Isometric）、三维软件（Cinema4D）、交互原型设计软件（Adobe XD）等。由此可见，平面设计职业从业者已经不是掌握单一的图文处理技术就可以应对日常工作了，还要突破传统的"平面"概念，需要不断学习多媒体、3D等应用设计软件，要求的技术门槛将越来越高。从职业教育的角度来看，学生精通软件的应用技术，既是基本功，又是其未来求职的"敲门砖"。

2. 善用视觉设计元素

随着科学技术的快速发展，视觉信息的传播方式变得越来越多样和综合，对平面设计师提出了更高的要求，不仅需要高超地应用设计软件技术，还需完美融合视觉设计元素，才能做出具有商业和艺术价值的设计。主要的视觉设计元素包括有四个方面：

（1）图形元素。

图形是平面设计中的专有概念，当一切可视形象在平面设计中运用并作为设计中的一个元素而出现时，就称为图形。图形在设计中起到了传达信息、表达情绪、体现色彩和肌理效果等作用。好的图形创意能够"直击人心"，以最简洁、最直接的方式传达出作者的信息和要表达的感觉。在设计中，应该合理地处理好图形的艺术性和其信息传达等功能之间的关系，在提升其艺术性的同时让其有助于信息的传递和接受，也为世界创造更多更美的视觉财富。在平面设计中，图形的运用还要注意主次关系和层次感，注意实图与底图、纹样等要素之间的关系，要考虑到图形在二维平面和三维空间中的层次关系，使画面更加丰富厚实，突出主体。

▲ 应用在邮票、邮戳、海报的图形

▲ 动物装饰形与字体组合的标志图形

▲ 抽象设计的标志图形

（2）文字元素。

文字作为信息传递中最重要的载体，在平面设计中不可或缺。文字的构成设计有其自身的规律，如按中轴线排列、左齐头或右齐头、上齐头或下齐头、双齐头、斜排动势文字、按曲线或图形的边缘排列、文本绕图排列、散点排列、多种排列方式结合运用等。灵活应用这些规律时就可创作出不同寻常的设计。

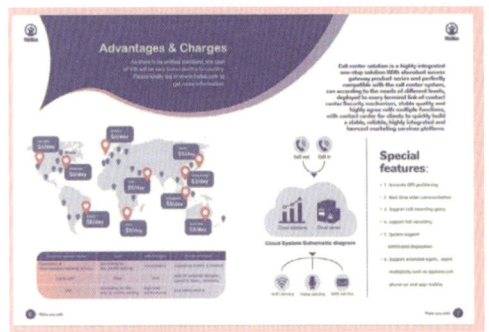

▲ 文本的编辑排版

▲ 中文字体组合设计　　　　　▲ 英文字体组合设计

（3）色彩元素。

色彩元素直接作用于观者的视觉，是现代平面设计中的又一重要元素，通常是依附于图形、文字等而存在的。由于色彩对设计具有重要的作用，因此平面设计师需要不断提高自身的色彩修养，深入掌握色彩构成原理和装饰色彩规律，在了解色彩理论的基础上紧扣设计的主题与功能，追求色彩的情感传递和表达，使各元素之间能够自成一体、相互作用、紧密呼应，创作出符合现代审美需求的设计作品。

▲ 包装设计的色彩应用

(4)版式元素。

平面设计工作是一项综合而复杂的工作，设计师必须具备掌握各种设计元素、处理元素关系、运用元素的能力。版式是在上述元素的共同作用下才能得以实现，是各元素综合在一起通过合理而充分地编排各个元素大小、疏密、长短等变化，处理好各元素与空间面积的对比和协调关系，进行合理的组合搭配设计，以达到视觉上的秩序感、均衡感和形式美感。

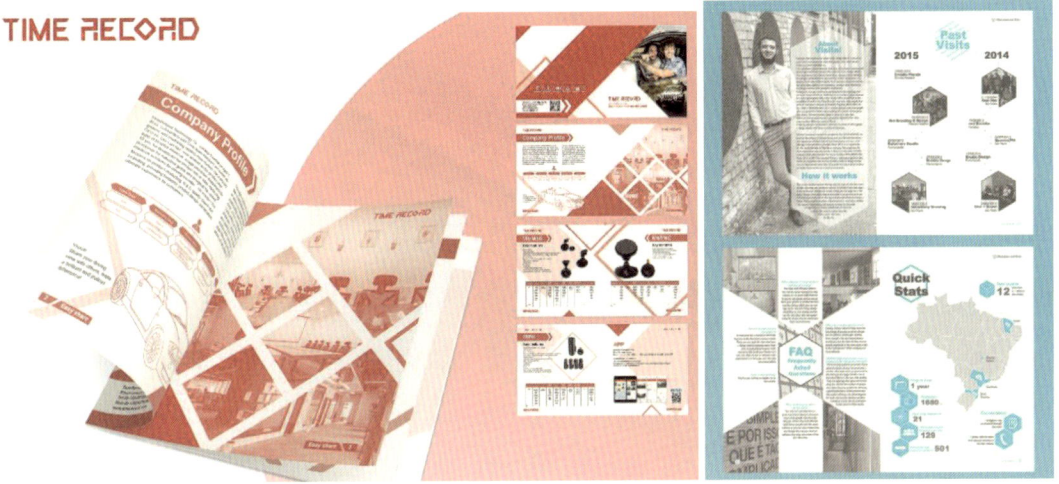

▲ 编辑设计的版式编排

（二）职业素养的养成

职业技能是职业素养的外在表现。职业素养教育应该是结合技能教学的一种养成教育。学院的实践证明，在平面设计专业一体化课程教学过程中，可从六个环节的实施来内化、养成学生的职业素养。

1. 明确任务，养成"解题"习惯

明确的目标是专注工作的一个重要原则。设计师从事设计工作的核心是"解决问题，提供设计服务"，因此必须有很强的目标意识。教师在开展一体化课程教学过程中，首要的任务就是让学生学会"解题"。

平面设计专业项目课程教学中的"解题"所对应的岗位能力主要表现在给定工作任务后，能独立寻找解决问题的途径，能把新获得的知识、技能和经验应用到新的实践中去。这种能力包括两个方面：一是运用现有知识发现和解决问题的能力；二是通过独立学习新知识技能发现、解决问题的能力。在工作岗位中，"解题"能力直接影响个体在职业岗位中的工作水平，而获取这种解决问题能力的途径主要是帮助学生养成良好的自主学习、独立思考和处理问题的习惯。

自主学习是学生提高自身综合能力的有效途径。促进学生养成自主学习习惯是"授人以渔"式的长效法宝，也是个体走出学校后主动获取各种能力的主要方式。独立思考和处

理问题的能力具体表现为具有健全的人格、良好的自信心，即使面对棘手的问题也会保持清醒的头脑，具有坚强的意志，面对困难也会知难而上。教师首先在一体化课程中有计划、有意识地创设问题情境，让学生乐于发现问题、提出问题；其次教师引导学生有效地解决问题，在解决问题过程中培养学生的观察能力，引导学生寻找解决问题的角度和方法。

在平面设计专业人才培养过程中，除了课堂教学要重视培养学生的"解题"习惯，在课外的教学训练内容中也要贯彻这一思想。

2. 收集信息，养成"分析"

习惯设计不是凭空想象的，而是经过详细的市场调研、数据统计、商业成本预算、科学严谨的分析、合理的构思，最终提出令客户满意的完整方案。设计包含造型艺术、材质搭配、配色方法等具体设计技巧，设计师需要经历丰富的设计案例，并在这过程中提炼、转化和升华，才能掌握设计变化的方法和规律。

传统设计教育通过培养学生体验和掌握设计过程的各个因素与环节，达到对设计经验的把握，是一种经验式的教育，学生接触的设计信息有限。而在一体化课程实践中，信息收集应当有更深和更广泛含义上的扩展，如通过网络等延伸学生的学习触角，利用公共信息资源检索所需信息，吸取转化他人的经验成果形成独特的方案。又如根据调研目的设计问卷，收集分析信息等。学生在教师引导下，经过一定次数的训练，就能很好地开展信息收集与分析了。

3. 制订计划，养成"规范"习惯

规范包含了经验的积累，职业化程度高的员工总是能够按照规范来开展业务工作，以减少错误的发生。完整的设计是一件多个环节、有机结合的复杂工作，每个环节都有其存在的合理性，而计划的作用是将各个环节组合成为一个更有个性的整体。其中每一个合理的存在都包含着巨大的信息，设计师必须首先理解信息，合理利用信息来完成组合的过程。在这个复杂的工作过程中，"设计目标—设计调研—设计定位—设计表达—设计评价—设计展示"这六个环节缺一不可。教师在一体化课程的实施中应鼓励学生积极参与计划的制订工作，一方面通过计划的反复推敲让学生熟悉设计流程，另一方面也能强化学生的时间管理和规范意识。

4. 设计制作，养成"负责"习惯

传统平面设计专业教育中对学生职业素养的教育比较薄弱。"小胜凭智，大胜凭德"，学校不仅要培养有"智"的人才，更需要培养有"德"的人才。学生的道德品质与行为习惯具有高度的统一性，平面设计专业一体化课程教学对学生"德"的培养可谓春风化雨、循序渐进。通过养习成德的"养成教育"立足于道德品质与行为习惯的同构性特征，着力于受教育者的良好习惯的培养，最终达到优良品质的造就。

"养成教育"以工作过程导向的设计制作为开端，以学生行为的训导为中心，同时向意志、情感、认识等方面辐射，并最终内化为学生的道德品质。例如，在设计制作过程中要求学生负责任地按要求制订文件夹的命名即是促使学生养成"负责"习惯的样例，既方便文件查阅和修改，也有利于设计师快速准确地开展后续工作。

5. 评价反馈，养成"沟通"习惯

在现代设计企业中，流畅的"述图"能力已成为设计师的必备素质。设计师主导整个设计流程，全程跟踪设计作品的反馈、修改、调整直到达成用户的期望。学校通过对毕业生就业工作调查反馈发现有不少毕业生存在不会与人沟通设计意图的情况。直接的"沟通"训练是促进学生快速成长的关键环节，可培养学生与人相处的社会能力。

在一体化课程教学过程中，教师将学生的沟通训练教学常态化，每个小组组员都会在项目的各个阶段对项目的进度进行组内汇报交流。在项目综合评价阶段，各组会在全班进行答辩。通过教师长期的鼓励和引导，学生逐渐能感受到"提案述图"的成就感，这样的训练能很大程度地提高学生的团队意识和沟通能力。

6. 展示输出，养成"表达"习惯

没有个性就没有艺术，没有展示就没有创作的欲望。平面设计专业一体化课程教学成果主要是学生的设计作品。因此在平面设计专业创建鲜明独特的艺术环境和学习氛围就显得尤为关键。在一体化课程总结阶段，学生对自己作品的设计理念和制作过程等进行总结阐述、采用多种艺术形式与多媒体手段进行展示都非常有利于良好学习氛围的形成。学校长期的一体化课程教学实践证明，"橱窗展示"已经成为平面设计专业一道独特的风景线。学生"输出"的教学作品百花齐放、斗艳争芳，常常有不同专业的教师和学生在橱窗前对每件作品进行点评学习，学生们也把作品能够在橱窗展示当作一种荣誉，当成一种自信的艺术表达。长期坚持"橱窗展示"输出学生一体化课程教学成果，逐渐就会让学生养成喜欢表达和善于表达的习惯。

基于世界技能大赛健康和社会照护项目的人才培养路径探究

封宇　董韵捷　颜婉彤[①]

摘　要： 世赛健康和社会照护项目贯彻"以人文本"的理念，提出六大职业能力要求。本文探究如何将"以人为本"的世赛理念、六大职业能力要求应用于人才培养中，探究如何满足被照护者，特别是老年人的个性化需求，旨在培养出高素质、高水平的健康服务与管理专业人才。

关键词： 世界技能大赛；健康和社会照护；以人为本；人才培养；职业能力

前言

随着中国社会的进步，人们对健康的需求越来越大。健康不仅是生理健康，还包含道德健康、心理健康和社会适应性等方面。老年人因年龄而形成生理机能衰退，多病共存的特点，对健康照护的需求更大，要求更高，并希望得到个性化的全程照护。世赛健康和社会照护项目从社会需求出发，提出新理念和要求，为我国健康服务与管理行业指明方向。

一、世赛项目"健康和社会照护"的考核任务解析与评分要求

健康和社会照护项目是世赛"社会与个人服务类"的竞赛项目，曾使用过"健康与社会照护"的项目名称，该项目为单人竞赛项目，通过与医疗界密切合作，提供护理和康复，同时促进身心健康，改善服务对象的生活质量。

这个竞赛项目反映了卫生和社会工作者的工作领域。参赛者将在四个区域工作，包括医院、家庭、长期照护中心、日间照护中心。选手每个竞赛日进行的照护区域不相同，选手需要在竞赛日完成系列竞赛内容，包括沟通、海报、评估、工作计划，具体见表7-12。

[①] 封宇，女，广州市轻工技师学院教师，讲师；董韵捷，女，广州市轻工技师学院旅游健康产业系部门负责人，高级讲师；颜婉彤，女，广州市轻工技师学院教师，助理讲师。

表 7-12 世赛项目"健康和社会照护"模块任务要点描述

模块名称	模块任务要点描述
（每天的）工作计划模块	选手需要根据指定环境中的两个病人情况及工作任务来制订照护计划，内容为计划好一天的前两个模块。每个模块的计划使用一页完成，并需在独立页写上选手的全名，待工作人员复制后将原件还给选手，选手可在选手室进行5 min内的阅读，但在熟悉场地、比赛时，选手需将计划交给裁判
操作模块	在此模块，裁判的评判将聚焦在选手的操作情况
沟通模块	在此模块，裁判的评判将聚焦在选手的沟通情况
海报模块	画出一张海报
评估模块	根据一个模块写出一份评估报告

选手的服务对象包括个人客户及其家庭，需要为他们提供一系列支持，负责与客户进行专业的互动工作，以确保他们的整体照护需求得到满足。选手的操作与健康和社会照护从业人员的实际工作环境、工作组织相匹配。选手需要对服务对象的健康、身体和心理健康进行管理，支持成长、发展、照护和康复，工作内容包括评估、计划、提供和评估照护方案，对于选手的照护技能、评估技能等专业素养、对突发状况的处理能力和心理素质等综合素质有较高的要求。

二、世赛项目"健康和社会照护"的职业能力要求

健康和社会照护的服务对象是人，服务的最高标准是做到以人为本。"以人为本"是世赛健康和社会照护项目倡导的人文照护理念，其内涵是根据具体照护对象的个体情况，提供整体化照护和个性化照护，服务过程做到尊重人、理解人、关怀人。

每位照护对象的生理、心理、生活习惯、社会背景不同，其对于照护服务的关注点和需求点就不一样，如同性别、同年龄、同样是膝关节置换的两个照护对象，对于疼痛敏感度低的，应在照护过程中多给予鼓励，鼓励他独立完成力所能及的事情；对于疼痛敏感度高的，在照护过程中应具备同理心，多给予相关的生活照护。要能根据照护对象的具体情况，提供个性化的照护，这要求照护人员具有专业的照护专业能力；又应具备同理心、良好的沟通能力等通用能力，能代入照护对象的体验和感受，制订恰当的计划，实施照护过程中能够通过随和、亲切、准确的表达和沟通，帮助照护对象建立良好的伙伴关系，进而更好地进行照护和往来；能时刻关注照护效果，并能不断提供不同方面的帮助。

总而言之，照护人员应具备七大职业能力：工作组织和管理能力、人际交往和沟通能力、问题解决能力、改革和创新能力、评估照护对象需求及做好照护计划的能力、向照护

对象提供健康管理和照护服务的能力、服务效果评价的能力。

三、健康服务与管理专业人才培养困境

（一）健康服务与管理专业人才定位模糊

健康服务业是全球十大产业之一，且老年人的健康照护问题凸显。2021 年第 7 次全国人口普查显示，我国 60 岁及以上人口占总人口的 18.70%，预计到 2030 年，中国将进入中度老龄化社会，老年照护需求日趋旺盛，高龄失能长期照护刚性需求不断增大。相较于多层次、多样化的健康服务需求及巨大的行业发展潜力，人才供给成为制约健康服务业发展的短板。

近年来，国内技工院校开始尝试将世赛融入健康服务与管理专业，目前尚处于初步建构阶段。同时，新产业不断变化更新，不断有新工种如养生保健工作者、公共营养师、育婴师、健康管理师、健康照护师、社会体育指导员等产生，健康服务与管理专业人才培养方向不能精准定位，目标定位模糊是限制各方进一步发展的关键性问题。

（二）教学中培养人才综合职业能力实现难

制造业企业的工作对象是"物"，强调动手操作能力，强调把"物"按照规定的方法，精益求精，完成制作；健康和社会照护的服务对象是"人"，照护对象需求多，现场反应要求快速，综合能力要求高，这对于没有丰富社会经验的学生来说，难度大。目前有些学校的课程结构安排不合理，没有真正做到一体化项目课程结构下进行课程设计；有些院校是将传统理论课程与实践课程相结合的结构模式开展教学，这无法培养综合职业能力强的学生。

（三）通用能力评价体系缺失

健康和社会照护重视伙伴关系的培养，如需要照护者能使用人文关怀语言与照护对象进行沟通，建立融洽关系，接受照护对象的自主决定接受或拒绝护理的权利，能以照护对象为中心，有效地进行健康教育。世赛中的这种通用能力的要求高，但较难进行评价。

中国传统护理评价内容重视临床照护技能的规范性操作，偏重专业能力，在相关的考核内容中更注重照护核心技能的细节，从学生专业知识和专业技能培养的角度出发，强调学生专业能力的发展。

这种考核方式一方面只能片面了解学生的知识与技能掌握情况，无法综合评价学生的职业能力；另一方面，考核方式主要是模拟考核，一般的模拟难以还原从业人员的真实工作任务，无法反映行业发展所需的专业能力，忽视了学生的通用能力的发展。

四、基于世赛健康和社会照护项目人才培养路径探究

（一）规范目标定位，层层融入"以人为本"的世赛理念

按照一体化课程开发技术规程，完成健康服务与管理专业一体化课程的开发，融入世赛理念和要求，确定培养目标为培养面向健康养老服务机构、健康管理公司、健康体检中心等类型企业就业，适应健康养老职业岗位群（如健康照护师、养老护理员、营养指导员等）工作，胜任健康评估、健康咨询指导、健康照护、康复指导、营养膳食指导等工作任务，适应健康照护行业发展需要，遵循健康照护服务职业活动中的职业道德规范，尊老爱老，具备评估需求和构建照护计划、管理和提供照护、评估照护结果的专业能力；具备工作组织和管理、沟通和人际交流、问题解决和创造能力的通用能力，达到健康照护师和养老护理员职业技能要求的高级技能人才。从专业目标、课程目标、课程内容、实施过程及评价标准都融入世赛"以人为本"的理念。

（二）改革人才培养模式，以综合职业能力培养为重点

依据健康照护师国家职业技能标准为参考，将世赛健康和社会照护的理念、能力要求、标准规范贯穿课程内容构建的全过程，打造培养学生综合职业能力的人才培养模式。

1. 选择合适的参考性学习任务为学习载体

世赛健康和社会照护项目设置 4 个场景，选手需要在不同场景中，准确识别照护对象的健康需求，针对具体照护对象的生理、心理、社会背景、生活习惯等准确完成照护决策，依照"尊重人格、培养伙伴关系、舒适照护"的原则提供个性化服务，并评价照护结果。比赛内容体现了健康照护师等岗位规范，呈现了实际工作的工作过程和工作要素，代表了职业的最高水平。

健康服务与管理专业遵循学生职业能力成长规律，重新优化课程结构。与世赛技能标准精准对接，以老年人生理衰退程度为依据，挑选代表性学习任务，达到任务与课程的有机结合。分析代表性工作任务的工作范畴、工作主体、工作过程、工作要求和工作内容，按照工作过程思维，梳理归纳，融入世赛六大职业能力要求，设计一体化课程参考学习任务。

2. 建设健康照护一体化学习工作站及课程资源

世赛健康和社会照护尽可能模拟真实场景，采取标准化照护对象配合的机制，通过事先设定的脚本，标准化照护对象，完全模拟真实客户进行交流和沟通，整个过程不设置固定的流程，着重考察选手的职业价值观、专业能力和通用能力等，是对选手综合能力的一次全面检视。

首先，在资源库建设方面，建设专业教学资源库。通过整合世赛工作任务转化成的学习任务，建设微课、活页教材、在线课程等资源。再者，需配有多媒体课室、健康照护实

训室、一体化学习工作站和校外实践基地等。校内一体化学习工作站，可融入世赛健康和社会照护项目场地标准要求，包括集中教学理论区、实训区、小组考核区，各区域应根据功能需要配置完善的设备，其中在模拟工作区的资源对接世赛比赛现场的物料、标准照护对象剧本、自选物料区，便于学生创新。校外充分开发与岗位接轨的学习资源与场所，提供更加丰富的实践机会，为教学提供强有力的支持。

3. 培养有情怀有能力的师资能力

配备"双师型"教师，课程师资队伍由校内专业教师和企业导师组成。企业导师主要来自养老服务、健康照护、健康管理等具有企业一线工作经历和丰富工作经验的人员，有良好的形象和口头表达能力。专业教师要求技能扎实，有职业情怀、仁爱之心，熟悉一体化教学。

（三）对接专业能力，形成动态评价

转变评价理念，突破传统护理重技能的评估方式，建立动态化评价机制。评价不是结果，而是监测学生职业能力成长的动态过程。建立以学习目标为导向，提升综合职业能力为目的，以世赛健康和社会照护项目的能力要求指标为参照，融入国家职业技能标准、地方行业标准、企业标准，构建指标与内容和目标相对应的评价标准，职业素养始终贯穿整体的学业评价。不仅关注学生动作技能的学习效果，更要注重学生的综合职业能力成长，尤其是分析与解决问题能力、合作与协调能力等职业精神和素养，对学生可持续发展进行有效指导。

采用多元化综合评价方式。评价不仅评价结果，还评价学生个人学习表现项，学习表现项评价对象为学生个人，结果性评价对象为小组，组内成员得分一致，既加强了团队意识又凸显了个人成长目标。

五、小结

世赛是职业技能领域最高级别的赛事，它的竞赛理念、技术标准、比赛规则、工作流程和组织方式都代表了当今世界职业技能领域发展的先进水平。通过融入"以人为本"的健康照护理念，六大职业能力要求，以及安全否定性等，将其精髓与理念不断转化为我国健康服务与管理专业高技能人才培养的标准与规范，进而打造出与世界前沿接轨的健康照护专业高技能人才培养模式，助力我国健康照护行业的快速发展。

参考文献

[1] 世界技能组织官方网站 [EB/OL].https://www.worldskills.org/.

[2] 广州市职业技能鉴定指导中心, 世界技能大赛健康和社会照护项目广州市技术专家

组编制.第45届世界技能大赛广州市选拔赛健康和社会照护项目技术文件[S].2018.

[3] 王增娣.新发展格局背景下我国世界技能大赛成果转化研究[J].职业，2020(32):18-21.

[4] 徐朔.论关键能力和行动导向教学——概念发展、理论基础与教学原则[J].职业技术教育，2006,27(28):11-14.

从世赛视角探索技能人才培养新机制

吴洪东[①]

摘要： 本文以广州市机电技师学院为例，从世赛视角探索技能人才培养新机制。在以世赛标准促"训学教改"方面，广州市机电技师学院将世赛参赛项目由单一的机械加工类或机电控制类，向人工智能、物联网技术等机电高度融合类项目转变，将移动机器人、制造团队挑战赛等项目作为新的主攻方向。在以产教融合建设专业产业链方面，广州市机电技师学院围绕先进制造产业链，以制造自动化技术与装备为龙头，现代设计与制造技术为核心，生产性服务技术为支撑，建立了与先进制造业产业转型升级相匹配的智能制造、智能控制、机电装备、数字创意、智能汽车和制造服务六大特色专业群。在校企合作培养国际化技能人才方面，广州市机电技师学院与多家国际、港澳知名企业及机构签订合作协议，着力培养具有国际视野的高技能人才。

关键词： 世界技能大赛；技能人才培养；机制

近年来，国家日益重视技能人才队伍建设，人社部把"培育工匠精神"纳入"技工教育'十三五'规划"，"技能人才"成为全国热议的高频词。习近平总书记在党的二十大报告中，再次提到要"深入实施科教兴国战略、人才强国战略、创新驱动发展战略，开辟发展新领域新赛道，全面提高人才自主培养质量，着力造就拔尖创新人才"。

世界技能大赛（以下简称"世赛"）素有"世界技能奥林匹克"之称，是推进技工院校走向国际化的重要平台，其竞技水平代表着世界水准，其竞技项目的变化往往也能成为职业工种需求的风向标，对技工教育有着多方面的积极影响。作为与国家工业化进程同频共振、同向前行的广州市机电技师学院（以下简称"广州机电"），在近12年世界技能高峰的逐梦之旅上以梦为马、奋力攀登，积极培养选拔优秀技能人才并输送到国际赛场。本文从世赛标准、教改模式、校企合作等方面，浅谈世赛视角下广州机电对技能人才培养新机制的探索。

在第44届世界技能大赛中，广州机电选手斩获移动机器人项目铜牌，取得中国在该项目上的首枚奖牌；此后又在第45届世界技能大赛勇夺移动机器人项目金牌，将"五连冠"得主韩国队拉下神坛。

广州机电作为广东省高水平技师学院之一，坚持"为产业发展需求服务，为工业化发展进程服务"办学初心，充分发挥专业优势，瞄准广东省战略性产业发展需求，以世赛为切入点，探索技能人才培养新机制，引领高规格技能人才培养。

---

① 吴洪东，男，广州市机电技师学院院长，讲师。

以世赛标准促"训学教改"

目前，世赛的技术资源已在我国各类职业技能竞赛中得到借鉴和应用。鼓励和引导更多职业院校学生和青年技工参与世赛，可以帮助职业院校和企业更广泛地理解全球范围的职业技能标准和技术应用的趋势，并充分利用世赛资源改善和提升我国职业教育的课程体系和教育教学。

以产教融合建设专业产业链

世赛举办的目的就是在全球范围内促进人们使用各种技术，所有赛项只测实践能力，理论知识不直接进行测试，但必须具备专业领域的知识。这样的世赛理念体现了培养技能大赛选手的目标就是培养能够对接世界一流企业标准、掌握先进理念和技术标准的综合型人才，这就要求职业院校培养技能人才要把专业建在产业链上。

广州机电围绕先进制造产业链，以制造自动化技术与装备为龙头，现代设计与制造技术为核心，生产性服务技术为支撑，建立了与先进制造业产业转型升级相匹配的智能制造、智能控制、机电装备、数字创意、智能汽车和制造服务六大特色专业群。六大特色专业群似韧性的弓弦，对接位于先进制造产业链的上下游产业所形成的弓臂。

为不断促进专业建设与产业发展的高度匹配，广州机电在产教融合、工学结合上下大功夫，牵头成立机械行业精密制造（华南）职业教育集团，推动形成产教良性互动、校企优势互补的发展格局，与近 400 家企业建立了紧密的校企合作关系。

从第 44 届世界技能大赛备战之初，广州机电便与国内 2 家知名移动机器人企业合作，共同建设世赛集训基地，共同研制竞赛设备。同时，深化产教融合，共同制订人才培养方案，共同开发培训教材，共享师资资源，为培养世赛选手奠定良好基础。

此外，广州机电还积极联合政企协开展产教联盟研讨交流，成立智能制造、人工智能两大产业学院，健全多元办学格局；依托专业优势，积极探索适应产业工人队伍建设需要的培训工种和项目设置，构建一体化课程体系，建设一体化教学场地，培养了一批由国务院政府特殊津贴获得者、全国技术能手、广东省技术能手组成的一体化教师，不断提升服务产业发展的水平和能力。

实践证明，以产教融合、工学结合模式培养技能人才的路子是行得通的。这些年来，广州机电青年技能报国的事迹不断涌现。比如，陈衍攻克了城市排水管网无人化检测技术，显著提升了地下工人作业的安全系数；赖孔春作为电气工程师参与国家重点研发计划项目，获评广东省劳动模范。

以校企合作培养国际化技能人才

第 44 届世赛移动机器人项目上，广州机电选手与本省兄弟院校组队，取得了该项目的铜牌；第 45 届世赛上，广州机电选手又与云南选手联合，斩获金牌。从跨校到跨省，广州机电充分借助世赛交流平台，以开放合作的胸襟，进行优势互补，达成共赢。除了校校合作外，广州机电还充分利用校企合作模式培养技能人才。在世赛备战阶段，合作企业提供最先进的设备，选派优秀的技术人员作为技术保障进入教练团队，为广州机电夺金提供强有力的支持。

此外，广州机电对标湾区发展需求，与港澳等地合作开展技能人才培训，打造了多个深度融合的鲜活案例。2019 年，香港职业训练局学徒事务署学徒国内学习交流第一期培训班、香港机电工程署楼宇设备工程见习技术员第一期培训班陆续在广州机电开班。同年 10 月，广州机电与中华电力有限公司签署《人才发展合作备忘录》，并缔结为"姊妹校"。此后，广州机电又与香港职业训练局、香港机电工程署等开展线上交流培训，共建培训基地，加快推进国际一流湾区建设。

"与广州市机电技师学院的合作成果丰硕，我期盼穗港两地开展更加多元化合作交流，共同促进穗港两地青年及机电业广泛交融。"在 2022 年 7 月，香港机电工程署楼宇装备技术（广州）培训基地揭牌暨楼宇装备技术培训开班仪式上，香港机电工程署署长彭耀雄肯定了此前与广州机电开展的合作交流成果。

国际上，广州机电与德国 DMG 培训学院合作培养多轴加工技术专业师资，与芬兰通力电梯合作建设"通力电梯广州培训中心"，与中国-上合组织技术转移中心共建"中国-上海合作组织技术转移中心国际职业学院"……先后与德国、芬兰等国家的 20 余家世界知名企业及机构签订合作协议，引进、消化、吸收和整合国内外优质资源，着力培养具有国际视野的高技能人才。

当下，中国正在新一轮科技革命和产业变革的赛道上全力奔跑，技能人才是实现未来高质量发展的重要支撑。党的二十大报告为我们技工教育举起了旗帜、指明了方向、绘就了蓝图，指导我们在新征程上以什么样的精神状态、朝着什么样的目标继续前行。我们将以强烈的政治责任感和历史使命感，以饱满的热情和良好的精神风貌认真学习贯彻党的二十大精神，赓续红色使命，把握时代脉搏，结合近年来世赛参赛经验，努力探索技能人才培养新机制，以实际行动办好人民满意的教育，推进技工教育更好发展。

基于 CDIO 工程教育的电子技术应用专业人才培养模式实践研究

罗 贤①

【摘　要】 世赛电子技术项目对技术技能人才的评价标准，瞄准当下的新业态，而年轻一代的新工匠们以非凡的技能和创新的思考，正重新定义"中国制造"。同时也表明，教育改革应当从社会经济发展、专业建设与人才竞争力提升的角度，准确把握专业建设与工程人才培养的契机，引入构思—设计—实现—运行（CDIO）教育理念，以知识体系、培养模式、教育资源为切入点打破壁垒、持续改进，助力新式工程教育模式的探索。

【关键词】 世界技能大赛；电子技术；CDIO 教育理念

党的二十大报告提出，加快建设国家战略人才力量，努力培养造就更多大师、战略科学家、一流科技领军人才和创新团队、青年科技人才、卓越工程师、大国工匠、高技能人才。实施科教兴国战略，强化现代化建设人才支撑。统筹职业教育、高等教育、继续教育协同创新，推进职普融通、产教融合、科教融汇，优化职业教育类型定位。为此，本文从世赛电子技术项目评价标准的成果转化角度出发，结合产业发展情况，对电子技术专业人才培养模式进行研究，明确技术技能人才培养的方向。

一、研究背景

（一）工程教育的三种模式

工程教育有三种模式，分别是工程技术、工程科学、工程引领。这三种模式是在不同的历史条件下和社会环境中产生和发展的，每种模式都代表了不同时代的社会需求，但并不意味着后者可以替代前者，没有孰优孰劣之分。经横向对比发现，世界各国的工程教育都不是单一模式，而是根据各自实际的产业状况和需求，将上述三种工程教育合理地进行组合。

工程技术人才是制造业的基础，工程技术教育是一种大众化教育模式，与职业教育一起，为制造业提供稳定的人才支撑。而工程科学和工程引领都属于精英教育，主要是一些顶级理工大学采取的教育模式，如国内的清华大学，国外的麻省理工学院。后面两类人才的数量需求不会太大，但竞争异常激烈，只有那些处于人才金字塔最顶尖的才能脱颖而出。

---

① 罗贤，男，广州市公用事业技师学院智能控制产业系主任，高级讲师。

(二)北欧的工程教育

在北欧,工程教育结构按招生和培养方法主要可以分为两种模式。第一种模式是"Fachhochschulen(应用科学大学)",是一种基于实践的模式,从熟练的产业工人中招生。这类教育从19世纪末开始出现,主要是给手工业学徒出身的工人补充从制图到微积分之类的一些理论知识。第二种模式是类似于大学的学术性工程教育,与大学自然科学教育的区别在于不太专于某个自然科学学科,这类学校通常称为"Technische Hochschulen(工业大学)",20世纪后期又称为"technische universitates"。另外,在德国和斯堪的纳维亚还有很多符合当地传统的技术学校。这两种模式的基本区别在于是否坚持要求熟练的操作能力。一种模式从熟练工人中招生,而另一种模式直接从高中毕业生中招生。这两种不同的生源模式使得这两种模式训练出来的工程师有截然不同的职业形象。

第二种模式从工程大学对技术发展的贡献中得到社会的认同。而第一模式,即"Fachhochschulen"类的大学则由于强调技术质量,从而毕业生具备工业生产中的实际工程能力和应用技术的能力,最终取得社会的认同。学术化训练出来的工程师在过去50多年中对社会基础设施和机构的建设做出了贡献,其中有些人在化学和电子学诞生后对新兴工业的产生和发展也做出了贡献。然而,在19世纪实践化训练出来的工程师在机械工业和采矿工业的发展中占据了主导地位。尽管德国是最早倡导在工程院校进行理论训练,并在大企业内设立研发机构的国家,德国工程师对工业创新的贡献主要还是来源于实践经验和系统实验,只有一小部分是源于科学知识。

(三)美国的工程教育

在美国,机械工程和土木工程是最早开始的工程领域,伴随着工业化的进程,美国涌现出了各类机械厂和农业机械产品,相应的工程教育也就应运而生。伦斯勒理工学院于1824年成立,这是美国最早的工科院校,强调学生的实践和工、农业经验,较少强调数学和科学。这也为美国的工程教育模式开创了先例,此后几十年内所设立的学校也基本上沿袭了这种高级学徒的模式。该模式主要侧重于实际知识和车间实习,很少要求教师进行独立研究。从20世纪二三十年代到第二次世界大战期间,美国的工程教育大体上保持了面向工业实践的教学。

(四)工程教育面临的困境

无论是在美国工程教育中,还是欧洲的"polytechnic(理工学院)"或"Fachhochschulen"中,实践训练都对工业和社会中技术的应用和发展起到了决定性的作用,这些院校促成了工程在社会中作为一种专业性职业形象的形成。尽管现代工程教育也在强调实践的重要性,但现代正规化的工程教育的焦点已转向理论的、以科学为基础的训练。刻意塑造一个不同于熟练技工和学徒制的教育形象导致工程教育成为以学术训练为传统的高等理工教育。

（五）我国对工程人才的需求

对比工程教育模式在国外面临的困境，我们国内也同样存在相似的问题：工程师的培养，是以大学里系统性学科学习为主的学术性人才为主，还是以职业教育培养的技能人才为主？

我国作为制造业品类最齐全的国家，各类工程人才都非常需要，不仅需要大批优秀的工程技术人员，也需要大量精于实际操作的能工巧匠。特别是近年来一些新兴技术产业，如大数据、人工智能、生物医药等，以及众多"卡脖子"关键技术，已经对我国的工程教育提出了新的要求。不断涌现的新技术催生了新业态，造就了越来越多的新职业，新职业人才的培养，必须拥抱知识的融合创新。由此可见，制造业的发展，不仅需要学术性的工程师，也需要大量的基于要求具备熟练操作能力的方式进行培养的技能人才工程师。

技师学院在培养高技能人才，推动经济发展和转型升级方面发挥着重要作用，是现代职业教育体系的重要组成部分，在技能人才工程师的培养中，将大有可为。

二、CDIO 工程教育模式与其他模式的对比

（一）CDIO 工程教育模式

CDIO 工程教育模式是近年来国际工程教育改革的最新成果。CDIO 代表构思（conceive）、设计（design）、实现（implement）和运作（operate），它以产品研发到产品运行的生命周期为载体，让学生以主动的、实践的方式学习工程。CDIO 培养大纲将工程毕业生的能力分为工程基础知识、个人能力、人际团队能力和工程系统能力四个层面，大纲要求以综合的培养方式使学生在这四个层面达到预定目标。

CDIO 为学生提供一种强调工程基础的、建立在真实世界的产品和系统的 CDIO 过程的背景环境基础上的工程教育。它的大纲首次将工程师必须具备的工程基础知识、个人能力、人际团队能力和整个 CDIO 全过程能力以逐级细化的方式表达出来，使工程教育改革具有更加明确的方向性、系统性。它的 12 条标准对整个模式的实施和检验进行了系统的、全面的指引，使得工程教育改革具体化、可操作、可测量，并对学生和教师都具有重要指导意义。CDIO 体现了系统性、科学性和先进性的统一，代表了当代工程教育的发展趋势。

（二）CDIO 工程教育模式与传统学科式教育模式的对比

随着社会发展，工程中所用到的设备和技术越来越复杂，学生要掌握更多的知识以适应行业发展，更要增强运用知识解决实际问题的能力。传统学科式教育模式过于强调理论导向，学生解题、考试能力较强，但是解决实际问题的能力和创新能力却只减不增，而且

学生不知道课程之间的联结关系，不知道先修课程的学习成果会影响对后续课程的理解。传统应试教育模式使得学生在安排学习时间的决策上，被动受到同学和教师的影响，哪一门考试严格，哪一门花的时间就多，只学老师讲的，绝不学多余的知识。这种态度使学生不能有效地达到学习的整体目标，这很大程度上限制了我国工程教育良性发展，学生与社会对专业型的人才需求也有一定脱节。

CDIO工程教育模式与工程教育专业的培养目标相结合，不仅注重理论知识的学习，在实践型人才的培养方面也独具特色，侧重于培养具有全局观、专业技术知识及职业技能的创新人才，培养学生主动发掘课程之间的关系并找到贯穿全部课程的学习策略，而且力求以实际工程案例为背景，让学生在现代化教学手段和实践环境中取得丰富的工程分析能力和主动学习的经验，促进学生知识、能力和素质一体化成长。CDIO教育理念因其独特的能力培养体系得到了广泛认同。

（三）CDIO教育模式与工学一体化人才培养模式的对比

自人社部于2009年印发《技工院校一体化课程教学改革试点工作方案》以来，全国部分具备条件的技师学院、高级技工学校中开展了一体化课程教学改革试点工作。2010年、2012年、2016年，通过三批试点逐步推进，试点专业31个、试点院校191所。经过10多年的发展，取得了显著成效。一是一体化课改理念得到了企业、学校和学生的认同。一体化课程体系和教学内容更加契合企业实际岗位工作要求，教学方法强化了以学生为中心并调动了学生学习的积极性，有效提高了毕业生就业率和用人单位满意度。二是一体化课改试点不断扩大，北京、山西、江苏、浙江、河南等地制订了省级一体化课改方案，部分学校主动开展校级一体化课程改革。

2022年3月，人社部在《推进技工院校工学一体化技能人才培养模式实施方案》中提出要根据工作过程设计教育过程，实现"在工作中学习，在学习中工作"。

2022年6月，人社部在《推进技工院校工学一体化技能人才培养模式实施方案》中提出，以一体化课程教学改革试点工作为基础，以技师学院为重点，在全国技工院校大力推进工学一体化培养模式。加强工学一体化课程标准、教学资源、教师培养工作，将企业典型工作任务转换为学校教学内容，根据工作过程设计教育过程，实现"在工作中学习，在学习中工作"。方案一是明确了"五个一体化"主要工作任务，即制订工学一体化课程标准，开发工学一体化教学资源，应用工学一体化教学方法，建设工学一体化教学场地，加快工学一体化教师队伍建设。通过"五个一体化"建设，保障工学一体化培养模式落实落地。二是在推进方式上，提出推进工学一体化培养模式的主要方式是校企合作。通过校企合作共建，探索组建区域性、行业性等多类型技工教育联盟（集团），发挥专家作用，在职业技能培训中采取工学一体化培养模式，不断扩大工作覆盖面。

13年来，从一体化课程教学改革到工学一体化培养模式，学生的学习兴趣明显提高，教学模式强调以"做"为主线贯穿教学全过程，实现"教、学、做"融会贯通，学生综合素质、动手操作能力和实际工作能力显著提升。但其中也存在不少问题：一是学生的成本意识不强；二是缺乏产品生产周期的意识；三是缺乏对产品、生产过程和系统构建能力的培养，没有机会参与实际产品的构思、设计、生产和运维；四是学科学习和工程职业训练未能相互融合。

三、广东省技术技能人才培养方向

（一）技术技能人才供需情况

当前，广东正全力从制造大省向制造强省奋进，加快形成粤港澳大湾区人才雁阵新格局，下好制造业高质量发展人才先行"一盘棋"。在此过程中，也面临诸多巨大挑战，特别是技能人才培养体系尚未完善，人才链与产业链尚未有效衔接，人才供需错配现象仍然存在。

（二）新工匠及人才需求的特点

在《广东省新产业工人职业技能提升工程实施方案》中，对"新工匠"做了如下定义：在传统工匠精神基础上具有职业精神和创新意识，适应新技术、新产业发展和产业数字化发展需要，能持续学习掌握新技术新技能，能认同企业文化、愿意扎根实业的产业人才。实施方案自提出以来，广东省人社厅组织相关院校进行了深入研讨，并通过在广州市荔湾区永庆坊开展的"新职业，新工匠——技能+"嘉年华活动等形式，鼓励广大青年关注新职业，成为新工匠，让"一技在身，畅行天下"的观念深入人心。

新工匠人才培养，以新技术、新产业为背景，以树立创新型、综合化、全周期工程教育为理念，以构建新兴工科和传统工科相结合的学科专业新结构为内容，以探索实施工科人才培养新模式为措施，以打造具有国际竞争力的工程教育"新质量"，是工程教育改革的重大战略抉择。新时代对人才需求提出了全新挑战，需要技师学院积极调整人才培养模式，寻求更适应产业需求、更激发学生潜力的教育模式，全面推进新工匠人才培养。

四、基于 CDIO 工程教育的电子技术应用专业人才培养模式

（一）世赛对技工院校技能人才培养的引领

以世赛电子技术项目为例，我国从第 43、第 44 届世赛的优胜奖，到第 45 届的金牌，打破了该项目被欧日韩垄断的地位，击败了来自三星电子、丰田汽车等企业中的强劲选手。竞赛项目的夺金之路，既是顶尖高技能选手对碰的胜利，更是面向产业高质量发展的技能人才培养的胜利。

从历届大赛技术文件看出,一是赛题都来自企业工作实践中的典型工作任务,如第43届,设计一个10层电梯的控制电路,通过编程,实现多功能时钟的指南针、万年历等;第44届,设计一个电子迷宫的电路,通过编程,实现智能交通灯的控制功能,并且能够排除风力发电机控制器的故障点并加以维修;第45届,则要求设计一个心率计控制电路,通过编程,实现立体车库的控制功能,并且能够排除心电仪的故障点并加以维修。从近3届的技术文件情况看,要求选手必须掌握较为完整的电路设计方法和理论,而且能善于利用各种分立元件和集成电路,设计并制作出一个独立完整的电子产品,其中体现了完整的工作过程,而且也体现了在电子技术应用的发展趋势中,将不会把职业活动再切割成若干工作模块,从而避免工作任务的碎片化,更加符合高技术技能人才的发展方向。

二是评价过程按照企业的实际工作要求,对选手的工作进行全面评估,包括内容标准、过程标准和价值标准等多个维度,而不只是考核知识点、技能点的习得。从赛题要求选手需要具备的能力来看,除了考核知识点、技能点以外,还要求选手必须具备很强的心理调适能力,具备职业防护知识,严格落实行业的国际标准,具有较强的质量意识和沟通协调能力,能优化产品的设计制造流程,控制开发成本,具有生产周期的意识等。

三是通过真实性工作任务考查解决专业问题的能力,反映选手对复杂工作的理解和把握程度以及相关实践经验。整个比赛过程体现了对参赛选手组织与管理、沟通与合作、过程与方法、应变与创新的综合职业能力要求。无论是在电路设计还是在编程模块,或是故障排除模块中,都要求选手善于利用各类仪器仪表、算法优化、行业标准等,对可能出现的各种问题加以解决,并使设备重新投入正常运作。

从世赛映射的产业发展情况看,先进的技术正在逐渐地优化生产过程以及企业的传统界限,对工作场所以及技术的需求也产生了一定影响;产业的迭代升级,也促使企业更加注重新工匠的工程思维,对其专业技术、复合技能及创新意识等提出了更高的要求。而世赛在项目设置方面以及比赛规则方面,都是考虑到了参赛选手的综合能力,每个竞赛项目需要满足以下几个条件:其一,必须具备提高竞争力与商业成功所必需的现代专业技能;其二,需要体现出当前知识社会所需要的信息与通信等技术领域的技能与创新能力,其中就包括创造力、问题解决及团队协作能力等等;其三,需要体现出传统和文化的相关技能。

由此可见,世赛对技工院校技能人才的培养,起到了很好的引领作用。特别是在电子技术项目上,工程教育模式更是得到了全面的体现。

(二)电子技术应用专业与工程教育模式的契合点

以广州市公用事业技师学院为例,从2013年第42届世赛各级选拔赛开始,就已经组织学生参加电子技术项目市级、省级到全国的选拔赛,其内容所涉及的课程主要是模拟电路、数字电路、电路分析、单片机应用技术及传感器应用等,并对人才培养方案和训练方案进行了修订，将模拟电路、数字电路学科调整到第一学期，单片机应用技术学科调整第二学期。重点是在实践教学中采取项目化教学，以大赛形式组织将学生分组完成实践电子电路设计制作任务。电子技术项目的命题内容很广，教练组针对"硬件设计和原型板组装与调试""嵌入式系统编程""线路板测量及检修"三大模块，分析该项目中应具备的能力，所需要的理论知识和实践技能是哪些方面，这对专业建设中课程体系建设、实践教学及更重要的专业技能培养等方面的改革起到了引领作用。

（三）确定专业培养的目标

通过企业调研，以及进行毕业生跟踪调查，进行多方面市场调研和论证，确立电子技术应用专业的培养目标。重点是培养面向电子信息产业链的电子产品的设计、生产、销售与服务等各个环节中需要的一线技能型人才。目前，电子类专业毕业生适合的工作岗位群的典型工作任务主要包括：电子产品组装检测、电子产品设计制作、电子产品技术支持（售前、售中、售后）等，每一环节都与相应的岗位群对应。

（四）修订人才培养方案

为了实现专业培养目标，需要对本专业学生的能力进行分解，在进行深入开展行业协会和企业调研的基础上，制订出集知识、能力和素质为一体的专业能力大纲。CDIO 专业能力大纲包含 4 个层面：一是技术知识和推理，要求学生具有本专业的相关知识；二是个人能力、职业能力和态度，要求学生具备系统思维、具有推理和解决问题的能力及相应的职业能力和态度；三是人际交往能力，要求学生具有团队工作和交流能力；四是企业和社会环境下构思—设计—实施—运行的系统，要在学校构建实际的工程环境，系统性开展构思与工程化实施，要求学生具备社会环境下的工程综合能力。每个层面又包含更多能力。

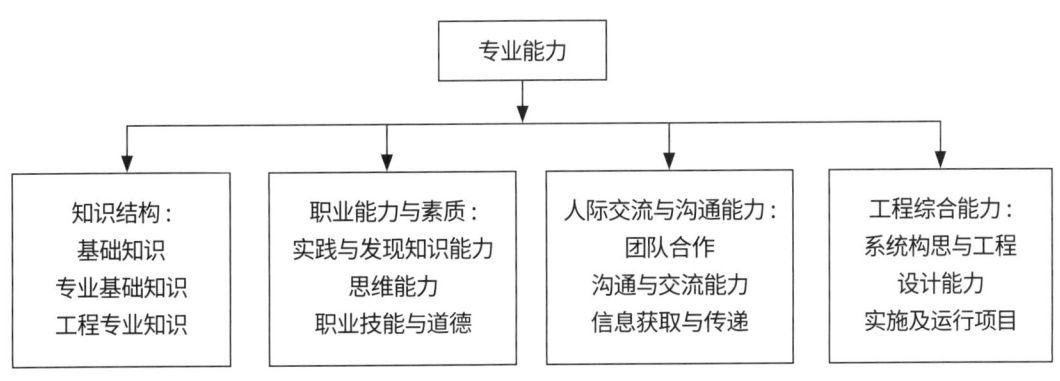

▲ 专业能力结构图

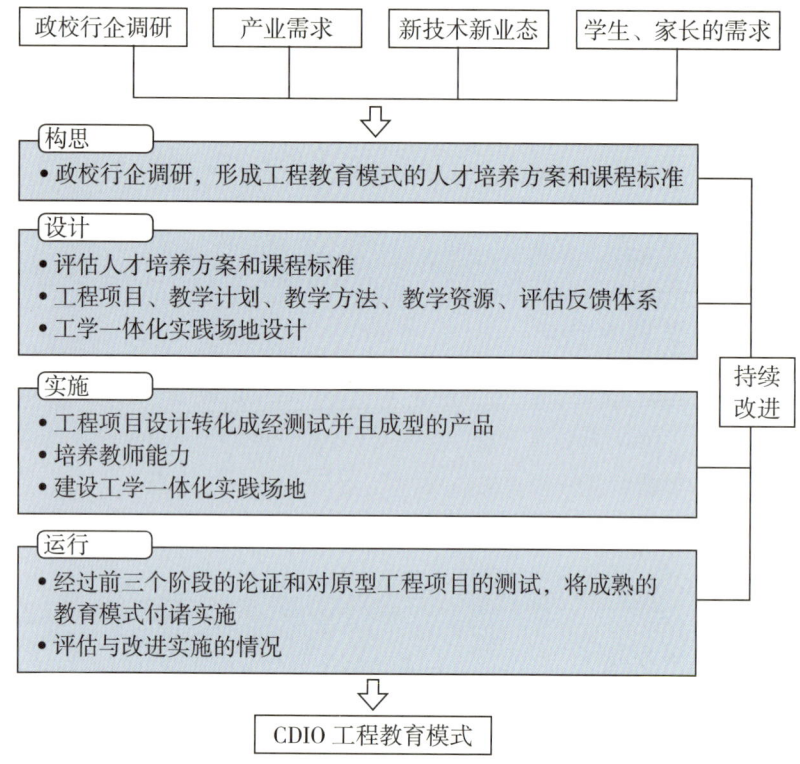

▲ CDIO 工程教育模式

（五）构建新的课程体系

以工程能力培养为核心的电子技术应用专业课程体系设置应该充分体现 CDIO 环境教学，使学生了解未来学习的专业课程及各种实践活动，该课程体系注重培养学生的个人能力与协同能力，尤其是项目组织、设计、开发和实施能力。通过对比学科课程体系、CDIO 模式下的一体化课程体系、学徒模式下的课程体系的组织原理，可以发现，学科是以垂直方向展开的，而项目和能力是以水平方向展开的。传统的学科组织形式，学科主题内容是相互独立的。这种课程计划的组织形式限制了工程科学方法，学生只能学到一系列没有联系的、相互没有作用及不含能力的主题内容。相反，传统的学徒制模型，学生像学徒一样参加第一个项目，接着第二个，这样垂直发展下去，但几乎没有经历任何正规组织过的学科学习。而 CDIO 模式下的一体化课程体系，学科相互支撑，并与能力及项目相互交叉，较好地促进了学科内容的学习，并可以为整合项目和设计提供多种灵活的组织形式。

```
┌─主干课程─┐    • 电工基础、电机与电气控制技术、可编程控
              制技术、C 语言、电子技术基础、EDA 技术
              实用教程、电子产品结构工艺、自动检测技
              术、单片机原理及应用、光电与光伏技术、
              电气 CAD、电子工程制图、电子产品营销、
              电子产品维护与维修

┌─实践课程─┐   • 电子技术基础实验、电气控制与 PLC 技术实
              验、电子基本技能实训、电子电路分析实训、
              印刷电路板的设计和制作实训、电子产品装配
              工艺实训、电子产品调试与维修实训
```

▲ 学科课程体系

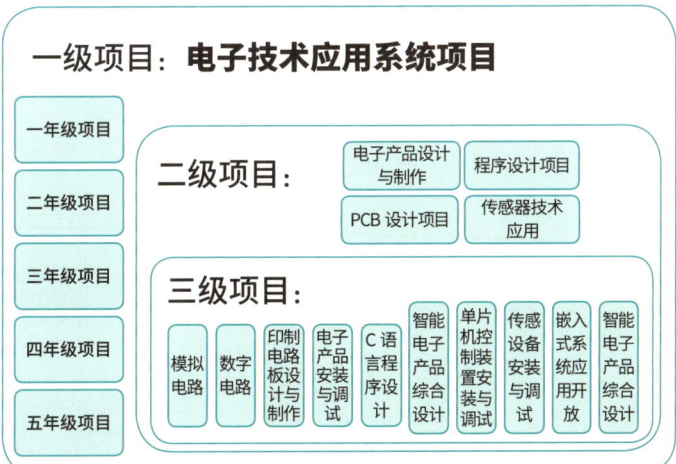

▲ CDIO 模式下的一体化课程体系

电路基础	编程与制图	设备维修
• 电路基础、模拟电子技术、数字电子技术、高频电子技术	• C 语言、电气识图与制图 CAD、电子设计与仿真、印制电路板设计与制作	• 电子产品生产工艺、制冷设备安装与维修、洗衣机安装与维修、元器件测量及工具使用

学徒制模型

▲ 三种课程体系对比

遵循 CDIO 工程教育模式，在电子技术应用专业现行课程体系的基础上，改革现行专业课程体系，使之符合学院人才培养目标和社会对该专业人才的需求，如高频电子线路、通信原理等理论性较强实践难度大的课程不再开设。采取以项目为主线的课程体系来精心规划本专业 CDIO 项目，构建的专业课程体系，即以三级项目体系为育人环境。首先设置了能体现知识综合与专业能力要求的一级训练项目，并要求其贯穿整个在校学习阶段。一级项目根据学生年级不同，从简单到复杂，但遵循一条共同的主线，那就是项目始终围绕本专业的综合运用。二级为包含课程群和某一方面专业能力要求的项目，并以此为载体加强专业核心课程的学习，减少理论课程，结合职业技能标准来增加一体化课程内容，以提升实践能力。三级项目为某一课程及基本技能训练的项目，可以将课程的知识点综合起来，设计为课程设计类项目。整个课程体系把专业核心课程教育与项目训练相结合起来，培养学生知识学习能力、团队协作能力及工程项目的实施能力，达到培养学生的 CDIO 工程应用能力。

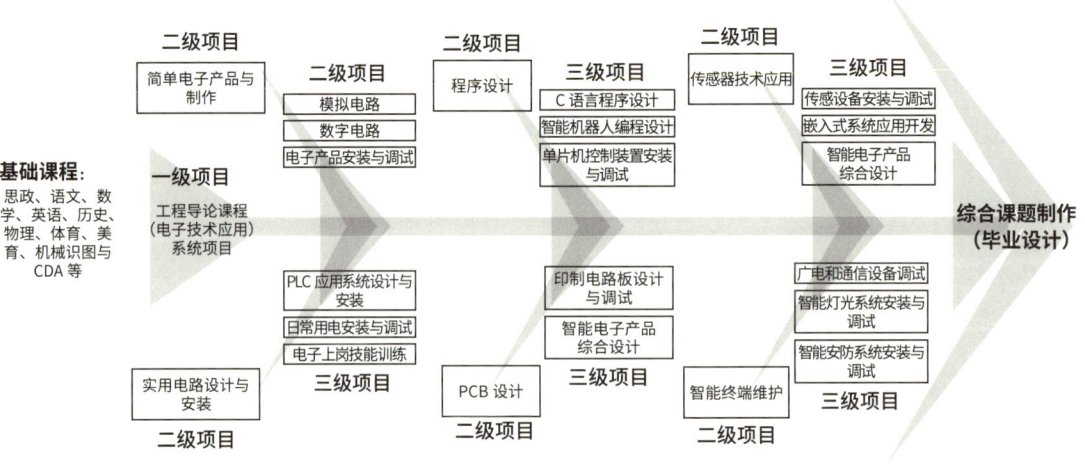

▲ 课程体系

（六）深化产教融合

加强产教融合、校企合作，加强双向流通机制建设。一是校企合作开发课程体系，建立协同合作机制。在推进专业建设过程中，要激发产教融合型企业的积极性，从整体上建立起将企业引入并高效协同合作设计和开发课程体系的机制，引入企业的工程项目，企业工程专家和教师参与专业课程体系重构、教学资源开发和教学过程。二是高水平设计、建设实训基地。院校和行业企业共建的高水平实训基地，将成为 CDIO 工程教育模式的重要支点，支撑专业实践教学。

（七）加强师资队伍建设

在推进 CDIO 工程教育模式建设过程中，院校需要配备一支师德高尚、技艺精湛、专兼结合、结构合理的高素质"一体化"教学创新团队。一方面，为了建设高水平专业，聘请在行业企业具有权威和影响力的技术骨干担任专业骨干和兼职任教，建立专兼结合的"一体化"结构团队，从而推动院校与行业企业共建共享人才和资源，更好服务于区域产业转型升级和发展。但来自企业的项目专家是工程学科方面的专家，在很多情况下，他们在 CDIO 教学大纲第一部分（即学科知识）以外的知识及能力方面的背景相对较弱。所以在另一方面，学校的教师必须提升自己的专业教学能力与评价能力，要将知识、能力和态度的教育融合到已有的教学当中。两者的有机结合，才能形成 1+1＞2 的效果。当教师团队形成一个整体，把能力教学当成教与学活动的一部分时，学生才会认为教师是重要的工科教师，学生才会明白这些能力是成为一个成功工程师的一个重要部分。

五、结束语

通过对原有电子技术应用专业人才培养方案的改革，基本完善了该专业在课程建设、教学改革特别是专业技能教育改革的具体措施。在世赛的引领下，引入 CDIO 工程教育模式，重构了人才培养方案和课程体系，坚持产教标准融通、校企协作育人，为毕业生提升就业竞争能力提供了坚实的保障。

参考文献

[1] 克劳雷. 重新认识工程教育 [M]. 北京：高等教育出版社, 2009.

[2] 王颖为. 人才培养重技能更要重素养——对接世界技能大赛标准提升技能人才培养质量 [J]. 现代职业教育, 2019(26):32-33.

世界技能大赛研究展望

拥抱变革创未来

罗 伟[①]

习近平总书记强调，技术工人队伍是支撑中国制造、中国创造的重要力量。努力营造尊重劳动、崇尚技能的社会氛围，引导广大青年大力弘扬工匠精神，走上技能成才之路。当前，全球制造业正在经历深刻变革，中国正加快由"制造大国"向"制造强国"转变，对技术工人、高技能人才的需求极为迫切。在制造业领域也涌现出了很多青年技能型人才，他们在平凡岗位上怀揣匠心，埋头钻研练就了一身本领，成为支撑中国制造、中国创造的重要力量。技能是推动社会进步的重要力量，而青年则是技能发展的中坚力量。世界技能大赛被誉为"世界技能奥林匹克"，是最高层级的世界性职业技能赛事，引领着职业技能发展的世界先进水平，为全球年轻人提供了技能交流、成长的平台。世界技能大赛的标准体系已经在我国各类职业技能竞赛中得到借鉴和应用。鼓励和引导更多青年技能人才参与世界技能大赛，有助于我国更广泛地理解全球范围的职业技能标准和技术应用的趋势，并充分利用世赛资源改善和提升我国职业教育的教育教学。

未来，随着国家高度重视及世界技能大赛效应不断扩大，积极做好世界技能大赛成果转化工作，发挥"世赛杠杆效应"，为开创新时代技能事业高质量发展新局面汇智聚力势在必行。世赛研究与成果转化重点关注以下领域的研究：

关注工作变革，促进科教融汇。要密切关注世界最新技术的发展趋向，准确掌握世界技能大赛标准和规则变化。对接世界技能大赛先进职业标准在企业行业的融汇应用，实现产业人才培养标准国际化。注重各类大赛成果转化，将世赛相关技术文件融入专业教学标准，在技工院校教学中推广应用，切实提高技能人才培养质量和水平。

创新培育模式，推动国际交流。充分发挥技工院校在培养选拔世界技能大赛选手方面的重要作用。以赛促改，以世界技能大赛所展现的国际产业和技能人才培育的新方向、理念、新标准为引领，积极探索人才培养目标、专业设置等方面与国际接轨。以赛促教，促进技工院校专业建设与世界先进标准衔接，深化企校合作，推进教育链、人才链与产业链、创新链有机衔接，切实加大高技能人才培养工作，促进人才培养供给侧和产业需求侧结构要素全方位匹配与融合，为国家乃至国际制造业企业培养出更多高素质技能人才、能工巧匠、大国工匠。

关注青年发展，助力就业创业。加强世界技能大赛选手成长激励研究。践行"世界技能组织2025远景"，促进青年就业及不同文化间的理解和包容。持续跟踪世界技能大赛

[①] 罗伟，男，广州市职业技术教育研究院（世界技能大赛中国（广州）研究中心）副院长，高级实习指导教师。

获奖选手职业发展、职业素养测评等情况，发挥世界技能大赛获奖选手的示范作用，充分依托世界技能大赛平台，结合青年发展的身心特点和技术技能掌握的认知、实践规律，对"如何通过世界技能大赛赋予青年精湛的技术技能，进而助推青年顺利实现就业"展开系统深入的研究。助力青年掌握更多新的、跨领域的灵活技能，实现更多青年就业、技能发展和创业。

宣传技能报国，崇尚劳动光荣。加大宣传力度，在全社会广泛宣传我国技能健儿在世界技能大赛赛场上摘金夺银、奋勇拼搏的先进事迹，让更多青年学生学习有动力、前进有方向、成长有榜样，鼓励更多青年学生学习技能，拥有技能，投身技能，用技能改变人生，成就梦想。要在全社会广泛宣传"劳动光荣、技能宝贵、创造伟大"的理念，引导全社会关心支持技能人才的培养和成长，努力营造尊重劳动、崇尚技能的社会氛围，为制造强国提供有力的人才和技能支撑。

党的二十大报告指出：要坚持教育优先发展、科技自立自强、人才引领驱动，加快建设教育强国、科技强国、人才强国，坚持为党育人、为国育才，全面提高人才自主培养质量，着力造就拔尖创新人才，聚天下英才而用之。世界技能大赛犹如一面旗帜，引领青年技能人才事业发展。

"志不求易者成，事不避难者进。"未来，世界技能大赛中国（广州）研究中心将大力加强世界技能大赛成果研究转化、推进世赛标准应用，参与培育具有良好职业素养和高超技艺、掌握前沿技术的复合型、创新型高技能人才，为推动广州加快实现老城市新活力、"四个出新出彩"，继续在高质量发展方面发挥领头羊和火车头作用。